陽明全集

四部備要

子部

中華書局據明謝氏刻本校刊

桐鄉　陸費逵總勘
杭縣　高時顯　吳汝霖輯校
杭縣　丁輔之監造

續編 五

三征公移逸稿

德洪昔裒次　師文嘗先刻奏疏公移凡二十卷名曰別錄爲師征濠之功未明於天下也既後刻文錄志在删繁取公移三之二而去其一沈子啓原沖年卽有志師學搜獵遺文若干篇錄公移所遺者類爲四卷名曰三征公移逸稿將增刻文錄續編用以補其所未備也出以示余余讀而歎曰吾師學敦大源故發諸政事瀾湧川決千態萬狀時出而無窮是稿皆據案批答平常說去殊不經意而仁愛自足以淪人心髓思慮自足以徹人機智文章又足以鼓舞天下之人心若金沙玉屑散落人世人自不能棄之又奚病於繁耶乃爲條揭其綱以遺之使讀者卽吾師應感之陳跡可以推見性道之淵微云

隆慶庚午八月朔日德洪百拜識

南贛公移 凡三十三條

批漳南道教練民兵呈 正德十一年十一月二十五日

據兵備僉事胡璉呈將各縣民快操練教習頗成看得事苟庇民豈吝小費功有實效何恤浮言參據呈詞區畫允當仰該道依擬施行再照兵不在多惟貴精練事欲可久尤須餙嚴所募打手等項更宜逐一校閱必皆技藝絶倫驍勇出衆因能別隊量材分等使將有餘勇兵有餘資庶平居不致於冗食臨難可免於敗師批呈繳

批漳南道進勦呈 十一月二十六日

據兵備僉事胡璉呈盧溪等洞賊首詹師富等勢甚猖獗備將畫圖貼說待期攻勦看得兵難遥度事貴乘時今打手民快等兵既已募集仰該道上緊密切相機勦撲惟在殲取渠魁毋致横加平善其大舉夾攻行詳議呈繳

教習騎射牌 十二年五月十六日

看得五兵之用弓矢為先南方之技騎射所短最宜習演以修長技今南贛諸

處軍兵所操弓矢類皆脆弱十步之外不穿魯縞以是禦敵真同兒戲訪得福建省城弓矢頗勝他處合行選取爲此牌仰福建漳南道轉行福建都司選取精巧慣習弓兵四名該道量給口糧脚夫送赴軍門成造弓矢事完仍發原伍著役

批南安府請兵策應呈 六月初十日

據知府季斆呈各巢賊黨衆多本府兵力寡弱乞添兵協勦該嶺北道議將南康二班賴養介兵撥補縣丞舒富與國謝庄兵雩都張英才兵撥補馮廷瑞統領其本府仍用添兵營策應及行該府起立軍營二處聽候官兵到彼安插其南康上猶二縣俱該一體起立回報看得賴養介謝庄張英才所統准令與峯山雙秀等兵更補預建營房議尤適當卽行該府議行務要地勢雄壯溝塹深高雖係一時之謀亦爲可久之計看得南安上猶所聚兵衆每處不下二千防遏勦襲略已足用各官猶以兵少爲辭不能運謀出奇亦已可見今可行令各官分部原領各兵一意防遏另調坎字營一千二百人令指揮來春統領往屯

南安又調艮字營一千二百人令指揮姚璽統領往屯上猶二營人馬專以相機勦襲爲事聲東擊西務使蹤跡靡定倏聚復散每念變態無常該道即將該去各兵查給口糧二十四日巳時起營前去仍行該府縣官務要協力同心相爲犄角之勢共成夾勦之功呈繳

批嶺北道攻守機宜呈六月二十六日

批兵備副使楊璋呈稱訪得前項賊徒俱被逃往橫水桶岡大巢屯聚所平巢穴未免復來營給合行知府季斆統領巽字營兵一千二百名防遏大庾縣賊巢縣丞舒富仍統震字營兵一千二百名防遏上猶南康二縣賊巢看得各巢賊黨雖已潰散計其勢窮食絕必將復出剽虜所議防遏事理照議施行仍行縣丞舒富務要在於賊巢總會處所屯劄多遣乖覺鄉導分路爪緝探知賊徒將出即便設伏擒勦務竭忠誠以副委任毋得虛文粉飾此後但有推託坐視定行治以軍法再照前項賊徒今皆聚於橫水桶岡若遣重兵直搗其地示以必攻之勢彼將團結自守不暇勢必不敢分衆出掠不過旬餘兩巢之賊可以

坐取仍仰該道密議直搗方略呈來定奪呈繳

批漳南道給由呈 十二年六月二十八日

據僉事胡璉呈給由事看得本官才器充達執履堅方殆因軍機重務以致考滿過期今盜賊既靖合准給由但久安之圖尚切資於經理招撫之衆方有待於緝綏仰本官給由事畢即便作急回任勿爲桑梓之遲有孤閭閻之望呈繳

批兵備道獎勵官兵呈 七月初一日

據副使楊璋呈據知府季斆等依奉本院方略攻破禾沙石路坑等巢一十九處擒斬首從賊人陳曰能鍾明貴唐洪衆及殺燒死賊從俘獲賊屬奪獲馬牛騾羊器械等項爲照各賊肆毒無厭名號○軌若使遂其奸謀得以乘虛入廣其爲患害何可勝言副使楊璋乃能先事運謀潛行勦襲一夕之閒攻破巢穴撲燎原之火於方燃障潰岸之波於已決知府季斆指揮馮翔等親領兵衆屢挫賊鋒相應獎勵以旌功能其各營將士俱能用命效力奮勇擒斬亦合一體賞勞爲此仰贛州府官吏即便支給商稅銀兩買辦後開禮物及將發去銀牌

羊酒就委府衛掌印官備用綵亭鼓樂迎送各官用旌勦襲之功以明奬勵之
典仍將發去賞功銀兩照名給賞其陣亡射傷兵夫亦各查給優恤各官務要
益竭忠貞協謀并勇大作三軍之氣共收萬全之功

調用三省夾攻官兵 七月十五日

准兵部咨該湖廣巡撫都御史秦 題云云已經開陳兩端具本 上請去後
今准前因除南贛二府兵糧事宜另行外所據領兵等官俱在得人必須先委
訪得九江府知府汪隸吉安府知府伍文定汀州府知府唐淳久習軍旅惠州
府知府陳祥器度深沈俱各才識練達程鄉縣知縣張戩近征大傘等處獨統
率新民奮勇當先功勞尤著撫州府東鄉縣知縣黃堂建昌府新城縣知縣黃
文鸞袁州府萍鄉縣知縣高桂吉安府龍泉縣知縣陳允諧素有才名堪以領
兵但事干各府各官之中或有違抗推託臨期必致誤事除具本 題請但有
不遵約束許以軍法從事合就通行知會為此仰抄案回府卽行本官密切整
備衣裝及將上杭縣義官李福英名下打手再行揀選務要驍勇精悍者一千

名給與資裝器械聽候　命下另有公文至日即便不分星夜兼程前進軍門以憑調用施行

夾攻防守咨　十月

准湖廣巡撫都御史秦　咨云云看得龍泉一縣與上猶縣諸巢接境將來三省夾攻使龍泉所守不固則吉安屬縣俱被騷擾必須大兵一哨就從此路進勦方可止賊奔衝已行吉安府知府伍文定備行所屬龍泉萬安太和等縣丞新安福等所精選民閒打手或在官機兵共二千名編成隊伍督同知縣陳允諧等分統俱赴龍泉縣屯劄該縣鄉夫即日起集守把隘口聽候刻期夾勦外今准前因合就咨報爲此備由移咨前去煩爲查照施行

行嶺北道催督進勦牌　十月初十日

案照先經行仰該道守巡官分投先往上猶大庾等處住劄聽候各哨官兵至日即便催督進勦去後今照領兵等官已該本院坐委合行分投催督爲此仰抄案回道即便催督各哨官兵遵照方略依期星夜直抵巢穴務將前賊掃蕩

撲滅以靖地方毋遺芽櫱致貽後患本官仍行各官詳察地里險易相度機宜慎重行事毋得輕率寡謀及逗遛退縮致誤事機定行軍法從事軍中未盡事宜亦聽隨機應變施行仍呈本院知會俱毋違錯

刻期會勦咨 十月二十一日

准巡撫湖廣都御史秦 咨議照會勦事情已該兵部議奉 欽依刻期於九月中進兵職等督理兵糧粗有次第近因楊總兵病故又為兩廣路遠約會頗難只得改期十月初旬衡州取齊聽候分哨會兵具 題及差官約會進勦即今所調漢土官兵不旬日閒俱集若令住劄候至閏十二月方行會勦非惟糧餉不敷亦恐地方騷擾況賊情狡詐必致乘虛奔逸除移文兩廣總鎮軍門查照作急會議一面嚴督布守官兵謹把賊路防其奔逸一面督發兵糧委官分哨相機策應勦殺外備咨貴職查照事理至期督發各哨夾勦仍希由咨報等因案照先為緊急軍務事本職看得進攻次第江西惟桶岡一處該與湖廣之兵會合其長流左溪橫水等處皆深入南安府所屬三縣腹心之內見今不次

擁衆奔衝勢難止遏欲將前項賊巢以次相機勦撲候貴治之兵齊集夾攻桶岡又經移咨貴職外續據縣丞舒富等呈稱各奪賊首聞知湖廣土兵將到欲奔桶岡集衆拒戰戰而不勝奔入范陽大山乞急爲區處等因到院隨將領兵知府邢珣等指受方略刻期於十月十二日子時發兵進兵本院卽日進屯親臨南康督戰遂破橫水左溪等巢但賊首未獲方行各哨追襲今准前因照得江西兵糧粗已齊集及照十一月初一日之期亦已不遠除行兵備等官監督各哨一面分投追襲未獲賊徒一面行令務在十一月初一日移兵徑趨桶岡等處分布夾攻不許後期誤事及行兵備副使楊璋移文參將史春知會外爲此合咨前去煩請貴院查照早爲督發切勿後時

橫水建立營場牌 十月二十七日

照得本院親督諸軍進破橫水等巢賊徒已就誅戮但山高林密誠恐漏殄之徒大軍撤後仍復嘯聚必須建立營場委官防守爲此牌仰典史梁儀協同千戶林節統領寧都機兵四百名信豐機兵六百名就在橫水大村砍伐木植相

視地勢雄阜去處建立營場一所周圍先豎木柵逐旋修築土城聽候本院回軍住劄以憑委官留兵防守各官務要同力協謀精勤幹理工完之日照依軍功論賞所領兵衆如有不聽約束許以軍令責治其合用夫匠等項聽於南安所屬上猶南康等縣取用該縣俱要卽時應付毋得遲違誤事

搜扒殘寇咨　十一月十一日

據知府邢珣唐淳會呈各職近奉本院調發於本年十一月初一日依湖廣刻期夾攻桶岡峒諸巢遵依攻破茶寮等處擒斬賊黨已盡見今各兵四散搜扒無賊可捕訪得官兵未進之先各賊帶領家屬逃往桂東縣連界大山藏躲及將捕獲賊人黃順等備細研審相同但今彼處官兵未見前來若不移文催督誠恐先遁各賊乘虛在彼奔竄各營官兵難於過境搜扒呈乞照詳等因到院查卷先爲前事已經通行湖廣江西廣東三省該道兵備守巡等官調集官軍把截夾攻及嚴督府衛所州縣等官起集兵快鄉夫各於賊行要路晝夜把截若賊奔遁就便相機擒捕去後今據前因照得桶岡賊徒陸續潛逃所據守隘

等官未暇參究但今各賊久在彼處藏躲若不速行搜扒將來大兵既撤諸賊必將復歸桶岡重貽後患爲此合咨貴院煩將原調官兵量摘三四千前來桂東連界大山逐一搜扒必使果無噍類然後班師庶幾一勞永逸而彼此兩無遺憾及請戒令各兵止於連界大山搜扒不得過境深入尤爲地方之幸

批准惠州府給由呈 正德十三年二月二十四日

據知府陳祥申給由事看得知府陳祥政著循良才堪統馭近因興師之舉且遲考績之行今本官親從本院征勦叛賊効勞備至斬獲居多巢穴悉皆掃平地方已就寧靖既喜奏功於露布允宜上最於天曹際賞功之典另行外仰該府即便照例起送給由申繳

批攻取河源賊巢呈 三月二十三日

據僉事王大用呈河源朱峒吳天王曹總兵鄧都督等一十三圍幷上下二山共有先鋒三千餘兵五府六部俱全聲言起城立殿勢誠猖獗看得所呈各賊聚衆三千設官僭號即其事勢亦豈一朝一夕之故而各該府縣等官前此曾

無一言申報據法卽合拏究但稱所呈亦據傳聞未委虛的又慮萬一果如所呈各該官吏正在緊關勦截之際姑且俱未參提仰該道再行查勘的實果如前情卽便一面嚴督各該官司加謹防遏一面議處機宜或移夾勦之回師或促候調之狼卒度量緩急相機而行如其事未猖揚情猶可撫亦要周防安插區處得宜俱仰火速具由呈來以憑議奏仍呈總督巡按等衙門公同計議施行呈繳

批贛州府賑濟呈　四月二十八日

據贛州府呈本府贛縣等七縣將在倉稻谷糶銀賑濟看得兵革之餘民困未蘇加以雨水爲災農務多廢雖將來之患固宜撙節預防而目前之急亦須酌量賑濟據該府所申計處得宜合行各縣照議施行仍仰各掌印官務須嚴禁富豪之規利痛革奸吏之侵緣庶官府不爲虛文之應而貧民果沾實惠之及各具由回報申繳

批嶺北道修築城垣呈　五月十五日

據副使楊璋呈所屬府衛縣城垣倒塌數多而石城一縣尤甚應該估計修理合委知府季斅邢珣不妨府事督修本府城垣龍南縣署印推官危壽與國縣知縣黃泗瑞金縣知縣鮑珉各委督修本縣城垣惟石城縣知縣林順柔懦無爲合行同知夏克義估計督修看得城垣倒塌地方急務幸茲盜賊蕩平正可及時修築若患至而備則事已無及該道即行各該承委官員查照估算工程措置物料一應事宜各自從長議處呈奪各官務要視官事如家事惜民財如己財因地任力計日驗功役不踰時而成堅久之績費不擾民而有節省之美庶稱保障之職以副才能之舉呈繳

查訪各屬賢否牌 六月十九日

節該欽奉 敕諭軍衛有司官員中政務修舉者量加獎勸其有貪殘畏縮誤事者文職五品以下武職三品以下徑自拿問發落欽此欽遵切照當職撫臨贛州等處向因親勦羣賊多在軍前所據大小衙門官員中閱志行之賢否政務之修廢類皆未暇采訪擬合通行查報爲此除布按二司本院自行詢訪外

牌仰本道官吏即便從公查訪所屬軍衛有司官員要見某官廉勤公謹某官貪婪畏縮某官罷軟無爲某官峻刑酷暴備細開造小冊就於前件下填註印封密切馬上差人齎報以憑覆　奏黜陟拏問施行毋得循情查報不公致有物議自取參究仍行本道各將掌印佐貳等官年甲籍貫到任年月日期亦開前件揭帖一本印信各令差人齎報不得稽遲

一仰廣東守巡嶺東嶺南道福建守巡漳南道湖廣守巡上湖南道同

行漳南道禁支稅牌　六月二十八日

照得上杭河稅原係本院欽奉　敕諭軍馬錢糧徑自便宜區畫事理專爲軍餉而設自來非奉本院明文分毫不許擅自動支與該省各衙門原無干預牌仰該道官吏今後凡有相應動支止許具由呈稟本院聽候批允不得一概申請有乖事體漸開多門之弊反生侵漁之姦具依准繳牌

禁約驛遞牌　七月初一日

照得水西驛遞舊例每遇公差驗有真正關文隨即送赴軍門掛號此乃防奸

革弊定規本院撫臨贛州未幾卽因盜賊猖獗屢出勦平尚未清查訪得近來多有姦詐之徒起一關文輒就洗改或改一名爲二三名者或改紅舡爲站舡者或改口糧爲廩給者或改下等馬爲中等上等馬者或該有司支應而賁緣驛遞應付者又有或看望親朋或經過買賣因與驛遞官吏相識求買關文詐僞百端若不掛號清查非惟奸人得計抑且有乖事體爲此牌仰本驛所官吏卽便印鈐厚白申紙裝釘方尺文簿一樣二本送赴軍門每遇公差關文驗無前項奸弊就與謄換隨送軍門掛號給付如或本院出巡就赴該道兵備掛號中間若有交通私與關文或不經本院掛號潛行應付者定行拿問贓罪決不輕貸仍仰今後差撥舡隻迎送止許各至交界驛遞倒換立限回還敢有貪圖過關米糧或權要逼勒過界者就便指實申來以憑拿問仍行嶺北道一體查照施行

申明便宜　敕諭 七月二十一日

節該欽奉　敕廣東清遠從化後山等處與爾所轄南韶等府壤地相接事體

互相有關近該彼處鎮巡官　奏稱盜賊生發師行有日如遇彼處行文徵兵協勦亦要隨即發兵前去防勦應援以收全功毋得自分彼此致失事機欽此欽遵照得南雄府界連南贛大庾信豐龍南等縣而惠州河源與寧亦各逼近賊巢俱係緊關奔遯潛匿之處進攻防截之路訪得前賊爲患日久雖奉　成命徵兵協勦誠恐賊計狡猾詐變東追則西竄南捕則北奔若不早爲查處未免有誤軍機爲此仰抄案回司會同三司掌印及各該守巡兵備等官上緊調集兵糧聽候尅期防勦幷將應勦賊巢通行查出行拘熟知地利險易鄉導責令畫圖貼說要見某處賊巢連近某處鄉落某巢界抵某處係是良善村寨某處係是善惡相兼某處平坦可以直搗某處險阻可以把截某處係賊必遁之路可以設伏邀擊某處賊所不備可以閉道掩撲何處官軍可以起調何官可以委用可以監統糧餉何處措辦住劄何處聽候各要查處停當備由馬上差人飛報本院以憑遵照欽奉　敕諭與各該鎮巡官計議而行其有軍中一應進止機宜亦要明白呈報毋分彼此致有踈虞　國典具存罪難容恕仍呈總

督鎮守巡按衙門知會

犒賞新民牌 七月二十八日

據招撫新民張仲全陳順珠等呈解擒斬賊首池滿仔屠天佑等八名顆到院為照張仲全等始能脫離惡黨誠心向善已爲可取又能擒斬叛賊立功報効即其忠勇尤足嘉尚所據張仲全合陞授以百長陳順珠合陞爲總甲各給銀牌以酬其功其兵衆三百餘人皆能齊心協力擒捕叛賊俱合犒賞爲此牌差百戶周芳前去龍南縣著落當該官吏即將齎去銀牌給與張仲全陳順珠牛酒及賞功銀兩照數給與部下有功兵衆仍仰督同張仲全等整束部下兵衆會同王受鄭志高等并力夾勦殘賊務要盡數搜擒照例從重給賞其屠天祐手下走散兵夫原由牽引哄誘皆可免死仍仰張仲全遣人告諭但能悔惡來歸仍與安插或能擒斬同夥歸投者准其贖罪仍與給賞各役俱聽推官危壽等節制調度務要竭忠盡力愈加奮勇期收全功以圖報稱

行嶺北等道議處兵餉 八月十四日

節該欽奉　敕諭一應軍馬錢糧事宜俱聽便宜區畫以足軍餉欽此欽遵照得近因夾勦上猶桶岡等賊糧餉無措當時仰賴　朝廷威德兩月之閒偶速克捷不然必致缺乏今各巢雖已掃定而遺黨竄伏難保必無況廣東後山等處方議征勦萬一奔決過境調兵遏勦糧餉爲先查得見行措置軍餉以防民患事例今後江西南贛等府有兵備去處各該軍衛有司所問囚犯審有家道頗可者不拘笞杖徒流并雜犯死罪各照做工年月每日折收工價銀一分送府收貯以備巡撫衙門軍情緩急之用雖有別項公務不得擅支仍要按季申報合干上司以憑稽考等因照得近來官吏因循不行查照概將問追工價等銀俱稱類解買穀遂致軍餉無備甚屬故違具訪前項銀兩埋沒侵漁甚衆今姑未查究再行申明仰抄案回道著落當該官吏幷行南贛二府衛所縣今後奉到問理等項笞杖徒流雜犯斬絞罪除有力納米照舊外其家道頗可者俱要查照先行事例折納工價俱收貯該府以備本院軍情緩急敢有故違者定行參以贓罪決不輕貸仍仰各置文簿二扇按季循環開報查考毋致隱匿仍

呈撫按衙門知會

再批攻勦河源賊巢呈　八月二十一日

據廣東嶺東道僉事朱昂等會呈河源縣賊巢一十三處勢相聯絡互爲應援賊首吳何俊等幷帽子峯賊首譚廣護等招亡納叛不止二千餘衆累歲荼毒生靈況又僭稱天王總兵都督等號罪惡滔天人神共怒必須請調大兵勦絕根由庶足以雪軍民之冤但此黠賊性尤兇強必藉狼兵可以搗巢攻寨大約以軍兵二萬有餘方克濟事合行布政司查議糧餉幷賞功銀兩等項又據惠州府云云看得賊衆兵寡委難集事但動調狼兵亦利害相伴況閉報賊巢前後不同合用糧賞俱合預行查處爲此仰抄案回道會同各守巡兵備等官將各巢穴再行備細查訪若果賊巢衆多官兵分哨不敷必須添調狼兵仰卽徑自呈請該省總督等衙門上緊起調若見在官兵略以足用可以不調狼兵亦免騷擾地方就仰選委謀勇官督同府衛縣所等官將各漢達官軍兵快鄉夫預先起集選練於該府及近賊縣分密切屯劄勿令張揚候剋期已定然後畫

伏夜行出其不意併擊合勦合用糧餉賞功等銀備行廣東布政司查照上年大征事體及時措備毋致臨期誤事如是兵糧措置俱已齊備仰即馬上差人飛報軍門以憑親臨督戰或差官齎執　令旗令牌分督進勦其各賊奔遁關隘相應江西防截者亦要上緊查報以憑調發各毋稽違致有失誤　國典具存決難輕貸先選熟知賊情三四人赴軍門聽用軍中一應進止或未盡機宜應呈報者亦就上緊呈報仍呈總鎮鎮守巡按等衙門查照知會

優禮謫官牌　十一月二十七日

照得本院奉　命提督軍務征勦四省盜賊深慮才微責重懼無以仰稱任使合求賢能以資謀略訪得潮州府三河驛驛丞王思志行高古學問淵源直道不能趨時長才足以濟用惠州府通衢馬驛驛丞李中堅忍之操篤實之學身困而道益亨志屈而才未展合就延引以匡不及爲此牌仰該府照牌事理措辦羊酒禮幣差委該縣教官齎送本官處用見本院優禮之意仍照例起關應付以禮起送前赴軍門以憑諮訪該驛印記別行委官署掌先具依准及禮過

緣由繳牌

批漳南道設立軍堡呈 十二月初三日

據兵備僉事周期雍呈深田半砂等處負山濱海地僻人稀以致賊徒誘結勢漸猖獗今雖議立軍堡一時未得完工合行署都指揮僉事侯汴暫且住劄南韶設法擒捕候軍堡已完行令遵照欽奉敕諭前往武平縣駐劄看得所呈深田等處盜賊日漸猖熾各該巡捕等官因循坐視致令滋蔓俱合拏赴軍門但當用人之際姑且記罪仰該道嚴加督捕在目下靖絕以功贖罪及照該道原議設立軍堡十處每堡軍兵不過二三十人勢分力弱恐亦不足以振軍威而扼賊勢仰該道會同守備官再加酌量如果軍堡工費浩大且可停止將各堡該戍軍兵分作兩營選委勇官二員分統於各該盜賊出沒地方絡繹搜捕每月限定往來次數就仰經過縣分按月開報兵備官處不時考較督責其該設軍堡止於每日程途所到去處建立一所以備宿歇非獨省費易舉亦且勢并力合地方可恃以無恐盜賊聞風而自息矣但事難遙度該道仍須計審詳議

一面呈報務求至當亦無苟從再照前項地方盜賊日盛備禦未立准議暫委守備侯汴前往南韶住劄嚴勦捕以靖地方稍候武備既設施行有次仍舊還歸武平住劄該道照議批呈事理卽便備行本官查照施行俱毋違錯

再申明三省　敕諭　十二月十二日

節該欽奉　敕該兵科給事中周文熙奏湖廣郴衡地方猺賊不乘時處置抑恐遺孽復滋重貽後患乞要推舉撫治憲臣一員前去會同湖廣廣東江西鎮巡三司等官相度事宜或設添衞所縣治或置立屯戍屯堡或仍　敕爾每年春夏在南贛等處秋冬在郴衡等處住劄整理庶幾委任專一有備無患等因該部議謂宜如所奏施行今特　敕爾親詣郴衡等處地方照依周文熙所奏幷查照御史王度唐濂及僉事顧英等建言事理從長議處定立長治久安之法應施行者徑自會同各該鎮巡等官從長施行事體重大者奏　請定奪爾爲風憲大臣受茲委託尤宜廣詢博訪擇善而行務使盜息民安地方有賴欽此欽遵卷查先准兵部咨爲圖議邊方後患事該兵科給事中周文熙奏該本

部覆題已經案仰湖廣都布按三司即行該道守巡兵備等官一體欽遵各詣郴桂衡州等處督同各該掌印等官相度山川險易之勢諮訪賊情起伏之由查照各官建言事理從長議處方略要見某處可以開建縣治某處相應添設衛所某處營堡宜修某處道路宜開備詢高年有識務宜土俗民情如或開建添設等項有勞於民無補於事亦要明白聲說毋拘成議附和雷同別有防奸禦患長策俱要備細呈奪毋憚改作仰惟　朝廷采納羣策非徒苟爲文具諒在各官協心承委決無了塞公移務竭保民安土之謀共圖久安長治之策應施行者就便具由呈來以憑會議施行若有事體重大該具奏者亦即呈來奏請定奪去後今奉前因擬合通行爲此仰抄案回司即行掌印并各該道守巡兵備守備等官一體查照欽遵作急議報施行毋得稽違仍行鎮守巡撫總督總鎮巡按衙門知會

批贛州府給由呈　十二月二十五日

據知府邢珣申給由事照得知府邢珣久勞郡政屢立戰功合有　賞功之典

出於報最之外今三年之考既因事久稽而六載之期亦計日非遠況地方盜賊雖平瘡痍未起仰行本官照舊支俸益弘永圖苟有善可及民何厭久於其道微疾已痊即起視事給由一節六年并考申繳

行嶺北道裁革軍職巡捕牌 十四年五月初五日

訪得南贛巡捕軍職官員有名無實每遇火盜生發坐視觀望曾不以時策應中間更有不守法律在於私宅接受詞訟嚇取財賄紙米或捕獲一賊則招攀無干之人乘機詐騙僉充總小甲則需索拜見更換鋪夫則索要年例稍或不從百般羅織又如前往所屬巡邏則索要折乾刻取酒食甚至容隱賊徒竊分贓賄欲便拏究緣無指實查行間爲此仰抄案回道即將巡捕軍職官員就便裁革一應地方事宜俱令府縣捕盜等官管理中間倘有未盡事宜該道再行議處呈奪仍候考選之日備呈鎮巡等衙門查照知會

遵奉 欽依行福建三司清查錢糧 五月二十七日

准兵部咨云云查得先准本部咨題奉 欽依備行前來已經案仰福建都布

按三司幷行所屬一體　欽遵仍查各該府縣衞所每年額徵各項秋屯糧米各計若干中閒起運每石折銀若干魚課折銀若干存留數內應否輸納本色折收銀兩見今小民拖欠者已徵若干未徵若干有無已徵捏作未徵其各衞所軍士該支月糧某衞所若干石見今某衞所已缺支若干月共該補給米若干石起運秋屯糧米要查是何年月奉何事例分派某府衞所解京今經幾年是否已爲定例設若存留必須先查各屬官吏師生旗軍人等歲用錢糧大約共計若干有無足勾及查該司幷各府州縣見貯庫內銀兩某項共計若干中閒可以借支俟後追補如是扣算不敷應否將前起運存留幷查汀漳二府用兵之時所用糧餉係何項錢糧曾否將官軍月糧借輳務要備查明白具由差人馬上齎報一面會同三司掌印守巡各官將一應利弊相應興革者逐一查議停當俟本院撫臨之日呈奪去後今准前因合再通行查處爲此仰抄案回司即行掌印幷各道守巡等官公同本院委官速將前項事情再加用心查議務要事體穩當以便經久明白具由開呈以憑會處中閒若有未盡事宜亦就

查議呈奪毋得虛應故事苟且目前復遺後患罪有所歸

議處添設縣所城堡巡司咨 五月三十日

准兵部咨云云續據湖廣按察司呈奉巡撫湖廣都御史秦 案驗為計處地方以弭盜賊事准兵部咨該本院題備由呈報及移咨到院案候間今准前因為照添設縣所查處更夫并設屯堡置巡司等項事宜俱奉有 成命況皆經巡撫衙門悉心區畫各已慮無遺策豈能別有議處惟稱分割乳源樂昌二縣里分節行廣東該道會勘未報尚恐兩省各官未免互分彼此不肯協和成事必須貴院不憚一行親臨其地約會總督兩廣軍務都御史楊 面會一處庶幾兩省之事可以一言而決及照建立三屯摘發湖廣各衛所官軍協同巡檢弓兵守把一節以今事勢而論亦為久長之防但訪得各衛所官軍皆有安土重遷之懷無故摘撥必致 奏告推搪非惟無補於防禦兼且徒益於紛擾似須更為一處必使人情樂從庶幾事功易集本職見奉 朝命前往福建巡視地方處 軍人作亂事情不日啓行必須遵照 敕旨候事完回日方可親詣

彬衡地方面會貴院議處但恐曠日彌久行事益遲爲此合咨貴院煩請先爲查處施行

督責哨官牌 六月初七日

照得本院見往福建公幹所有調來贛州教場操備寧都等縣兵快雖分四哨管領已有定規惟恐本院遠出因而懈怠廢弛頭目人等亦或受財放逃必須委官管領操備爲此仰千百戶孫裕等各照軍門原分哨分用心管領不時操練務使行伍整肅武藝精通中間若有拒頑不聽約束者輕則量情責治重則論以軍法斷處其各兵快義官百長人等口糧各照近日減去五分則例每月人各二錢義官百長各三錢五分總小甲各二錢五分俱仰前去贛州府支給亦不許冒名頂替關支查訪得出定行追給還官仍問重罪發落承委各官務稱委託不得假此生奸擾害未便

委分巡嶺北道暫管地方事 六月初六日

據副使楊璋呈奉兵部劄付題稱福建軍人作亂事情請 敕提督南贛等處

軍務都御史王　前去處置其南贛等處地方事情合行兵備副使楊璋暫且代替管理一應緊急賊情悉聽楊璋徑自從宜施行不許失誤候處置福建事寧之日照舊等因題奉　欽依備由劄仰欽遵外今照本職陞任本司按察使啓行在邇缺官管理合就通行呈詳等因看得本官既已陞任本院不日又往福建公幹南贛賊情及該道印信必須得人經理已經案仰江西按察司速委風力老成堂上官一員毋分星夜前赴該道暫且管理去後今照前因爲照本院已奉　敕書的於本月初九日啓行但分巡該道官員未至所有各處遞報一應公文多係地方事務若待議置停當前去未免顧此失彼愈加積滯合行處置爲此仰抄案回府凡遇各該官司齎到一應公文除地方賊情重事俱仰差人送赴分巡該道議處徑自施行仍呈本院知會其餘地方盜息民安繳報批申呈詞招由不急之務就便收候類齎本院仍仰作急備行該道查照施行俱毋違錯

行廣西統領軍兵各官勦撫事宜牌 嘉靖六年十一月初五日

先據領兵參政等官龍誥等稟稱湖兵已至已經行令相機行事去後近訪得各兵已入深地利在速戰若曠日持久未免師老氣衰且臨敵易將進退之閒呼吸成敗是以本院沿途且行且訪而傳聞不一未有的報爲此牌仰統兵各官公同計議若已在進兵之際則宜遵照舊任提督軍門約束齊心并力務在了事方許旋回軍門參謁若猶在遲疑觀望之地而王受盧蘇等尙有可生之道 朝廷亦豈以必殺爲心則宜旋軍左次開其自新之路聽候本院督臨審處俱毋違錯仍行提督總鎮總兵及巡按等衙門知會務在進退合宜不得輕忽誤事

行南韶二府招集民兵牌 十一月十二日

牌仰韶州南雄府當該官吏即於該府地方及所屬各縣不拘機兵打手各色人內訪求武藝驍勇膽力之士超羣出衆以一當百者每府三名或四名每縣二名或三名無者於別縣通融取補務要年齒少壯三十歲以下者每月給與

工食八錢就於機快工食內頂貼仍與辦衣裝器械各名備開年貌親族鄰里限一月之內送赴軍門應用毋得遲違

擬留僉事顧溱批呈 十一月二十三日

看得士大夫志行無慚不因毀譽而有榮辱君子出處有義豈以人言而爲去留況公論自明物情已覩本官素有學術涵養正宜動心忍性以增益其所不能豈可託疾辭歸以求申其憤激此繳

批嶺西道議處兵屯事宜呈 十一月二十三日

據僉事李香呈看得財匱於兵冗力分於備多此是近日大弊相應議處所呈打手且不必添募仰將該道屯哨分布打手通行查出大約共有若干再加精選去其劣弱大約共得驍勇若干及查某處屯堡可裁某處關隘可革大約共用打手若干某哨堪備操演分聚開闔若何而力不分若何而財不費若何而免於屯兵坐食若何而可以運謀出奇該道會同分守道通融斟酌務求簡易可久之道呈來施行

批廣州衛議處哨守官兵呈 十一月二十五日

據指揮趙璇呈看得軍門哨守官軍兩班共該一千餘名類皆脆弱不堪征調兼亦遠離鄉土往往多稱疾故逃亡非徒無益於公家之用而抑未便於軍士之情仰蒼梧守巡道公同會議酌量利害之多寡審察人情之順逆務求公私兩便經久可行之策呈來定奪施行

批都指揮李翶操演哨守官兵呈 十一月二十七日

看得都指揮李翶所呈足見留心職任不肯偷惰苟安有足嘉尚仰分巡蒼梧道公同坐營官張覩將見在哨守軍兵打手人等分立班次發與李翶在於教場輪班操演使兵識將意將識士情庶職任不虛緩急可用仰行各官查照施行

行兩廣都布按三司選用武職官員 十二月初七日

准兵部咨云云爲照兩廣地方廣闊武職官員數多當爵鎮臨之初賢否一時未能備知擬合通行詢訪爲此仰抄案回司備云該部題奉 欽依內事理合

行掌印守巡等官欽遵嚴加詢訪不拘已用未用曾否減革武職官員但有謀勇素著雄才大略堪任將領者從公舉保以憑具　奏推用不許徇情濫舉贓犯人員自貽玷累毋得違錯都司仍轉行總兵等官一體欽遵查照施行

行兩廣按察司稽查冒濫關文　十二月十二日

准兵部咨云云擬合通行爲此仰抄捧回司照依案驗備奉　欽依內事理即行都布二司一體　欽遵仍轉行鎮守主副參將等官今後除地方機密重情應該會　奏者各具本共差一人於批文列會　奏職銜其餘常行事務各自行　奏報者必須積至二三起以上方許差人亦於批文開坐硃語以便稽考毋得泛塡公務字樣若是專爲己私假借公幹擅便分給　符驗關文掛號并承委人等越例索要應付定行從公參究治罪俱毋違錯

給思明州官孫黃承寧冠帶劄付牌

據左江兵備僉事吳天挺呈據思明府族目王瑙等狀告先蒙軍門行取思明州官孫黃承寧領兵聽調乞給冠帶管轄夷民等情勘得官孫黃承寧被占年

久今奉斷明若非寵異無以示信合請照依黃澤冠帶事理使地方知爲定主實心歸向呈詳到院相應給與爲此牌仰官孫黃永寧遵照本院欽奉　敕諭內便宜事理就彼暫行冠帶望　闕謝恩該襲之時具告撫按衙門另行具奏施行本官孫黃務要持身律下謙以睦鄰修復州治保安境土凡遇征調竭忠效命以報　國恩毋得因此輒興越分之思自取侵凌之禍苟違法制罰罪難逃戒之敬之

省發土官羅廷鳳等牌　十二月十七日

看得那地等州土官羅廷鳳泗城州土舍岑施東蘭州知州韋虎林南丹州土舍莫振亨等帶領兵夫屯守日久勞苦良多卽今歲暮天寒豈無室家之念牌至仰本官徑自前來軍門面聽發放

給還隆寨巡檢黃添貴冠帶牌　嘉靖七年正月初八日

據廣西左江道僉事吳天挺呈稱查得方輿勝境內開思明路下有還隆州緣無誌書案卷可考沿革但查遞年黃冊及審各目老皆稱還隆洞黃添貴果係

官戶宗枝凡有征調黃添貴亦果領兵立功其地界廣有百里雖止征糧四十石而煙爨多踰二千雖額屬思明而征兵則各自行管束委因失其衙門印信以致地方懷疑生奸合無准行暫立爲思明府遷隆寨巡檢司就授黃添貴職事聽其以後立功積效漸次陞改庶人心知勸地方可定等因到院查得先該

前巡撫都御史張　累經案仰廣西都布按三司及該道兵備守巡等官查勘相同設立巡司似亦相應除另行具題外緣黃添貴正在統兵行事合無遵照

欽奉　敕諭便宜事理先與冠帶以便行事爲此牌仰黃添貴就彼冠帶望

闕謝恩暫署土巡檢司事候　命下之日方許實授本官務要奉法嚴束下人輯和鄰境保守疆土每遇調遣卽便出兵報効立有功勞賞陞不吝如或貪殘恣肆　國典具存罪亦難逃

批左州分俸養親申 正月十八日

據左州申知州周墨分俸回太倉州養親看得本官發身科甲久困下僚雖艱苦備嘗而貧淡如故雖折挫屢及而儒朴猶存凡所施爲多不合於時尚而原

其處心終不失爲善人卽其分俸一事亦豈今之仕宦於外者所汲汲而本官申乞不已雖屢遭厭抑之言而愈申懇切之請固流俗共指以爲迂而君子反有取焉者也案照先任軍門蓋已屢經批發而公文至今未到想亦道途修阻不易通達之故本官近決給由道經原籍合就批仰親自齎遞仰蘇州府太倉州當該官吏查照軍門先令批行事理卽將本官分回俸給照數查考以慰其一念孝親之誠具由繳報仍行太平府及該州知會此繳

批右江道斷復向武州地土呈 正月二十六日

據參議鄒輗僉事張邦信呈勘處都康向武二州爭佔安寶峒地土合斷還向武州管業緣由看據所呈官男馮一執稱安寶峒深入地方都康界內遠隔向武六十餘里以近就近應該都康管業其言於人情似亦爲便王仲金又執稱國初設立郡州原要犬牙相制今安寶地方深入都康正是祖宗法制其言於 國典又爲有據況博訪民閒物論亦多是向武而疑都康今該道又審得王仲金舊藏吏部勘合奉有 聖旨安寶峒村莊還著向武州管是實先年都

康州又曾有印信吐退文書今以此地斷還向武其於天理人心公論國法悉已允當事在不疑不必再行後湖查冊往復勞擾該道又審得王仲金先年混將都康州村峒人畜殺虜要依土俗責令賠償亦於事理相應悉照所議取具王仲金馮一情願賠償吐退歸一親筆供詞備寫劄付用印鈐連送赴軍門重加批判給付各州永爲執照以杜後爭此繳

批左江道推立土官呈 二月初一日

據參議汪必東呈稱武靖州缺官管事乞推相應上官子孫一員仍授該州職事理辦兵糧仰布政林富會同各守巡兵備副參等官再行從公酌量計議採諸物論度諸人情務要推選素有爲該州人民信服愛戴者坐名呈來以憑上請不得苟避一時之嫌疑不顧百年之禍患輕忽妄舉異時事有乖繆追咎始謀責亦難辭此繳

批遣還夷人歸國申 二月十四日

據兵備副使范嵩呈稱番人柰邦等不係番賊又無別項爲非重情合行瓊州

府查支官銀買辦船隻量給米飯送回該國若有便船搭附隨宜其原搜獲葫蘆五箇給還收領鎗鏰等物入官以防在海刦奪之患看得各夷既審進　貢是實又無別項詐偽相應聽其回還本國卻淹留日久致令死亡數多而郡縣徒增供饋之擾處置失宜貽累不少仰該道即如所議行令瓊州府查支官銀買辦船隻及措與糧米等項趁此北風未盡上緊送發回國若再會議往復則愈加遲誤備行合干衙門知會施行繳

批蒼梧道修理梧州府城呈 三月十一日

據僉事李傑呈梧州府城垣修復串樓等項合用木石甎瓦於府庫抽收竹木銀兩動支看得城上串樓雖有風雨崩塌之備亦有兵火焚毀之防得失相半誠有如該道所慮者今議修復雖亦舊貫之仍若損多益少則亦終為浪費該道再行計處或將見在串樓間節折卸每隔二三十丈則存留三四間或四五間以居防守之兵夫而拓其空地以絕延燒之患一以便人馬往來之奔突旗鼓刀槍之運用以其折卸之材料修補焚燒之空缺當亦綽然有餘而更樓火

鋪之類亦可藉此以修理矣但地利土宜隨處各異未可以本院一時之見懸斷適度仰該道廣詢博訪如果有益無損卽查本院所議斟酌施行若是得失相半准如該道所呈一面動支銀兩修理一面會同各官再加量度計議具由呈報繳

批永安州知州乞休呈 三月十四日

據僉事申惠呈永安州知州陳克恩立心持己舉無可議委因感嵐瘴心氣不時舉發仍稱母老在家久缺奉侍情甚懇切看得知州陳克恩雖患前病是實然其年力尚強才器可用非可准令休致之時但以母老多病固求歸養情詞懇迫志已難奪其恬退之節孝母之心誠有可尚合照所議准令致仕還鄉仰該道仍備行本官原籍官司務要以禮相待以崇奬恬退孝行之風

行參將沈希儀守八寨牌 二月二十三日

爲照八寨巢穴及斷藤峽等賊素與柳慶所割地方猺獞村寨連絡交通誠恐乘機奔突亦合督兵防捕爲此牌仰參將沈希儀照牌事理卽便督率官兵人

等於賊衝要路嚴加把截如遇奔突相機擒捕毋容逃遁仍要嚴禁下人惟在殄除真正賊徒不得妄殺無辜及侵擾良善一草一木敢有違犯者卽照軍法斬首示衆所獲功次解送該道分巡官紀驗聽候紀功御史覆驗造報軍中事宜牌內該載不盡者亦聽本官徑自酌量而行一面稟報俱毋違錯

行左江道勦撫仙臺白竹諸猺牌 三月二十四日

照得白竹古陶羅鳳仙臺花相石馬等巢諸賊皆稔惡多年在所必誅已經牌仰各官督兵進勦近據參將張經續稟仙臺花相石馬等猺一月之前皆各出投撫願給告示從此不敢爲惡看得各猺投撫誠僞雖未可料但既許其改惡若復進兵襲勦未免虧失信義無以心服蠻夷亦合暫且寬宥容其舍舊圖新其白竹古陶羅鳳等賊負險桀驁略無忌憚若不加勦何以分別善惡明示勸懲爲此牌仰左江道守巡守備等官參議汪必東僉事吳天挺參將張經會同湖廣督兵僉事汪溱都指揮謝珮督同各宣慰等官俟牛腸等處事完之日卽便移兵進勦白竹古陶羅鳳諸賊其領哨官員及引路向導人等俱聽參將張

經督同指揮周胤宗等分俵停當照例逐一講明然後分投速進縱使諸賊先已聞風逃避亦要嚴兵深入搗其巢穴以宣明本院聲罪致討之義一勦不獲至於再再勦不獲至於三至四至五至絶終禍根不得以今次斬獲之少或遂濫及已招賊巢虧失信義所損反多經過良善村分尤要嚴禁官土軍兵不得侵犯一草一木有犯令者即以軍法斬首示衆

委土目蔡德政統率各土目牌 四月初一日

爲照前項城頭兵糧等項雖經行令各目暫行管理但在流官知府處必須通曉事體土目一人專一在府聽候傳布政令通達土情不然未免上下之情亦有扞格查得土目蔡德政平日頗能通曉事情相應選委爲此牌仰本目統率各土目供應人役專一在府聽候答應凡遇差遣及催督公事等項就便遵照傳布督催各管城頭土目人等或有未便情由亦與申達本府務通上下之情以成一府之治就將七處一城頭撥與本目永遠食用流傳子孫本目務要奉公守法盡心答應其或違犯節制輕則該府官量行究治重則具由三府軍門

治以軍法

批左江道查給狼田呈 四月十一日

據僉事吳天挺呈稱遵奉軍門方略勦平牛腸六寺磨刀等賊所有賊田合行清查免致紛爭宜選委府衛賢能官親查酌量應給還狼民者明立界至給還原主耕種係賊開墾者丈量頃畝均給各里十名招狼佃種俱候成業一年方行起科納糧免差本院之意正欲如此區處據呈足見該道各官用心之勤悉准照依所議就仰行委該府衛賢能官各一員親臨踏勘清查明白酌量給派招佃具由呈報

行潯州府撫恤新民牌

照得潯州等處稔惡猺賊既已明正討伐其奔竄殘黨亦合撫處但其驚懼之餘未能遽信必須先將附近良善厚加撫恤使為善者益知勸勉然後各賊漸知歸向方可以漸招撫除行守巡該道施行外牌仰知府程雲鵬等即行會同指揮等官周胤宗等及各縣知縣等官分投親至良善各寨照依案驗內開諭

事情諄復曉諭就將發去告示魚鹽量行分給務使向善之心愈加堅定毋爲殘賊所扇誘則良民日多而惡黨日消又因而使之勸諭各賊令各改過自新果有誠心來投者即與招撫就便清查侵占田土以絶後爭推選衆所信與之人立爲頭目使各統領毋令散亂以漸化導務使日益親附庶幾地方可安而後患可息各官務要誠愛惻怛視下民如己子處民事如家事使德澤垂於一方名實施於四遠身榮功顯何所不可如其苟且目前虛文抵塞欺上罔下假公營私非但明有人非幽有鬼責抑且物議不容

批與安縣請發糧餉申　四月十三日

據興安縣申稱本縣庫內並無軍餉銀兩亦無堪以動支官錢誠恐湖兵猝至不無誤事合無請給發軍餉銀兩下縣先顧船馬參看湖兵歸途合用廩給口糧下程犒勞等項已經各有成議自南寧府至梧州止又自梧州至桂林府止又自桂林至全州止各經過幾縣幾驛每縣驛扣算該銀若干各於該府軍餉銀內照數一并支給各州縣止是應付人夫數十名再不許別項科派勞擾已

行該道守巡等官通行各該府縣查照施行去後今已兩月有餘而各州縣尚罔聞知不知該道各官所理何事似此緊急軍務尚爾遲慢其餘抑又可知姑記未究外仰按察司將該吏先行提問仍備行各道守巡官今後該行職務各要自任其責可行卽行可止卽止悉心計處事體重大自難裁決者卽爲定議呈稟必使政無多門之弊人有畫一之守毋得虛文委下推避旁觀州縣小官無所遵承紛然申擾奔走道路延誤日月曠職廢事積弊滋奸推厥所由罪歸該道各具不違依准回報查考繳

行廉州府清查十家牌法 四月十六日

案照本院先行十家牌諭專爲息盜安民訪得各該官員因循怠惰不行經心幹理雖有委官偏歷城市鄉村查編亦止取具地方開報代爲造繳其實未曾編行且承委人員反有假此科取紙張供給或乘機清查流民分外騷擾是本院之意務要安民而各官反以擾民也本欲拏究緣出傳聞姑候另行所有前項牌諭必須專委賢能官員督查清理爲此牌仰廉州府推官胡松先將該府

及所屬州縣原編牌諭不論軍民在城在鄉逐一挨查務著實舉行仍須責令勤加操演若各官仍前虛文搪塞者指實參究果有科罰騷擾等項仰即拏問究治仍行各官務將牌諭講究明白必使胸中洞徹沛然若出己意然後施行庶幾事有條理而功可責成各府州縣以次清理非獨因事以別勤惰且將旌罰以示勸懲各具講究過依准繳報查考又訪得各處軍民雜居之地多有桀驁軍職及頑梗軍旗不服有司清查約束妨礙行事者仰行重加懲治應參職官指名申來以憑拏究斷不輕恕

行右江道招回新民牌 五月初六日

仰右江道副使翁素即便選委的當官員帶同上林縣知因曉事之人將一十八村搬移上山者通行招回復業給與良民旗榜使各安守村寨仍諭以其間有與賊交通結親往來者但能搜捕賊徒立功自贖即不追論既往一體給賞仍要催督分差各官上緊搜捕毋令各賊奔逃漸遠曉諭各該地方良善向化村寨務將逃躲各賊盡數擒斬以泄軍民之憤獲功解報一體給賞若是與賊

通謀容留隱蔽訪究得出 國憲難逃如是各賊果有誠心悔罪願來投撫立功報效者亦准免其一死帶來軍門撫諭安插各官務要盡心竭力上報 國恩下除民患副軍門之委託立自己之功名仍督平日與賊交通之人令其向導追捕痛加懲改及此機會立功自贖果能奮不顧身多獲真正惡賊非但免其既往之罪抑且同受維新之賞若猶疑貳觀望意圖苟免定行斬首示衆斷不虛言各官舍目兵人等若有解到功次即與紀驗明白以憑照例給賞事完之日通送紀功御史衙門覆驗奏報一應機宜牌諭所不能盡者就與副總兵張祐計議施行一面呈報本院不久亦且親臨各該地方躬行賞罰仰各上緊立功毋自貽悔

委官贊畫牌 五月初七日

今差知州林寬齎文前往賓州思恩等處公幹就仰本官在右江道守巡官處隨軍贊畫一應機宜不時差人前赴軍門稟報其領兵頭目盧蘇等亦要遣人催促上緊勦捕立功報效毋得怠惰放縱玩廢日月徒勞無功本官務要盡心

竭慮以副委託

行參將沈希儀計勦八寨牌 五月初九日

近因八寨猺賊稔惡已經調發思田目兵攻破賊巢方在分投搜捕訪得八寨後路潛通柳州又有一路與韋召假賊巢相通皆未委虛的合行密切查處爲此牌仰參將沈希儀卽行密訪若果有潛通賊路就仰本官從宜相機行事或從彼地掩襲韋召假賊巢就從彼巢徑趨八寨後路或以迎候本院爲名徑來賓州督調別項軍兵就從八寨取道然須將勇兵精又得知因向導可以必勝本院亦無意必之心俱聽本官相機行事量力可行卽行可止卽止牌至務在愼密毋令一人輕泄

調發土官岑瓛牌 五月初十日

牌仰歸順州官男岑瓛挑選部下驍勇慣戰精兵二千名各備鋒利器械親自統領前赴軍門面授約束有事差委所帶兵夫但在精勇不許徒多軍門不差旗牌官員正恐張揚事勢騷擾地方故今止差參隨百戶扈濂前去密切督調

前月官男赴軍門參見已曾當面分付牌至限三日內即便起程星夜前來毋得循常遲慢違誤刻期定行究治決無虛言

分調土官韋虎林進勦事宜牌 五月十五日

除行守備參將沈希儀相機行事及差南寧鎮撫朱鈺齎捧 令旗令牌前去督調外牌仰東蘭州知州韋虎林挑選驍勇慣戰精兵三四千名親自統領就於該州附近三旺德合等處取道密切進兵撲勦下邕中寨尋令東鄉馬攔南嶺新村莫村落村等寨賊首韋召鑾召曠召假召僚召號召旺天臘公線仲言轉周韋馬覃廣覃文祥等務要盡數擒斬以靖地方所獲功次通行解赴軍門以憑紀驗給賞如遇參將沈希儀已到地方仍聽節制行事若是尚未來到仰即火速進勦不必等候以致張揚泄漏失誤事機罪有所歸

行通判陳志敬查禁田州府私徵商稅牌 五月十五日

據委官通判陳志敬呈稱查得田州府舊例鹽每百斤稅銀一分本府河埠稅銀四分半經紀稅銀三分檳榔每百斤稅銀一錢本府稅課并經紀各稅銀二

錢其雜貨亦各稅不一除買辦應用年終俱歸本府此岑猛之餘烈也今尙因之而未除要行照依南寧府事例止容一稅等因到院參看得思田二府近該本院會議設立流官知府控制土官各以土俗自治其官吏合用柴薪馬匹及春秋祭祀等項仍許商課設於河下薄取其稅以資給用而本院明文尙未有行乃敢輒先私立抽分巧取民利甚屬違法合當拿問緣無指實合行查究爲此牌仰本官卽查前項抽分奉何衙門明文惟復積年奸猾私立巧取侵騙稅銀肥己務要從實查明具由星馳呈報一面密切差人訪拿解赴軍門究治以軍法論毋得容情回護自取罪戾

批南寧衛給發土官銀兩申 五月十八日

據南寧衛申原收王仲金賠償都康州銀二百兩令官男馮一差頭目黃淰等四人來領看得王仲金賠償銀兩既該馮一差有的當頭目黃淰齎有該州印信領狀前來關領仰衛審驗是實卽將銀兩照數給與黃淰等帶領回州付與馮一收受取收過日期回報仍行該道守巡官備行馮一王仲金務要洗滌舊

嫌講信修睦各保土地人民安分守己同爲奉法循禮之官共享太平無事之樂如其不能自爲主張聽信小民扇惑規圖近利懷挾前仇徒使利分下人惡歸一己貫滿罪極滅身亡家前車可鑒後悔何及各遵照奉行此繳

批左江道紀驗首級呈 五月二十八日

據僉事吳天挺呈獲過牛腸六寺古陶羅鳳等處山巢賊級中間無小功者應否紀驗看得各處用兵多因貪獲首級不肯奮勇破敵往往多致失事是以前月發兵之日本院分付督兵各官務以破巢誅惡爲事不以多獲首級爲功今若以無小功之故不與紀驗卽與前日號令自相矛盾矣其湖兵破巢首級雖無小功仰該道仍與紀驗至於官軍人等勦捕所獲仍照常規施行繳

行左江道犒賞湖兵牌 六月初十日

照得湖廣永保二州官舍頭目土兵先該本院撤放回還道經潯州等處已經行仰該道守巡等官督押前進乘便勦除稔惡猺賊隨己破蕩巢穴擒斬數多回報前來就經牌仰各官仍押各兵直抵桂林地方交替及行參議汪必東就

於梧州府庫量支軍餉銀一二千兩帶去省城聽候本院親行犒賞今照本院因地方有事兼患腫毒未能親往行委該道僉事吳天挺前去省城代行賞勞爲此牌仰本官即查前項銀兩若未動支就於該府軍餉銀內照數動支二千兩委官管領隨帶廣西省城聽候支給犒賞湖兵等項應用完日開數查考

獎勞督兵官牌 六月初十日

照得先因廣西思田等處土酋倡亂徵調湖廣永保二司宣慰舍目人等坐委僉事汪溱都指揮謝珮統領前來聽調勦殺後因各酋自縛投順班師回還又該軍門行委各官統領乘便征勦潯州牛腸六寺及平南仙臺花相等山積年稔惡賊寇遂能攻破堅巢多有斬獲雖各宣慰素抱報國之心舍目人等并心協力奮勇効命亦由監督各官設策運謀用能致有成功今師旋有日所據宴勞之禮相應舉行但本院見征八寨徭賊未能親至省城大享軍士合就先行獎勞爲此仰本官即便親詣省城公同布按二司掌印等官將軍門發去綵段銀花等物照數備用鼓樂導送僉事汪溱等收領用見本院嘉獎宴勞之意

仍行鎭巡衙門知會

計開

僉事汪溱

盤盞一副十兩　段二疋十兩

銀花二枝二兩　席面一卓銀十兩

都指揮謝珮

盤盞一副十兩　段二疋十兩

銀花二枝二兩　席面一卓銀十兩

部押指揮二員

每員銀牌五兩　銀花一枝五錢

席面銀二兩

分押千戶八員

每員銀牌三兩　銀花一枝五錢

席面銀一兩

土舍彭藎臣軍前冠帶劄付 六月初十日

據湖廣上湖南僉事汪溱呈據辰州衛部押指揮張恩呈據舍目彭九臯等告稱嘉靖五年奉調征勦田州有廕襲官男彭虎臣同弟彭良臣自備衣糧報效蒙授彭虎臣冠帶殺賊後因陣亡蒙軍門奏奉欽依勘合內開彭虎臣歿於王事情可矜憐贈指揮僉事移恩弟彭良臣就彼冠帶襲替宣慰使職事免其赴京伊父彭九霄仍升湖廣布政司右參政准令致仕除遵依外近奉軍門復調征勦行令致仕宣慰彭九霄親統啓行不意宣慰使彭良臣在任病故有彭藎臣係宣慰的親次男見年一十四歲與故兄彭良臣同母冉氏所生應該承襲別無違礙乞比照永順土舍彭宗舜事例賜給冠帶撫管地方等情爲照土官襲替必經原籍該管衙門委官重覆查勘今彭藎臣不在隨征之列未經結勘但伊父彭九霄見在統兵本舍又稱選帶家丁三千名前往報効似應俯從呈詳到院爲照彭藎臣本以章一早著英風自選家丁隨父報効卽其一念

報　國之誠已有可嘉況有查係應襲次男近日報効家丁於潯州平南諸處又能奮勇破賊斬獲數多則藎臣身雖不出戶庭而功已著於異省除別行具
題外合就遵照欽奉　敕諭內便宜事理給與冠帶爲此劄仰官舍彭藎臣先行冠帶就彼望　闕謝恩撫管地方仍須有志持身正己律物顧章服之在躬思成人之有道念傳世之旣遠期紹述於無窮益竭忠貞以圖報稱先具冠帶日期依准繳報仍徑行本省鎮巡衙門知會毋得違錯

獎勞永保二司官舍土目牌　六月初十日

照得先因思田等處土酋倡亂復調永保二司宣慰彭明輔彭九霄各統領舍目聽調剿賊後因各酋自縛投順班師回還又該軍門行委各官統領乘便征剿潯州牛腸六寺及平南仙臺花相等山稔惡賊寇遂能攻破堅巢多有斬獲是皆各宣慰及伊官男平日素抱忠誠報　國之心故能身督各舍目人等幷心協力奮勇効命致有成功今師旋有日所據宴勞之禮相應舉行但本院見征八寨猺賊未能親至省城大享軍士合就先行獎勞爲此牌仰本官卽便親

詣省城公同布按二司掌印等官將軍門發去禮物照依後開數目各用鼓樂
送發宣慰彭明輔彭九霄等收領用見本院嘉獎宴勞之意各宣慰官舍目兵
人等查照單開等明逐一支出賞犒就彼督發各兵回還休息支過數目開單
查考俱仍行鎮巡衙門知會

計開

保靖宣慰司

宣慰彭九霄

盤盞一副十兩　段二疋

一兩重金花一枝　一兩重銀花一枝

席面銀五十兩

官男彭藎臣

銀花二枝各一兩　段二疋

席面銀二十兩

永順宣慰司

宣慰彭明輔

盤盞一副十兩　段二疋

一兩重金花一枝　一兩重銀花一枝

席面銀五十兩

官男彭宗舜

銀花二枝各一兩　段二疋

席面銀二十兩

冠帶把總頭目每名三兩重銀牌一面

領征管隊冠帶頭目每名二兩重銀牌一面

旗甲小頭目洞老每名一兩重銀牌一面

隨征土兵每名銀二錢　家丁銀一錢

病故頭目每名銀四兩

病故土兵每名銀二兩

首級每顆銀一兩　賊首銀三兩

生擒每名銀二兩

調發武緣鄉兵搜勦八寨殘賊牌 六月十八日

先該本院進勦八寨賊巢已破但餘黨逃遁尚須追捕訪得各處鄉民素被前賊劫害多有自願出力殺賊報讐及訪得武緣縣地方嬰墟等處鄉兵素稱驍勇慣戰皆肯爲民除害已經牌差經歷羅珍等前去起調誠恐各官因循姑未究治看得通判陳志敬蒞官日久前項嬰墟等處鄉兵曾經訓緝頗得其心合委催督爲此牌仰本官速往嬰墟等處即將前項鄉兵量行選調多或一千五百名少或八九百名各備鋒利器械仍督經歷羅珍等分統前赴賓州照名關支行糧等項就彼相機搜勦前賊仍聽參將沈希儀調度節制獲有功次一體重加旌賞仍諭以當此農忙暑月本院亦不忍動勞爾民但欲爲爾民除去地方之害不得已而爲此爾等各宜仰體此情務要盡心効力以報爾讐是亦一

勞永逸之事先將調過名數并起程日期隨牌回報查考

行右江道犒賞盧蘇王受牌 七月初三日

看得思田頭目盧蘇王受等率領部下兵夫征勦八寨搜屯日久勞苦實多合行量加犒勞爲此牌仰右江道分巡官卽行賓州起撥夫役人等將見貯軍餉糧米照依後開數目運赴三里地方各目劄營去處分給各兵以見本院犒賞之意開數繳報查考

計開

盧蘇二百石　王受一百五十石

給土目行糧牌 七月初八日

照得本院見在進兵征勦八寨傜賊而鎮安頭目岑瑜等率領目兵四百五十名前赴軍門自願隨軍殺賊報効意有可嘉除量行犒賞外仰分巡右江道官將各目兵卽行照名給與行糧一月就發都指揮高崧哨內聽憑督調殺賊獲有功次一體解驗以憑給賞施行

批右江道移置鳳化縣南丹衛事宜呈八月初十日

據副使翁素呈議得南丹衛城垣并鳳化縣城垣合用銀兩看得該道議於八寨地方移立南丹衛三里地方移設鳳化縣俱各查訪相應人心樂從其築立城垣起造公廨等項料價工食一應合用銀兩既經該道守巡官公同計議停當南丹衛該銀三千六百四十五兩鳳化縣該銀三千一百七十六兩其食米南丹衛一萬石鳳化縣八千石每石價銀三錢共該銀五千四百兩見今各處倉厫貯有糧米尚彀支給候缺米之日照數給價先各量支一半收貯聽用南丹衛一千五百兩鳳化縣一千二百兩准議於南寧府庫貯軍餉銀內支給該道各官仍要推選力量廉能官各一員委同該衛指揮孫綱及該縣掌印哨守官親至南寧府照數支出三面秤對匣收領付賓州庫寄貯置立支銷文簿該道用印鈐記各付一本收執每用銀兩即同該州官開封動支照數登記務在實用不得花費分毫工完之日開數繳報通將各支銷簿會合查考該道守巡官仍要不時親詣調度督促工程務在精緻堅牢永久無壞當茲盜賊蕩滅之

餘況又秋冬天氣正可及時工作各官務在上緊催督晝夜鳩工不日而成一則可以速屯防守之官兵二則可以不妨來歲之農作城完之日本院自行旌保擢用決不虛言各官視官事須如家事刻刻盡心仰稱　朝廷之官職中副上司之委任內以建自己之功勞外以垂一方之事業豈不事立身榮功成名顯垂譽無窮者哉若其因循玩惕曠績廢事非獨自取敗壞抑且罪責難逃仰該道備行各官查照施行期務體勤勤囑付之意毋負毋負此繳

行左江道賑濟牌 八月初十日

案照先因南寧府軍民困苦騷擾二年有餘況天道亢旱青黃不接已經行仰同知史立誠將停歇湖兵之家量行賑給然各色軍民人等同被騷擾均合行賑爲此牌仰本道官吏會同分巡道卽行南寧府備查府城內外大小人戶照依後開等第就於軍餉米內照數通行賑給務使各沾實惠毋容奸吏斗級人等作弊尅減有名無實事完開報查考

計開

鄉官舉人監生之家每家三石

生員每家二石

大小人戶每家一石貧難小官通行查出量分差等呈來給賑

批右江道議築恩恩府城垣呈八月十五日

據副使翁素呈估計起造思恩府城池等項通用銀八千五百七十七兩零看得思恩府城垣仰行知府桂鏊自行督工起築合用料價工食等項銀兩准照議於南寧府軍餉銀內動支就仰桂鏊公同該府掌印官當堂秤明匣鎖領回寄貯賓州庫內查明前批南丹衛事理置立文簿支銷該道守巡官仍要不時親至地方料理催督務要修築堅固工程早完事畢開報查考繳

獎勞勦賊各官牌八月十九日

照得八寨積爲民患今克勦滅罷兵息民此實地方各官與遠近百姓之所同幸昨者敷文之宴已與百姓同致其喜而犒賞尚未及行爲此牌仰南寧府官吏即便動支庫貯軍餉銀兩照依後開則例買辦綵幣羊酒分送各官用見本

院嘉勞之意開報查考

計開

副總兵張裕　副使翁素

各花二枝二兩　段四疋十兩

羊四隻三兩　酒四埕一兩

參政沈㫤佐　僉事吳天挺

副總兵李璋　參將張經　馮勳

各花二枝二兩　段二疋六兩

羊二隻　酒二埕共二兩

知府桂鏊　同知陳志敬　林寬　推官馮衡

同上

行福建漳州府取回岑邦佐牌

照得田州府土官岑猛稔惡不悛搆禍鄰境該前軍門　奏奉調兵征勦并將

伊妾子女岑邦相等及各目家屬解京給付功臣之家為奴及將出繼武靖州
次男岑邦佐遷徙已將岑邦佐及母妻人口家當差委指揮周胤宗等解發福
建漳州府安置為民及將岑邦相等押發南雄府監候聽解去後續照本爵欽
奉　敕諭特命爾提督兩廣及江西湖廣等處地方軍務星馳前去彼處即查
前項夷情可撫則撫當勦即勦公同計議應設土官流官何者經久利便　奏
聞區處欽此欽遵隨據頭目盧蘇等率衆自縛來降軍門仰體　朝廷好生之
德俯順其情安插復業及因其告乞憐憫岑猛原無反叛情罪存其一脈等因
已該本爵議將該府四十八甲內割八甲降立田州立其子一人以承其後云
云合將岑邦佐仍為武靖州知州保障地方而立邦相於田州以安守其宗祀
庶為兩得其宜已經具　題外今照前項地方撫處寧靖所據各男應合取回
議處為此牌仰福建漳州府官吏即將發去安置為民岑邦佐幷母妻人口家
當通取到官照例起關沿途給與脚力口糧差委的當人員押送軍門以憑面
審施行仍行本省鎮巡衙門及布政司知會俱毋違錯

批參將沈艮佐經理軍伍呈 八月二十四日

看得五屯係遠年賊巢要害之處而備禦廢弛若此正宜及此平蕩之餘經理修復今該道各官公同議處要將城垣展拓建置守備等衙門及將該所分調各處哨守旗軍盡數取回調用廣東協守官軍發回原衛缺伍獞軍清查足數每年貼貱藤縣甲首銀一百兩通行除免查編甲軍務足千名之數議處悉當除本院已經依議具奏外仰該道各官照議施行仍行總鎮總兵及鎮巡等衙門知會該府縣衛所等官俱仰查照施行繳

告諭新民 八月

告諭各該地方十冬里老人等今後各要守法安分務以寧靖地方爲心不得乘機挾勢侵迫新舊投撫獞猺等人因而脅取財物報復舊讐以致驚疑遠近阻抑向善之心有違犯者官府體訪得出或被人告發定行拏赴軍門處以軍法決不輕恕

批僉事吳天挺乞休呈 八月二十五日

據僉事吳天挺呈乞要致仕看得本官識見練達才行老成且於左江一道夷情土俗熟諳久習今地方又在緊急用人之際本院方切倚任況精力未衰偶有疾患不妨就醫調理豈得遽爾懇辭求歸近因征勦潯州諸處賊巢冒暑督兵備歷艱阻功勞茂著不日 朝廷必有旌擢之典仰本官且行安心管理該道印信勉進藥餌暫輟歸圖以慰上下之望毋再固辭有孤重委此繳

批蒼梧道創建敷文書院呈九月初六日

據僉事李傑呈據梧州府幷蒼梧縣學生員黎徽嚴肅等連名呈欲於縣之側照依南寧書院規制鼎建書院一所看得崇正學以淑人心者是固該道與有司各官作與人才之盛心亦足以見該學師生之有志舉而行之夫豈不可但謂本院能講明是學而後人心與起則吾豈敢當哉該學師生既稱號房缺少不足以爲講論遊息之地合准於舊書院之旁開拓地基增建學舍該道仍爲相度經理合用銀兩亦准於該府庫內照數動支務速成功以底實効毋徒浪費以飾虛文完日繳報

改委南丹衛監督指揮牌

先該本院分道進勦八寨及於八寨周安堡移設南丹衛以控制要害查將還江等所通賊指揮王祿等明正典刑斬首示衆及將各該目兵通發煙瘴地方哨守後因王祿等哀求免死容令各領目兵殺賊贖罪該道守巡兵備等官亦爲懇請遂遵照欽奉　敕諭便宜事理容令報効贖罪就委南丹衛指揮孫綱監督王祿等各頭土目兵夫人等與同該衛所官軍前去八寨周安堡相兼屯劄搜勦及將移設衛所估算合用木石甎瓦匠作人夫工食等項一面擇日與工先築土城設立營房以居民衆又委南寧府同知陳志敬支領官餉銀兩前去協同督理俱具　奏行事外今訪得王祿等與孫綱舊連姻婭而該衛各官又皆親舊狎恩恃愛不聽約束所據違梗各官俱合從重究治姑且記罪合行改委看得指揮李楠年力富強才識通敏頗有操持能行紀律爲此牌仰本官卽便前去守備賓州及新改南丹衛地方遵照本院欽奉　敕諭便宜事理暫以都指揮體統行事仍聽副總兵及該道守巡兵備官節制該衛各官及土官

王祿等敢有違犯約束者當卽治以軍令本官務要殫忠竭力展布才猷與同
南寧府同知陳志敬上緊起築城垣相機撫勦餘賊務建奇功以靖地方以副
委任事完之日　奏功推用決不相負若玩愒日月苟且因仍事無成効罪亦
難追一應機宜牌內該載不盡者俱聽從宜區處就近於該道守巡等官處計
議施行事體重大者一面申稟軍門本官合用廩給等項聽於賓州軍餉銀內
支給指揮孫綱仍照舊掌管衛印通行總鎮總兵及鎮巡衙門知會

王文成公全書卷之三十

續編六　征藩公移上　凡二十九條

行吉安府收囤兌糧牌　正德十四年六月二十日

據贛縣與國永新等縣縣丞等官李富雷鳴嶽等呈稱各蒙差押糧里裝運正德十三年兌淮米到於吉安水次聽候交兌經今數月未見糧船回還況今省城變亂被將各處兌米盡行搬用恐被奸人乘機越來搬搶等因到院爲照所呈係干兌淮錢糧合行處置爲此抄案仰回府卽便處置空閒倉厫或寬敞寺觀去處令各糧里暫將運來兌淮糧米收囤候官軍回日聽其交兌毋得遲誤致有他虞仍行管糧官知會

行吉安府禁止鎮守貢獻牌　六月二十日

據吉安府守禦千戶所旗甲馬思稟稱蒙所批差領解鎮守江西太監王　發買葛布銀三封及本所出備葛布折銀幷貢禮銀共三千兩前赴本鎮今因途阻不敢前去等情參照該所掌印官既該鎮守衙門發銀買布若勢不容已只

合照價兩平收買爲當乃敢不動原封分外備辦禮銀饋送若非設計巧取必是科尅旗軍事屬違法本當參拏究問但今江西變亂姑行從輕查理爲此牌仰吉安府卽查前項布價幷貢獻禮銀務見的確如稱各軍名下糧銀就仰會同該所唱名給散取領備照若是各官自行出備合仰收入官庫聽候軍餉支用毋得縱容侵收入己及查報不實未便

行福建布政司調兵勤王

及照福建浙江係江西鄰省今寧府逆謀既著彼若北趨不遂必將還取閩浙若不先行發兵乘閒擣虛將來之噬臍何及除行湖廣廣東及行漳南道卽將見在上杭教場操練兵快幷取漳州銃手李棟等責委謀勇官員統領直抵本院住劄吉安府隨兵進勦外仰抄案回司會行都按二司轉行各道幷行鎮巡等衙門各一體查照知會選調兵馬選委忠勇膽略堂上官督領各項交界地方加謹防截相機夾勦仍知會浙江都布按三司一體遵照施行俱毋違錯

預行南京各衙門勤王咨

爲照前事係天下非常之變　宗社安危之機雖今備行江西吉安等府及湖廣福建廣東等處調集軍兵合勢征勦外但彼聲言欲遂順流東下竊據南都看得長江天險南北之限留都根本咽喉所關雖以　朝廷威德人心効順逆謀斷無有成但其譎奸陰圖已非一日兼聞潛伏奸細於京城期爲內應萬一預備無素爲彼所搖震驚遠邇噬臍何及爲此合咨貴部煩爲通行在京及大小衙門會謀集議作急繕完城守簡練舟師設伏沿江以防不虞之襲傳檄傍郡以張必討之威先發操江之兵聲義而西約會湖湘互爲犄角本職亦砥鈍策駑牽躡其後以義取暴以直加曲不過兩月之間斷然一鼓可縛惟高明速圖之

撫安百姓告示　六月二十二日

示仰遠近城郭鄉村軍民人等近日倡亂之徒上逆天道下失人心本院駐軍於此已有定計勤王之師四面已集仰各安居樂業毋得驚疑敢有擅自搬移因而扇惑擾攘者地方里甲人等綁赴軍門治以軍法其有忠義豪傑能獻計

効力願從義師擊反叛者俱赴軍門投見

差官調發梅花等峒義兵牌 六月二十七日

近因省城遭變戕害守臣正人心思奮忠義効用之時訪得永新縣梅花峒及龍田上鄉樟梘關北諸處人民精悍見義能勇擬合起調爲此今差千戶高睿齎牌前去該縣著落知縣柯相卽便起集梅花峒等鄉精勇民兵大約一千名各備便用堅利器械選差該鄉義官耆民部領就委該縣謀勇膽略官一員總領其合用行糧或募役之費就於本縣在官錢糧查支不分兩夜兼程前進軍門聽候調遣此係緊急事理毋比尋常賊情敢有故違定以軍法從事

行吉安府踏勘災傷 七月初五日

照得本院駐兵吉安節據廬陵等縣人民告稱自五月以來天時亢旱田禾枯死衣食無所仰結稅糧難以措辦近蒙僉點民兵保守把截農業旣妨天時不利人心皇皇莫知所依等因到院參照遡者省城反叛煽動軍民各屬調發官軍僉點民壯保障城池把絕要隘團結保甲隨同征進人皆爲兵不暇耕種況

兼三月不雨四郊赤地民之危急莫甚於此本院除具　題外爲此仰抄案回府著落掌印正官卽便親臨踏看災傷輕重分數覆查相同取具鄉都里老及官吏不致扶同重甘結狀申報本院火速徑自差人具　奏本年各項錢糧暫且停徵候　命下之日另行區處毋得遷延坐視重貽民患取究不便

行吉安府知會紀功御史牌七月初八日

照得江西寧府據城謀叛云云仰抄案回府卽便備行巡按兩廣監察謝御史伍御史查照知會凡軍中一應事宜悉要本官贊理區畫以匡本院之不逮各哨官兵俱聽監督獲有功次俱憑本院送發本官驗實紀錄官兵人等但有騷擾所過地方及軍前逗遛觀望畏避退縮者就行照依本院欽奉　敕諭事理治以軍法抄案官吏具行過日期同依准申繳

行知縣劉守緖等襲勦墳廠牌七月十三日

爲照本院親督諸軍刻期於本月二十日進攻南昌府省城以破逆黨巢穴探得逆黨先曾伏兵三千於老墳廠新墳廠諸處以爲省城應援若不先行密爲

撲勦誠恐攻城之日或從間道擣襲我師未免亦爲牽制爲此牌仰奉新縣知縣劉守緒靖安縣知縣萬士賢各統精兵三千密於西山地界約會刻期分哨設伏運奇並力夾勦各官務要詳察險易相度機宜不得爾先我後力散勢分致有疎失仍一面差人爪探聲息飛報軍門擒斬功次審驗解院轉發紀錄照例具　奏陞賞兵快人等敢有臨陣退縮者許照本院欽奉　勅諭事理就以軍法從事各官務竭忠貞以勤　國難苟或觀望逗遛違誤事機軍令具存罪亦難逭

督責知府伍文定等同心勦賊牌　七月二十五日

切照天下之事成於同而敗於異本院選調吉安贛州臨江袁州等府衛所軍民兵快委各該文武等官知府伍文定邢珣等統領分立哨分授以方略令其併力進勦互相策應今訪得各官各持己見自爲異同累有事機可乘坐視輒致違錯本當拏究治以軍法但以用人之際姑且容恕及照逆賊歸援聲息已逼慮恐各官仍蹈覆轍臨期或致僨事擬合申飭通行爲此牌仰本官卽便督

率原領軍兵在於見駐劄處所務要遵依方略與各哨領兵官同心而行誓竭并力進死之志毋爲觀望苟生之謀敢有仍前人懷一心互有異同以致誤事定行罪坐所由斷依軍法斬首的不食言先具不致異同重甘結狀并不違依准隨牌繳來

行南昌府清查占奪民產 八月十六日

照得寧王自正德二年以來圖爲不軌誅求財貨強占田土池塘屋基立表所至敢怒而不敢言稅糧在戶而租利盡入王府家眷在室而房屋已屬他人流移困苦無所赴愬見今天厭其虐自速滅亡一應侵占等項合行改正以甦民困爲此案仰南昌府卽便清查寧王并內官校尉倚勢強占不問省城內外查係黃冊軍民該載稅糧明白卽與清復管業收租住坐不許鄰佑佃民仍前倚勢爭奪其曾經奏　請如陽春書院等處雖有侵占難以擅動俟另行處治外仍行官吏務要盡心清查以副委用毋得偏私執拗致生弊端通毋違錯

批江西按察司優恤孫許死事 八月十五日

據按察司呈副使許逵家眷日食久缺并孫都御史未曾殯殮等情參看得各官被賊殺害委可矜憐合於本司庫內各支銀三十兩以禮殯殮候裝回日盤費水手另行呈奪許副使家眷缺食亦聽支銀五十兩給付應用取具各該領狀并殯殮過由同批呈繳

行南昌府禮送孫公歸櫬牌 八月二十九日

照得江西巡撫都御史孫燧被寧賊殺害續該本院統兵攻復省城當給銀兩買棺裝殮間隨據伊男孫慶帶領家人前來扶柩還鄉所據護送人員擬合行委為此牌仰府官吏即於見在府衛官內定委一員送至原籍浙江紹興府餘姚縣河下交割并行沿途經過軍衛有司驛遞巡司等衙門各撥人夫程程護送仍仰照例從厚僉撥長行水手起關應付人夫脚力驗口給與行糧毋得稽遲未便

討叛 勅旨通行各屬 九月初二日

節該欽奉 聖旨勅近該南京內外守備參贊等官太監黃偉等先後 奏報

江西寧王殺害巡撫等官燒燬府縣肆行反逆等項事情已下兵部會官議處停當朕當親率六師奉　天征討先差安邊伯朱泰爲前哨統領各邊官軍前去南京相機勦殺太監張忠左都督朱暉統領各邊官軍前去江西擣其巢穴又　命南和伯方壽祥及南直隸江西湖廣各該鎮巡等官各照擬定要路住劄把截今　特命爾照依該部會　奏事理會同鎮守太監王宏選調堪用官軍民快親自督領在於所屬緊要地方分布防禦仍委浙江布政司左布政閔楷選募處州民快定擬住劄地方聽候調用軍中事務俱要互相傳報彼此通知一遇有警勿誤策應或就會合各路人馬設法勦捕仍出給榜文告示遍發江西及各該地方張掛曉諭但有能聚集義兵擒殺反逆賊犯者量其功績大小　封拜侯伯及陞授都指揮指揮千百戶等官世襲賊黨內有能自相擒斬首官者與免本罪仍量加　恩典不許乘機挾讎妄殺平人一應軍中事宜勅內該載未盡者俱聽爾隨宜區處爾爲風憲大臣受兹重託宜罄竭忠誠掃除叛賊尤要詳審慎重計出萬全務俾地方寧靖軍民安堵以紓朕南顧之憂

庶稱委任欽此欽遵擬合就行爲此仰都布按三司照依案驗備奉　勅內事理通行所屬一體欽遵施行

咨南京兵部議處獻俘船隻　九月初二日

照得屬者寧王宸濠殺害守臣舉兵謀逆云云擬於九月十一日親自督解赴
闕但應赴解人犯并護解官兵數多本地驛遞殘破紅站座船俱被虜毀無存議雇民船自浙取道而北須煩兵部於南京濟州江淮二衛馬快船內各撥十隻中途接載庶克有濟爲此移咨特差千戶林節主簿于旺前去煩請選撥馬快船二十隻點齊撑駕人役差委的當官員與差去官預先押至鎮江河下候本職到彼替換裝載而行實爲兩便諒寧藩之叛逆固天下臣民之所共憤則今日之獻俘於京以彰　天討必亦忠臣義士之所共欲當不吝於煩勞也仍希先示之

行江西三司清查被劫府庫起運錢糧　九月初四日

照得本年六月十四日寧王謀反盡將江西都布按三司及附郭南昌等府縣

庫盤檢去訖中間多係各府州縣解到起運等項錢糧未經轉解若不嚴加查考恐滋侵欺爲此仰抄案回司卽便弔取原行卷簿到官責令該庫官攢幷經手人役從公淸查要見某項原收某府州縣解到某色起運錢糧若干某項原係貯庫紙米贓罰金銀器物等件各若干寧王盤檢若干中間有無官吏庫役人等乘機侵騙情弊卽今見在若干務要通行查明備造印信手本火速繳報以憑查考施行仍行南昌等府州縣一體遵照將起解赴庫錢糧查報俱毋違錯

行江西布按二司看守寧府庫藏 九月十一日

照得寧府庫藏已經本院督同戴罪三司官員幷各府知府公同封識完固合就委官監督看守爲此仰抄案回司卽行該司掌印官督同南昌府同知何繼周及南新二縣掌印官定委老成曉事官二員分領僉定大戶人等每夜上宿看守東西二庫仍令兵快把守寧府南東西三門晝夜巡邏不許移動一草一甎二司掌印幷該道分巡官不時巡視閘點毋得視常虛應故事倘致疎失責

有所歸

委按察使伍文定紀驗殘孽 九月二十日

照得節該欽奉　勅諭但有生擒盜賊鞫審明白亦聽就行斬首示衆賊級行令各該兵備守巡官卽時紀驗明白備行江西按察司造冊　奏繳查照事例陞賞激勸欽此欽遵爲照寧王謀反隨本院調兵已將寧王俘執謀黨李士實劉養正王春等幷賊首淩十一閔念四等亦就擒獲卽今見該本院不日親自督解赴　闕式昭　聖武及紀功御史謝源伍希儒亦各赴京復　命所有各哨官兵尚在搜剿殘孽惟恐解報前來不無缺官紀錄爲此仰抄案回司卽行新任按察使伍文定如遇各哨官兵解到叛賊幷贓仗等項務要從實審驗應處決者照依本院　勅諭事理就行斬首賊級梟掛明白紀錄備造印鈐文冊差人徑自　奏繳仍造清冊一本繳報本院查考毋得違錯不便

委知府伍文定邢珣防守省城牌 九月十二日

照得江西大亂勦平地方幸已稍靖但巡撫官員被殺巡按及三司府州縣衛

所等官俱各戴罪聽參本院卽今又督官兵押解寧王幷其黨與赴京省城居民久遭荼苦瘡痍未起驚疑未息雖經撫諭誠恐本院去後或有意外之虞擬合委官留兵防守爲此牌仰領兵知府伍文定邢珣等卽便照依後開班次輪流各行量帶官兵晝夜固守城池保障地方撫安居民禁革騷擾候撫按官員及三司等官到任事定之日方許回還照舊管事毋得違錯

計開

一班知府伍文定邢珣　二班徐璉戴德孺

三班曾璵　四班周朝佐林城

行江西布按二司釐革撫綏條件九月十二日

照得江西未亂之前民僞頗滋吏政多弊撫治之責已號煩難況大亂之後錢糧有侵剋之費軍伍有缺乏之虞奸惡僞與災旱荐作法度申明之未至官吏怠玩之或生本院討賊平亂功雖告成釐革撫綏力尙未徧若不條析處分深爲未便爲此仰抄案回司照依案驗內事理逐一遵照施行務便事各舉行民

沾實惠毋得虛應故事取罪不便

計開

一省城大亂固已勦平地方守備難便廢弛除南新二縣機兵令分巡該道分撥守門外仰布按二司掌印官會同於所屬鄰近府州酌量原編機兵多寡量取轄二千名各委相應人員帶領來省操練以備不虞仍行南昌道分巡官較視點閘其各兵口糧就令各該縣分動支預備倉米穀計日分給候事完之日停止

一十四年起運兌淮間有被賊虜掠其未兌及未到水次幷偏僻去處未經賊掠者尚多誠恐官吏糧里人等乘機隱匿捏故侵欺合先行查仰布按二司掌印官即行各該府州縣將已兌糧數通查要見見在若干果被賊虜若干取具重甘結狀造冊繳報以憑議處其見在糧米就於所在地方暫且囤貯看守如有未兌捏作已兌不曾被賊捏作賊劫者照例問發充軍官吏坐擬贓罪不恕

一南昌九江南康三府被賊殘害尤宜矜恤仰布按二司掌印官作急查勘呈來以憑議處

一南昌左衛旗軍多因從逆擒斬以致缺伍仰布按二司官卽便出給告示許令在逃旗軍幷餘丁投首照依榜例免其罪名著令頂補軍役暫委官員管領以備操守

一建昌安義二縣賊首雖已擒獲遺漏餘黨尙多今旣奉有牓例合與更新仰布按二司轉行該縣出給告示許各自新痛改前惡卽爲良民有司照常撫恤團保糧里不得挾私陷害如有不悛仍舊爲非者擒捕施行

一寧王莊田基屋湖地幷寧府官員人役及投入用事從逆等項人犯田產例應籍沒合先查理除將內官黃瑞基屋改作東湖書院以便學者講習外其餘仰布按二司掌印官會同南昌道分巡官行委的當官員逐一淸查如田莊要見坐落地名何處田畝若干山場樹木若干湖地

廣闊若干房屋幾間今年見在花利即便收貯所在地方責人看守通
造手冊繳報其有原係占奪民間物業相應給還及估價發賣仍佃者
俱候查明之日從容呈議審處敢有隱匿及指以原業捏稱借貸輒行
據占者先行拏問不恕
一省城各衙門幷公廨有殘圮應合脩理者仰布按二司掌印官會同該
道官參酌緩急行令府縣移拆無用房屋量加修理毋得虛費財物
一省城湖地仰布按二司行南昌府縣其城濠行都司各委人看守魚利
公同變收入官以備公用不許私取及致人偷盜
一今年鄉試因亂廢格除應否補試另行議奏外其未亂之前已經舉行
未畢事件合先查究仰布政司將原發修理貢院席舍幷發買物料等
項銀兩若干委何人管即今已修完幷已買到物料若干見存銀兩若
干查明造報毋得因循致令吏胥乘機隱匿作弊其已買物料有不堪
貯者姑令變價還官以俟再買以後未舉事件有應合預處者會同按

察司并該道官一面議處施行按察司仍行提學官轉行所屬知悉

行江西按察司知會逆黨宮眷姓名

仰抄案回司著落當該官吏即便查照施行仍呈欽差提督軍務御馬監太監張　欽差提督軍務充總兵官安邊伯朱　知會俱毋違錯

計開

寧王郡王將軍世子共十六名

見在十四名　宸濠　拱栟　覲鋌　拱樤　宸洧　宸瀛　覲鑛

宸汲　宸湯　宸渢　宸澾　宸瀾

大世子一哥

已故二名　拱椷　二世子二哥

謀黨重犯六十七名

見在五十九名　劉吉　涂欽　樂平　黃瑞　傅明　陳賢　尹秀

梁偉　沈鏊　熊綬　周瑞　吳松　張暠　李蕃　于全　秦

榮　蕭奇　徐輅　賀俊　李琳　丁瓚　王儲　甘桂　王琪
楊昇　張隆　劉勳　葛江　楊允　徐銳　丁綱　夏振　唐玉
何受　朱煜　馮旻　周勇　周鼎　於琦　張鳳　袁貴　閒
鳳　顧正　顧雄　徐紀　倪六　王鳳　唐全　閔念八　李世
英　徐淦鳳　張宣　閔念四　凌十一　萬賢一　朱會价　萬
賢二　熊十四　熊十七
已故八名　萬銳　陸程　劉養正　余祥　甘楷　王信　盧鋪
劉子達
宮眷四十三口　趙氏　萬氏　鍾氏　徐氏　宣氏　張氏　張氏
陸氏　蔣氏　陸氏　趙氏　王氏　王氏　李氏　朱氏　鄭
氏　陳氏　徐氏　劉氏　何氏　張氏　祥瑞　王氏　錦英
王氏　徐氏　周氏　周氏　桂祥　陳氏　春受　劉氏　顧氏
陳氏　婁氏　王氏　艾兒　碧雲　劉氏　串香　異蘭　愛蓮

彭氏

小火者二口　樂秋　樂萱

馬八匹　金冊十二副計二十四葉

行江西按察司編審九姓漁戶牌　九月二十四日

爲照賊首吳十三淩十一閔念四念八等俱已擒獲黨類亦多誅勦雖有脅從之徒皆非得已節該本院備奉　欽降黃榜通行給發曉諭許其自首改過自新安插訖數內楊子橋等九姓漁戶又該知縣王軾引赴軍門投首審各執稱被脅情有可矜當該本院量行責治仍發本官帶回安撫外今訪得前項漁戶尚有隱匿未報及已報在官而乘勢爲非者況查沿江湖港等處亦有漁戶以打魚爲由因而劫殺人財雖嘗緝捕禁約而官吏因循禁防廢弛合就通行查處爲此仰抄案回司即便選委能幹官員會同安義等縣掌印捕盜等官拘集楊子橋等九姓漁戶到官從公查審要見戶計若干丁計若干已報在官若干未報在官若干各駕大小漁船若干原在某處地方打魚生理著定年貌籍貫

編成牌甲每十名爲一牌內僉衆所畏服一名爲小甲地方多寡每五牌或六
牌爲一甲內僉衆所信服一名爲總甲責令不時管束戒諭仍於原駕船梢粉
飾方尺官爲開寫姓名年甲籍貫住址及註定打魚所在用鐵打字號火烙印
記開造印信手冊在官每月朔望各具不致爲非結狀親自赴縣投遞用憑稽
考點閘中間如有隱匿不報者俱許投首免罪亦就照前行若有已報在官仍
前乘機爲非抗頑不行到官就仰從長計議應撫應捕遵照本院欽奉　勅諭
隨宜處置事理徑自施行今後但有上戶官民客商人等被害就於本處追究
務在得獲明正典刑仍即通行南昌等一十三府及各州縣一體查處編立牌
甲嚴加禁約施行造冊繳報查考如或故違定將首領官吏拏問決不輕貸

獻俘揭帖　九月二十六日

准　欽差提督贊畫機密軍務御用監太監張　揭帖開稱今照　聖駕親率
六師奉　天征討已臨山東南直隸境界所據前項人犯宜合比常加謹防守
調攝待候　駕臨江西省下之日查勘起謀根由明白應否起解斬首梟掛等

項就彼處分定奪若不再行移文知會誠恐地方官員不知事理不行奏請
明旨那移他處或擅自起解致使臨難對證有誤事機難以悔罪等因准此卷
查先爲飛報地方謀反重情事云云本職已將寧王并逆黨親自量帶官兵徑
從水路照依原擬日期啓行解赴京師已至廣信地方外今又准前因及該差
官留本職并寧王及各黨類回省爲照前項人犯先監按察司責委官員人等
晝夜嚴加關防有病隨即撥醫調治數內謀黨李士實王春劉養正等已多醫
治不痊俱各身故隨差官吏仵作人等前去相驗責付淺殯撥人看守其寧王
及謀黨劉吉等俱係惡熖久張之人設若淹禁不行解報縱有官兵加謹防守
恐或扇誘別生他奸今若留回省城中途疎虞尤爲可慮兼且人犯多生瘧痢
沿途亦卽撥醫調治又有數內鎮國將軍拱樤并世子二哥各行身故又經差
官相明買棺裝殮責仰貴溪縣撥人看守其餘尚未痊可若更往返跋涉未免
各犯性命愈加狼狽相繼死亡終無解京人犯抑恐驚搖遠近變起不測本職
親解寧王先已奏聞　朝廷定有起程日期豈敢久滯因循不卽解獻違慢疎

虞罪將焉逭及照庫藏冊籍等項未准揭帖之先已會多官封貯在庫待命定奪況新任按察使伍文定及戴罪三司官領兵知府等官俱各見在封識明白別無可疑除將寧王宸濠等各另差官分押宮眷婦女行各將軍府取有內使管伴俱照舊親自解京外所有庫藏等項奉有明旨自應查盤起解就請公同三司并各府等官眼同徑自區處爲此合用揭帖前去煩請查照施行

行袁州等府查處軍中備用錢糧牌 十月初六日

據吉安府申奉本院鈞牌查得本府在庫止有贓罰紙米銀一萬五千四百三十一兩零其各縣寄庫銀四萬六千一百五十九兩零俱係轉解之數似難支動見今動調各處軍快人等數多誠恐支用不敷及查廬陵等九縣貯庫錢糧亦多稱乏合行鄰近府分幫助支用緣由到院爲照江西寧府變亂雖經本院起調廣東福建二省漢土狼達官軍江西南贛等處兵快計有二十餘萬合用糧餉大約且計三四月之費今該府所申堪支紙米等銀止有一萬五千四百有零其餘俱係解京之數就便從權支用亦有未敷必須於各府縣見貯錢糧

數內查支接濟庶不誤事擬合通行爲此牌仰本府卽將收貯在庫不拘何項錢糧作急通行查出三分爲率內將二分稱封明白就委相應官員不分兩夜領解軍門以憑接支應用此係征討叛逆軍機重務毋得稽遲時刻定以軍法論處決不輕貸

行江西布按二司清查軍前取用錢糧

案照先因寧王變亂該本部備行南贛等府起調各項軍兵追勦合用糧餉等項就仰聽將在官錢糧支給間隨據吉安府申稱動調兵快數萬本府錢糧數少乞爲急處等情已經通行各府速將見貯不拘何項錢糧以三分爲率內將二分解赴軍前接濟外續看前項事情係　國家大難存亡所關誠恐兵力不敷又牌行各該官司卽選父子鄉兵在官操練聽將官錢支作口糧候本院另有明文一至啓行去後今照前項首惡幷其謀黨俱已擒斬原調各處軍兵久已散歸所據用過糧餉等項合行查造爲此仰抄案回司卽查各府州縣自用兵日起至撤兵日止要見某項錢糧差何人役解赴軍前應用若干有無獲奉

批迴在卷又將某項錢糧差何人役解赴某官處支給官兵口糧等項若干自某月日期起至某月日止各支若干或係那借惟復措置之數務要清查明白類造文冊星馳差人送院查考中間如有官吏人等通同作弊重支冒領或以少作多侵欺揑報者就便拏問照例發遣毋得違錯

防制省城奸惡牌 十二月十一日

照得江西省城近遭寧王之變巡邏無官非但軍門凋弊禁防疎闊兼又軍馬充斥街巷難辨真僞有等無籍小民因而售奸爲惡恐致日久釀成大患必須預防早戒庶使地方有賴查得江西都司都指揮馬驥素有幹材軍民畏服合就行委爲此牌仰抄案回司即行本官不妨原任嚴督府衛所縣軍民兵快并地方總小甲人等於省城內外晝夜巡邏固守城池保障地方潔靜街道禁緝喧爭但有盜賊即便設法擒捕務在得獲解官問招呈詳不許妄拏平人攀誣無干良善及縱令積年刁徒嚇詐財物擾害無辜仍要嚴加省諭遠近鄉村居民各安生理毋得非爲及容隱面生可疑之人在家通誘賊情坐地分贓敢有

故違仰即拏赴軍門治以軍法承委官員務在地方爲事用心管要以稱委用不得因循怠忽取究未便

行江西按察司查禁因公科索民財　十二月十一日

照得　聖駕南征所有供應軍馬糧草幷合用器皿等項已該江西布按二司分派各府州縣支給在庫官錢均派經過府縣應用近訪得各該官吏多有不遵法度或將官庫錢糧通同侵欺入己乘機科派民間出辦或取金銀器皿銀兩或要牛馬猪羊等物輒差多人下鄉狐假虎威擾害殆徧中間積年刁徒又行百般需索稍有不遂輒稱毆打抗拒聳信官府添人捉拏加以刑辱重行追索若不查禁處置深爲民患爲此仰抄案回司即便會同布政司掌印官速行計處先將各應支銀兩查解應用若有不足就將在庫不拘何項銀兩給支接濟俱要造冊開報以憑查考事畢之日再行議處作正支銷或設法追補其各府州縣科取民間財物即行查究禁革未到官者毋再追併已在官者照數給還中間敢有隱瞞纖毫不發體訪得出或被人首告定行拏問贓罪決不輕貸

仍先出給告示發仰所屬張掛曉諭務使知悉俱毋違錯

禁省詞訟告諭 十二月十七日

近據南昌等府州縣人等訴告各項情詞到院看得中間多係戶婚田土等事雖有一二地方重情又多繁瑣牽搭不干己事在狀除情可矜疑者亦量輕重准理其餘不行外爲照江西地方近因寧王變亂比來官軍見省城空虛況聞聖駕將臨有司官員俱各公占委用分理不暇遠近居民又有差役答應奔走無休本院志在撫安地方休息軍民當此多事之時豈暇受理詞訟必待地方寧靖兵衆既還官府稍暇方從容聽斷爲此合行出給告示曉諭各府州縣軍民人等暫且各回生理保爾家室毋輕忿爭一應小事各宜含忍不得輒與詞訟不思一朝之忿錙銖之利遂致喪身亡家始謀不臧後悔何及中間果有贓官酷吏豪奸巨賊虐衆殃民患害激切者務要簡切直言字多不過一二行陳告亦須自下而上毋致驀越其餘一切事情俱候地方寧謐官軍班還之日各赴該管司告理若剖斷不公或有虧枉方許申訴敢有故違仍前告擾者定

行痛責仍照例枷號問發決不輕貸

再禁詞訟告諭 十二月

照得本院屢出告示曉諭軍民人等令其含忍寧耐止息爭訟而軍民人等全不體息紛紛告擾不已及看所告情詞多係小事忿爭全是繁文牽摭細字疊書殊可厭惡當此多事日不暇給詞狀動以千百徒費精神何由遍覽除已前情詞俱已不行外爲此再行曉諭敢有仍前不遵告諭故違告擾者定行照例枷號從重問發的不虛示

計開

一本院係風憲大臣職當秉持大體正肅百僚非瑣屑聽理詞訟之官今後軍民人等一應戶婚田土鬬爭債負錢糧差役等事俱要自下而上赴府州縣問斷不公方許告守巡按察衙門守巡按察問斷不公方許赴本院陳告敢有越訴瀆冒憲體者痛責

征藩公移下 凡二十七條

開報征藩功次贓仗咨 正德十五年三月初四日

准 欽差整理兵馬糧草等項兵部左侍郎兼都察院左僉都御史王 咨內開煩爲查照將征勦防守有功官軍人等俱照功次分別明白造册咨送以憑查議等因卷查先爲飛報地方謀叛重情事本職奉 命前往福建公幹中途遭遇寧府反叛謀危 宗祀係國家大難義不容舍之而往當卽保吉安隨具本奏 聞及星夜行文各府起調兵快召募四方報効義勇適遇巡按兩廣御史謝源伍希儒回京復 命又復具本奏留軍前協謀行事各哨官兵俱聽監督獲有功次俱憑本職送發各官審驗紀錄去後續督官兵前後攻復省城俘執宸濠幷其黨與勦賊起解間隨准南京兵部咨開稱前事云云 照得江西逆賊既已擒獲逆黨已經剪平所獲功次合行紀驗除原差科道官前來外煩將征勦逆賊官軍民兵召募義勇及鄉官人等所獲功次分別奇功頭功次功造册覆驗等因案經備行江西按察司查照施行去後今准前因看得征勦宸濠之時止是分布哨道設伏運謀以攻城破敵爲重擒斬賊徒爲輕且攻城破敵

雖係本職督領各哨官兵協謀併力緣任非一人事非一日各官俱係同功一體難以分別等第其擒斬賊徒雖有等級自有下手兵夫難以加於各官之上止將各哨擒斬賊犯送發御史謝源伍希儒審驗明白從實直紀緣各官不曾奉有紀功之命但照本職欽奉　勅諭便宜事理從權審驗紀錄難以分別奇功頭功次功等項名目止於造冊內開寫某人擒斬某賊首某賊從重輕多寡據實造冊中間等第亦自可見除行各官再行查照造冊徑繳外所據擒獲功次總數及官軍兵快報効人等員名數目合行開造咨報施行

計開

一提督領兵官一員

欽差提督南贛汀漳等處軍務都察院右副都御史王

一協謀討賊審驗功次官二員

欽差巡按兩廣監察御史謝源　伍希儒

一領哨官十員

衝鋒破敵
吉安府知府伍文定　贛州府知府邢珣
袁州府知府徐璉　臨江府知府戴德孺
邀伏截殺
贛州衛署都指揮僉事余恩　撫州府知府陳槐　建昌府知府曾璵
饒州府知府林瑊　廣信府知府周朝佐　瑞州府通判胡堯元
一分哨官十一員
邀伏截殺
吉安府泰和縣知縣李楫　臨江府新淦縣知縣李美　吉安府萬安
縣知縣王冕　南康府安義縣知縣王軾　瑞州府通判童琦
守把截殺
吉安府通判談儲　吉安府推官王暐　南昌府進賢縣知縣劉源清
南昌府奉新縣知縣劉守緒　南昌府推官徐文英　撫州府臨川

縣知縣傅南喬

一隨哨官四十六員

邀伏截殺

吉安府通判楊昉　吉安守禦千戶所指揮同知麻璽　贛州府同知夏克義　贛州衞指揮僉事孟俊　永新守禦千戶所指揮同知高睿

南昌府通判陳旦　南昌府豐城縣知縣顧佖　袁州府推官陳輅

南昌府寧州知州汪憲　饒州府餘干縣知縣馬津　瑞州府上高縣知縣張淮　瑞州府高安縣知縣應恩　吉安府永新縣知縣柯相

南昌府建昌縣知縣方澤　南昌府靖安縣知縣萬士賢

守把截殺

廣信府沿山縣知縣杜民表　廣信府永豐縣知縣譚縉　瑞州府同知楊臣　瑞州府新昌縣知縣王廷　饒州府安仁縣知縣楊材　廣信府通判俞艮貴　廣信府通判安節　廣信府推官嚴鎧　臨江府

同知奚鉞　臨江府通判張郁　廣信府同知桂鏊　瑞州府推官金
鼎　贛州府贛縣知縣宋瑢　贛州衛正千戶劉鏜　贛州衛正千戶
楊基　廣信守禦千戶所千戶秦遜　永新縣儒學訓導艾珪　瑞州
府高安縣縣丞盧孔光　饒州府餘干縣縣丞梅霖　南昌府靖安縣
縣丞彭齡　吉安府萬安縣縣丞李通　南昌府武寧縣縣丞張翱
贛州府興國縣主簿于旺　瑞州府高安縣主簿胡鑑　饒州府餘干
縣龍津驛驛丞孫天裕　南昌府南昌縣市汊驛驛丞陳文瑞　吉安
府吉水縣致仕縣丞龍光　贛州府贛縣聽選官雷濟　南昌府豐城
縣省祭官文棟村　贛州府贛縣義官蕭庚　南安府上猶縣義官尹
志爵

一協謀討賊鄉官十二員
致仕都御史王懋中　養病痊可編修鄒守益　丁憂御史張鼇山
養病郎中曾直　養病評事羅僑　調用僉事劉藍　致仕按察使劉

遜　致仕參政黃繡　閑住知府劉昭　依親進士郭持平　參謀驛丞王思　參謀驛丞李中

一戴罪殺賊官一十七員

九江兵備副使曹雷　九江府知府汪穎　九江府德化縣知縣何士鳳　九江府彭澤縣知縣潘琨　九江府湖口縣知縣章玄梅　南康府知府陳霖　南康府同知張祿　南康府通判蔡讓　南康府通判俞椿　南康府推官王訒　南康府星子縣主簿楊永祿　南康府星子縣典史葉昌　南昌府知府鄭瓛　南昌府同知何繼周　南昌府通判張元澄　南昌府南昌縣知縣陳大道　南昌府新建縣知縣鄭公奇

一提調各哨官軍兵快人等除分布把守外臨陣共一萬四千二百四十三員名

一擒斬首從賊人賊級并俘獲宮人賊屬奪回被脅被虜招撫畏服官民

男婦等項共一萬一千五百九十六名顆口
生擒六千二百七十九名
首賊一百零四名
從賊六千一百七十五名內審放一千一百九十二名
斬獲賊級四千四百五十九顆
俘獲宮人四十三名　賊屬男婦二百三十八名口
奪回被脅被虜官民人等三百八十四員名口招撫畏服投首一百九
十三位名
一奪獲　誥命符驗幷各衙門印信關防金銀贓仗等物
誥命一道
符驗一道　印信關防一百零六顆
金幷首飾六百二十三兩一錢二分
銀首飾器皿八萬三千八百九十七兩一錢五分八釐五毫

贓仗一千八百九十件
器械一千一百九十九件
牛三十頭　馬一百零八匹　驢騾一十三頭　鹿三隻
一追獲金璽二顆　金冊二付
一燒燬賊船七百四十六隻
一陣亡兵六十八名

進繳征藩鈞帖　四月十七日

卷查先奉　欽差總督軍務威武大將軍總兵官後軍都督府太師鎮國公朱鈞帖節該　欽奉制諭江西宸濠悖逆天道謀爲不軌欲圖　社稷得罪祖宗茲特命爾統率六師往正其罪殄除叛逆以安地方其隨軍內外提督及各處鎮巡等官悉聽節制欽此欽遵合行鈞帖仰提督南贛汀漳兼巡撫江西等處右副都御史王守仁照依　制諭內事理即便轉行所屬司府衛所州縣驛遞衙門一體欽遵施行等因已經依奉備行各屬欽遵及具不違依准備由

呈繳去後本職遵奉總督軍門節制方略領部下官軍克復南昌府城擒獲叛
黨宜春王栱樤及將軍儀賓從逆守城人等一千有餘隨於鄱陽湖等處連日
大戰擒獲叛首寧王宸濠幷其謀主李士實劉養正王春等大賊首吳十三淩
十一等及其黨與脅從人等共一萬一千有奇除將擒斬緣由先後具　奏外
竊照宸濠謀危　宗社陰蓄異圖十有餘年及其稱兵倡亂遠近憂危海內震
動仰賴總督軍門統領六師奉　天征討督率內外提督等官及運謀設策分
布前來南京江西等處相繼進勦敵旬月之間掃平逆黨奠安　宗社此皆總
督軍門神武英略奇謀妙算一振不殺之威遂收平定之績而內外提督等官
協謀贊成幷力効命之所致也職等仰仗德威遵奉方略不過奔走驅逐少效
犬馬之勞而已何功之有所有原奉鈞帖今已事完理合進繳除部下獲功官
兵人等備行紀功官徑自查審繳報外緣係十分緊急軍情及　奏繳鈞帖事
理合行具由呈乞施行

行江西三司搜勦鄱陽餘賊牌　五月十一日

照得江西鄱陽湖等處盜賊節行告示曉諭各安生理而稔惡不悛者尚多又有應捕人等相率同盜或名雖投首實陰懷反側近因本院住劄省城月餘節據官民赴告盜賊縱橫隨行巡捕等官上緊緝捕未見以時獲報各官平素怠玩本當參拿究治姑且記罪另行所據前賊若不速勦未免釀成大患爲此仰抄案回司卽便備行督捕都指揮僉事馮勳分守該道分巡該道密切齎文分投近湖各府縣該司等衙門著落掌印捕盜等官各選驍勇機快人等各備鋒利刀鎗弓箭火銃等項歷慣經風浪船隻及能諳水勢水手撐駕查將在庫官錢給作口糧選委膽略官員管領俱聽都指揮僉事馮勳總統約束分布哨道多差知因人役探賊向往就便刻期勦殺務限一月之內盡獲無留芽孽遺患若違限不獲先將各官住俸殺賊若怠玩兩月之外通行解赴軍門治以軍法其兵快人等若有違限逗遛畏縮誤事者就仰總統官於軍前查照本院欽奉
勅諭事理量以軍法罰治仍要戒約應捕不許妄拏平人及容賊妄攀嚇詐財物幷賣放真盜濫及無辜敢有故違一體治以軍法承委各官務要慎重行

事不得輕率寡謀中賊奸計所獲功次俱仰解赴該道從實紀錄造報以憑查考功罪輕重罰賞如違節制　國典具存罪不輕貸其軍中未盡機宜該道徑自處置施行仍一面先督所屬府縣查照本院先頒十家牌式上緊編舉以爲弭盜安民之本俱毋違錯

追勦入湖賊黨牌 十五年

據南康府通判林寬呈稱後港逆犯楊本榮等百十餘人擄船逃入鄱陽湖等處乞行南昌饒州等府縣及沿湖巡司居民人等截捕看得賊既入湖良善已分正可乘機合兵捕勦爲此牌仰守巡南昌道卽行點選驍勇軍快六七百名各執備鋒利器械給與口糧一月就行督捕都指揮僉事馮勳統領星夜躡賊向往用心緝捕獲功人役一體重賞如有違令退縮者遵照欽奉　敕諭事理聽以軍法從事本官務要申嚴紀律相機而行毋得退避輕忽有失機宜致賊遠竄貽患地方軍法具存罪亦難逭

行嶺北道清查贛州錢糧牌 十月二十三日

照得本院及嶺北守巡該道幷贛州府衞所縣問完批申呈詞囚犯紙米工價贓罰等項及官廠日逐收到商稅銀兩俱經該官府追收貯庫以備軍餉年久未經清查該府官吏更換不常中間恐有那移侵漁隱漏等情爲此仰抄案回道卽便親詣贛州府庫督同該府官先將正德十二年二月起至正德十五年九月終止各項紙米工價贓罰商稅等項銀兩卷簿逐一清查盤理要見軍前用過若干卽今見在若干有無侵漁隱漏若干及有衣物等項年久朽壞相應變賣若干備查開冊繳報本院查考如有奸弊就便拏究追問具招呈詳毋得故縱未便

申行十家牌法

凡立十家牌專爲止息盜賊若使每家各自糾察甲內之人不得容留賊盜右甲如此左甲復如此城郭鄉村無不如此以至此縣如此彼縣復如此遠近州縣無不如此則盜賊亦何自而生夫以一甲之人而各自糾察十家之內爲力甚易使一甲而容一賊十甲卽容十賊百甲卽容百賊千甲卽容千賊矣聚賊

至於千百雖起一縣之兵而勦除之爲力固已甚難今有司往往不嚴十家之法及至盜賊充斥卻乃興師動衆欲於某處屯兵某處截捕不治其本而治其末不爲其易而爲其難皆由平日怠忽因循未嘗思念及此也自今務令各甲各自糾舉甲內但有平日習爲盜賊者卽行捕送官司明正典刑其或過惡未稔尚可教戒者照依牌諭報名在官令其改化自新官府時加點名省諭又逐日督令各家輪流沿門曉諭覺察如此則奸僞無所容而盜賊自可息矣○大抵法立弊生必須人存政舉若十家牌式徒爾編置張掛督勸考較之法雖或暫行終歸廢弛仰各該縣官務於坊里鄉都之內推選年高有德衆所信服之人或三四十人或一二十人厚其禮貌特示優崇使之分投巡訪勸諭深山窮谷必至教其不能督其不率面命耳提多方化導或素習頑梗之區亦可閒行鄉約進見之時咨詢民瘼以通下情其於邑政必有裨補若巡訪勸諭著有成效者縣官備禮親造其廬重加奬勵如此庶幾教化興行風俗可美後之守令不知教化爲先徒恃刑驅勢迫由其無愛民之實心若使果然視民如己子亦

安忍不施教誨勸勉而輒加箠楚鞭撻孟子云善政不如善教之得民也況非善政乎守令之有志於愛民者其盡思之

行江西布政司清查沒官房產 十一月二十日

照得逆黨沒官房屋田產等項近經司府出佃與人暫管候命下之日定奪近訪得官民之家不論告佃年月先後地里遠近應否一概混爭若不預爲查處立定規則將來必致大興告擾漸起釁端爲此仰抄案回司即查前項沒官房屋田產實計若干處所某月日期經由某衙門與某人務以年月先後爲次先儘本縣人戶然後及於異縣先儘本府人戶然後及於異府中間多有勢豪之徒不遵則例妄起爭訟或不由官府私擅占管占住者該司通行查出呈來以憑拏問參究施行毋得容隱及查報不清未便

批再申十家牌法呈 十一月二十九日

據江西按察司呈看得盜賊之縱橫由於有司之玩弛沿流推本實如所呈失事各官俱合提究以警將來但地方多事未完缺人管理除該府縣掌印官姑

且記罪責令懲創奮勵修敗補隙務收桑榆之功以贖東隅之失其巡捕等官即行提問以戒怠弛仍備行各府縣掌印巡捕等官自茲申戒之後悉要遵照本院近行十家牌諭及於各街巷鄉村建置鑼鼓等項事理上緊著實舉行嚴督查考務鑒前車之覆預爲曲突之徙毋得仍前玩忽怠弛但有疎虞定行從重拏究斷不輕貸此繳

批各道巡歷地方呈 十二月二十六日

據江西按察司呈看得南昌湖西湖東九江各道地方兵荒之餘民窮財盡盜賊蠭起劫庫掠鄉無月無警府縣各官事無綱紀申請旁午文移日繁政務日廢仰各分巡官不時往來該道臨督所屬設法調度用其所長而不責其備教其不及而勿撓其權興廉激懦袪弊懲奸務以息訟弭盜康寧小民毋憚一身之勞終歲逸居省城坐視民患藐不經心俱仰備行各官查照施行繳

禁約釋罪自新軍民告示 正德十六年正月初五日

告示一應平日隨從逆府舍餘軍校人等論罪俱在必誅雖經自首奉有詔

宥據法亦當遷徙邊遠煙瘴之地但念其各已誠心悔罪故今務在委曲安全仰各洗心滌慮改惡從善本分生理保守身家毋得仍蹈前非或又投入各王府及鎮守撫按三司等衙門充作軍牢伴當皂隸防夫等項名目挾持復讎定行擒拏追坐從逆重刑知情容留官司參究論以窩藏逆黨同甲鄰佑不舉首者連坐以罪除已奏　請外仰各遵照毋違

某縣某坊第幾甲釋罪自新一戶某人

左鄰某人　右鄰某人

仰各鄰毋念舊惡務要與之和睦相處早晚仍須勸化鈐束毋令投入各府及鎮守撫按三司等衙門充當軍牢伴當皂隸防夫等項名目挾勢害人定行坐以知情容隱逆黨重罪決不輕貸

批湖廣兵備道設縣呈 十六年

據整飭郴桂衡永等處兵備湖廣按察司副使汪玉呈稱本道接管看得議奏計處地方以弭盜賊事件內一件審處賊遺田地俱經查勘明白屬宜章者

撥與該圖領種屬臨武者各歸原主屬桂陽者原議候設立大堰三堡撥給各堡軍兵頂種續奉巡撫衙門批委同知魯玘再行踏勘計處一件添設屯堡以嚴防禦見奉提督衙門案驗區處其第一件設縣所以便撫禦最爲緊要重大縣所既設則更夫有所歸著哨營可以掣散至於添屯堡處巡司併縣堡審田地四事可以次第舉行但先因廣東守巡兵備等官所見或異致蒙該部請命提督大臣親詣勘處又緣別有機務未卽臨勘至於今日本職竊意廣東各官決無不肯協和成事之心蓋因比時多事未暇細閱文書及查原經委官止有同知魯玘見在原奉提督衙門行令徑自約會廣東各官速將設縣事情及添設屯所事宜查議除行同知魯玘前去約會廣東該道委官議處本職仍親詣適中地方約會外理合呈詳施行等因到院卷查先爲圖議邊方後患事准兵部咨云云續據湖廣按察司呈奉巡撫湖廣都御史秦案驗云云候本院撫臨至日會行議處具奏定奪施行各無苟且搪塞去後今呈前因參照前項立縣等事關係地方安危遠近人心懸望恨不一日而成本院雖奉勅旨別

有機務不暇親詣而該道前任守巡各官皆有地方重責自當遵照晝夜經營

卻乃因循二年之上尚未完報縱使國法可以倖免不知此心亦何以自安今

照接管副使汪玉久負體用之學素有愛民之心據所呈報既已深明事機洞

知緩急遂使舉而行之固當易於反掌合再督催以速成績爲此仰抄案回道

卽往彼地約會各該道守巡等官速將設縣等項事情議處定當具由呈奪應

施行者一面施行務爲羣策畢舉之圖以收一勞永逸之績毋再因循仍蹈前

轍未便仍行都布按三司一體查照會議施行

督勦安義逆賊牌二月十一日

牌仰典史徐誠卽行調選羅坊等處驍勇慣戰兵夫四百名各備鋒利器械就

仰該縣官於堪動銀兩內先行給與口糧二月統領星夜前赴安義縣聽憑通

判林寬調度追勦獲功人員一體從重給賞但有不遵號令及逗遛退縮擾害

平人者仰卽遵照本院欽奉　勅諭事理聽以軍法從事本官務要申嚴紀律

整束行伍必使所過之地秋毫無犯所捕之賊噍類不遺庶稱委任如或縱弛

怠忽致有疎虞軍令具存罪亦難貸

截勦安義逃賊牌 二月十三日

看得安義逆賊已經本院嚴督官兵四路邀截誠恐無所逃竄或歸衝縣治除行知縣熊价專一防守縣治以守爲戰通判林寬專一追勦逃賊以戰爲守及行都指揮馮勳選領南昌府衛軍快督兵截勦外牌仰饒州南康九江府掌印官知府張愈嚴王念等各行起集兵快身自督領於沿湖要害邀截迎擊仍督令餘干樂平都昌建昌湖口彭澤等縣掌印官領兵把截沿湖緊關隘路江口毋令此賊得以出境遠遁一面多差知因鄉導探賊向往互相傳報合勢粘踪追勦一應機宜俱聽從宜區處各官務要竭力殫智殺賊立功以靖地方毋得畏縮因循輕忽疎略致賊滋漫軍法具存罪難輕貸

批議賞獲功陣亡等次呈 三月初十日

據江西按察司呈看得獲功陣亡等員役俱查照贛州事例獲賊首者賞銀十兩次賊首七兩從賊三兩老弱二兩奮勇對敵陣亡者十兩殺傷死者七兩五

錢被傷者三兩其有軍民人等各於賊勢未敗之先自行帥衆擒獲送官者仍照出給告示賊首賞二十兩次賊首十兩從賊首五兩務查約實一例給賞毋吝小費致失大信俱仰行南昌府於本縣支剩軍餉銀內公同賞功官照數支給開數繳報查考

覆應天巡撫派取船隻咨 三月二十四日

據江西布政司呈據應天府呈開江西九江等府原派船五十隻裝運營建宮室物料乞查處督發奉批查處呈奪議照江西南康南昌等府並無馬快船隻雖有額造紅船爲因宸濠謀反被賊燒燬往來使客及糧運尙且無船裝送疲困已極委果無從區處呈詳到院爲照江西各府師旅饑饉疲困已極況兼本職氣昏多病坐視民瘼莫知所措前項船隻果難措置南京素稱富庶今雖實因頻饑之煩然得貴院撫緝有方兼以長才區畫何事不濟且江西之疲弊亦貴院所備知嘗蒙軫念爲之 奏蠲租稅江西之民無不感激獨此數十艘迺不蒙一爲分處乎爲此合咨貴院煩請查照憫念疲殘之區終始德惠別爲處

撥裝運施行

批東鄉叛民投順狀詞 四月初九日

據東鄉縣民陳和等連名訴看得　朝廷添設縣治本圖以便地方而順民情但劃小益大安仁之民既稱偏損亦宜為之處分在官府自有通融裁制各民惟宜聽順果有未當又可從容告理而乃輒稱背抗稔惡屢年愈撫愈甚不得已而有擒捕之舉亦惟彰　國法禁頑梗小懲大戒期在安緝撫定非必殺為快也今各民既來投順官府豈欲過求但未審誠偽恐因擒捕勢迫暫來投順以求延緩亦未可知仰按察司會同都布二司將各情詞備加詳審及查立縣始末緣由其各都圖應否歸附某縣各縣糧差應否作何區處各民違抗逃叛之罪應否作何理斷通行議處呈奪

批江西布政司清查造冊呈 四月十六日

據江西布政司呈看得造冊清查之法既已詳悉備具但人存政舉使奉行不至則革弊之法反為流弊之源仰布政司照議上緊施行仍備行總理及各守

巡官同以此事爲固本安民之首各至分地臨督各該府州縣正官且將別項職事牒委佐貳官分理俱要專心致志身親稡核照式依期清量查造務使積弊頓除後患永絶以蘇民困中間但有不行盡心查理止憑吏胥苟且了事者即行拏治問發提調等官一體參究其各官分定地方該司具名開報繳

行豐城縣督造淺船牌十六年

仰抄案回縣即行知縣顧佖速差能幹官前來樟樹接駕淺船到縣照依該道估價於官庫支給各船旗軍收領就便擇日催督縣丞沈廷用遵照本院面授水簾桅等法與工修築務將前船銜結勾連多用串關扇束縛堅牢足障水勢以便施工毋爲摧盪虛費財力

行江西按察司審問通賊罪犯牌六月十五日

照得本院於正德十四年六月內因寧王謀反起兵征勦具本奏　聞當差贛州衛舍人王鼐齎　奏卻乃設計詐病推托不前顯有通賊情弊及至擒獲逆賊差齎緊關題本赴京　奏報卻又迂道私赴太監張忠處捏報軍中事情幾

至醸成大變及將原領題本通同邀截回還所據本犯罪難輕貸爲此牌仰本司卽將發去犯人王鼐從公審問明白依律議擬具招呈詳毋得輕縱未便

行江西按察司清查軍前解回糧賞等物　六月十九日

卷查先該本院督解宸濠中途奉　旨仍解回省隨將前項賞功銀牌花紅綵段及糧餉等項牌差縣丞等官龍光等解發江西按察司查收貯庫仍候本院明文施行去後今照前項糧賞等銀已支未支清查應該起解者未審曾否盡數解京擬合查報爲此牌仰本司卽查原發糧賞等銀各計若干要見於何年月日奉本院批呈或紙牌支取某項若干給與某起官軍人等行糧或犒勞兵快應用其應解金冊一十二付上高新昌玉印二顆銀盆六面及衣服等件曾否盡數解京中間有無遺漏等情備查明白具數回報以憑查對稽考毋得遲延未便

批廣東按察司立縣呈　七月二十八日

據副使汪玉呈稱云云卷查先爲圖議邊方後患事准兵部咨云云續據湖廣

按察司呈奉湖廣巡撫都御史秦　案驗候本院撫臨至日會行議處具　奏
定奪施行隨據副使汪玉呈云云看得立縣之舉今且三年而兩省會議猶是
道傍之談似此往復不已畢竟何時定計自昔舉事須順人情凡今立縣專爲
弭亂若使兩地人心未協遂爾執己見而行則是今日定亂之圖反爲異時起
爭之本今江西安仁東鄉各縣紛紜　奏告連年不息即今徵矣除行該道兵
備官上緊約會廣東各官親詣地方拘集里老年高有識者備詢輿論務在衆
議調停兩情和協就行相度地勢會計財力監追起工然後各自回任若使議
終不合必欲各自立縣亦須酌裁適均要見廣東於高宿立縣都圖若干湖廣
於笆籬立縣都圖若干城池高廣若干官員裁減若干異時賦役兩地逃躲若
何區處盜賊彼時出沒若何緝捕一應事宜逐條開議須於不同之中務求通
融之術不得徒事空言彼此推託苟延目前不顧後患異時追論致禍之因罪
亦終有不免除批行湖廣該道兵備官查照外仰抄案回司會同布政司各行
該道守巡兵備等官約會湖廣各官面議停當一面會計工料委官及時興工

一面備由開詳以憑覆　奏毋再推延執拗如有他虞斷行參究不恕仍行兩
廣提督弁巡按衙門查照催督施行
行江西三司停止興作牌　八月初九日
先該本院看得江西兵荒之餘重以洪水爲災民窮財盡正當體養撫息各該衙門一應修理公廨工役俱宜停止已經案仰各司即將工役悉行停止其勢不容已者亦待秋成之後民困稍蘇方許以次呈奪去後近因本院出巡訪得各該官員不思地方兵變水患小民困苦已極方求蠲賦稅出內帑欲賑而未能輒復紛然修理事屬故違本當參究尚傳聞未的姑再查禁爲此仰各抄案回司即查前項工程前此果否悉行停止近來是否重復興工具由呈報以憑施行毋得隱諱違錯不便
行嶺北道申明教場軍令　九月十七日
照得本院調到寧都等縣官兵機快人等見在贛州教場住劄操閱中間恐有不守軍令罪及無辜應合禁約隨據副使王度呈開合行事宜參酌相同爲此

仰抄案回道即行出給告示張掛教場曉諭官兵機快各加遵守如有違犯事情重大者拏送軍門依軍令斬首其事情稍輕者該道徑自究治發落仍呈本院查考

計開

一各兵但有擅動地方一草一木者照依軍令斬首示衆

一各兵但有管哨官總指稱神福饋送打點等項名色科派銀物自一分以上俱許赴該道面告究治

一管哨官凡遇歇操之日並在營房居住鈐束機兵教演武藝敢有在家遊蕩及挾妓飲酒朋夥喧譁者訪出綑打一百

一各兵但有疾病事故許管哨官稟明醫驗不許顧人頂替如有用財買求地方光棍替身上操仰該管總小甲拏獲首送該道枷號如隱情不首事發連總小甲一體枷號

一各兵在市買辦柴米酒肉等項俱要兩平交易如有恃強多占分兩被

人告發枷號示衆

一管哨官凡遇各兵鬬毆喧鬧等項小事量行懲治大事稟該道拏問不許縱容爭競囂亂轅門

一各歇操之日各將隨有器械務在整刷鋒利鮮明毋得臨時有誤如平日懶惰不行修理上操之際弦矢斷折銃礮不響旗幟不明查出細打一百

一各兵遇上班之日不許因便赴該道府訴告家鄉戶婚田土等項事情查出痛責四十

一各兵上街行走俱要懸帶小木牌一面上寫某哨官總下某人年甲籍貫辯別如有隱下兵打名色另著別樣衣冠暗入府縣挾騙官吏及來軍門并道門首打聽消息訪出枷號不恕

一各兵領到工食銀兩俱要撙節用度謹慎收放如有奢侈用盡及被人偷盜縱來訴告缺失俱不准理仍重加責治

一各該上班兵夫如有限期未滿先行逃回者差人原籍拏來用一百斤大枷枷號教場門首三箇月滿日綑打一百仍依律問發邊遠充軍

一各哨官并兵夫有軍門一應便宜及利所當興害所當革者許赴軍門及該道直白條陳不許諸人阻當

行雩都縣建立社學牌 十二月二十七日

照得本院近於贛州府城設立社學鄉館教育民間子弟風俗頗漸移易牌仰雩都縣掌印官即於該縣起立社學選取民間俊秀子弟備用禮幣敦請學行之士延爲師長查照本院原定學規盡心教導務使人知禮讓戶習詩書丕變偷薄之風以成淳厚之俗毋得違延忽視及虛文搪塞取咎

王文成公全書卷三十一

王文成公全書卷之三十二

附錄一　年譜

先生諱守仁字伯安姓王氏其先出晉光祿大夫覽之裔本瑯琊人至曾孫右軍將軍羲之徙居山陰又二十三世迪功郎壽自達溪徙餘姚今遂爲餘姚人壽五世孫綱善鑑人有文武才

國初誠意伯劉伯温薦爲兵部郎中擢廣東參議死苗難子彥達綴羊革裹尸歸是爲先生五世祖御史郭純上其事於

朝廟祀增城彥達號祕湖漁隱生高祖諱與準精禮易嘗著易微數千言永樂閒

朝廷舉遺逸不起號遁石翁曾祖諱世傑人呼爲槐里子以明經貢太學卒祖諱天敘號竹軒魏嘗齋瀚嘗立傳敘其環堵蕭然雅歌豪吟胸次灑落方之陶靖節林和靖所著有竹軒稿江湖雜稿行於世封翰林院脩撰自槐里子以下兩世皆贈嘉議大夫禮部右侍郎追贈新建伯父諱華字德

輝別號實菴晚稱海日翁嘗讀書龍泉山中又稱爲龍山公成化辛丑賜進士及第第一人仕至南京吏部尚書進封新建伯龍山公常思山陰山水佳麗又爲先世故居復自姚徙越城之光相坊居之先生嘗築室陽明洞洞距越城東南二十里學者咸稱陽明先生云

憲宗成化八年壬辰九月丁亥先生生

是爲九月三十日太夫人鄭娠十四月祖母岑夢神人衣緋玉雲中鼓吹送兒授岑岑驚寤已聞啼聲祖竹軒公異之即以雲名鄉人傳其夢指所生樓曰瑞雲樓

十有二年丙申先生五歲

先生五歲不言一日與羣兒嬉有神僧過之曰好箇孩兒可惜道破竹軒公悟更今名即能言一日誦竹軒公所嘗讀過書訝問之曰聞祖讀時已默記矣

十有七年辛丑先生十歲皆在越

是年龍山公舉進士第一甲第一人

十有八年壬寅先生十一歲寓京師

龍山公迎養竹軒翁因攜先生如京師先生年纔十一翁過金山寺與客酒酣擬賦詩未成先生從傍賦曰金山一點大如拳打破維揚水底天醉倚妙高臺上月玉簫吹徹洞龍眠客大驚異復命賦蔽月山房詩先生隨口應曰山近月遠覺月小便道此山大於月若人有眼大如天還見山小月更闊明年就塾師先生豪邁不羈龍山公常懷憂惟竹軒公知之一日與同學生走長安街遇一相士異之曰吾爲爾相後須憶吾言鬚拂領其時入聖境鬚至上丹臺其時結聖胎鬚至下丹田其時聖果圓先生感其言自後每對書輒靜坐凝思嘗問塾師曰何爲第一等事塾師曰惟讀書登第耳先生疑曰登第恐未爲第一等事或讀書學聖賢耳龍山公聞之笑曰汝欲做聖賢耶

二十年甲辰先生十三歲寓京師

母太夫人鄭氏卒

居喪哭泣甚哀

二十有二年丙午先生十五歲寓京師

先生出遊居庸三關即慨然有經略四方之志詢諸夷種落悉聞備禦策

逐胡兒騎射胡人不敢犯經月始返一日夢謁伏波將軍廟賦詩曰卷甲

歸來馬伏波早年兵法鬢毛皤雲埋銅柱雷轟折六字題文尚不磨時畿

內石英王勇盜起又聞秦中石和尚劉千斤作亂屢欲爲書獻於朝龍山

公斥之爲狂乃止

孝宗弘治元年戊申先生十七歲在越

七月親迎夫人諸氏於洪都

外舅諸公養和爲江西布政司參議先生就官署委禽合卺之日偶閒行

入鐵柱宮遇道士趺坐一榻即而叩之因聞養生之說遂相與對坐忘歸

諸公遣人追之次早始還〇官署中蓄紙數篋先生日取學書比歸數篋

皆空書法大進先生嘗示學者曰吾始學書對模古帖止得字形後舉筆不輕落紙凝思靜慮擬形於心久之始通其法既後讀明道先生書曰吾作字甚敬非是要字好只此是學既非要字好又何學也乃知古人隨時隨事只在心上學此心精明字好亦在其中矣後與學者論格物多舉此爲證

二年己酉先生十八歲寓江西

十二月夫人諸氏歸餘姚

是年先生始慕聖學先生以諸夫人歸舟至廣信謁婁一齋諒語宋儒格物之學謂聖人必可學而至遂深契之明年龍山公以外艱歸姚命從弟冕階宮及妹壻牧相與先生講析經義先生日則隨衆課業夜則搜取諸經子史讀之多至夜分四子見其文字日進嘗愧不及後知之曰彼已游心舉業外矣吾何及也先生接人故和易善謔一日悔之遂端坐省言四子未信先生正色曰吾昔放逸今知過矣自後四子亦漸斂容

五年壬子先生二十一歲在越

舉浙江鄉試

是年場中夜半見二巨人各衣緋綠東西立自言曰三人好作事忽不見已而先生與孫忠烈燧胡尙書世寧同舉其後宸濠之變胡發其奸孫死其難先生平之咸以爲奇驗○是年爲宋儒格物之學先生始侍龍山公于京師徧求考亭遺書讀之一日思先儒謂衆物必有表裏精麤一草一木皆涵至理官署中多竹卽取竹格之沈思其理不得遂遇疾先生自委聖賢有分乃隨世就辭章之學明年春會試下第縉紳知者咸來慰諭宰相李西涯戲曰汝今歲不第來科必爲狀元試作來科狀元賦先生懸筆立就諸老驚曰天才天才退有忌者曰此子取上第目中無我輩矣及丙辰會試果爲忌者所抑同舍有以不第爲耻者先生慰之曰世以不得第爲耻吾以不得第動心爲耻識者服之歸餘姚結詩社龍泉山寺致仕方伯魏瀚平時以雄才自放與先生登龍山對弈聯詩有佳句輒爲先生得

之乃謝曰老夫當退數舍

十年丁巳先生二十六歲寓京師

是年先生學兵法當時邊報甚急　朝廷推舉將才莫不遑遽先生念武舉之設僅得騎射搏擊之士而不可以收韜略統馭之才於是留情武事凡兵家祕書莫不精究每遇賓宴嘗聚果核列陣勢爲戲

十一年戊午先生二十七歲寓京師

是年先生談養生先生自念辭章藝能不足以通至道求師友于天下又不數遇心持惶惑一日讀晦翁上宋光宗疏有曰居敬持志爲讀書之本循序致精爲讀書之法乃悔前日探討雖博而未嘗循序以致精宜無所得又循其序思得漸漬洽浹然物理吾心終若判而爲二也沈鬱既久舊疾復作益委聖賢有分偶聞道士談養生遂有遺世入山之意

十有二年己未先生二十八歲在京師

舉進士出身

是年春會試舉南宮第二人賜二甲進士出身第七人觀政工部

疏陳邊務

先生未第時嘗夢威寧伯遺以弓劍是秋　欽差督造威寧伯王越墳馭役夫以什伍法休食以時暇即驅演八陣圖事竣威寧家以金帛謝不受乃出威寧所佩寶劍爲贈適與夢符遂受之時有星變　朝廷下詔求言及聞達虜猖獗先生復命上邊務八事言極剴切

十有三年庚申先生二十九歲在京師

授刑部雲南清吏司主事

十有四年辛酉先生三十歲在京師

奉命審錄江北

先生錄囚多所平反事竣遂遊九華作遊九華賦宿無相化城諸寺是時道者蔡蓬頭善談仙待以客禮請問蔡曰尚未有頃屏左右引至後亭再拜請問蔡曰尚未問至再三蔡曰汝後堂後亭禮雖隆終不忘官相一笑

而别聞地藏洞有異人坐臥松毛不火食歷嵓險訪之正熟睡先生坐傍撫其足有頃醒驚曰路險何得至此因論最上乘曰周濂溪程明道是儒家兩箇好秀才後再至其人已他移故後有會心人遠之歎

十有五年壬戌先生三十一歲在京師

八月疏請告

是年先生漸悟仙釋二氏之非先是五月復命京中舊遊俱以才名相馳騁學古詩文先生歎曰吾焉能以有限精神爲無用之虛文也遂告病歸越築室陽明洞中行導引術久之遂先知一日坐洞中友人王思輿等四人來訪方出五雲門先生卽命僕迎之且歷語其來蹟僕遇諸途與語良合衆驚異以爲得道久之悟曰此簸弄精神非道也又屏去已而靜久思離世遠去惟祖母岑與龍山公在念因循未決久之又忽悟曰此念生於孩提此念可去是斷滅種性矣明年遂移疾錢塘西湖復思用世往來南屏虎跑諸剎有禪僧坐關三年不語不視先生喝之曰這和尚終日口巴

巴說甚麼終日眼睜睜看甚麼僧驚起卽開視對語先生問其家對曰有母在曰起念否對曰不能不起先生卽指愛親本性諭之僧涕泣謝明日問之僧已去矣

十有七年甲子先生三十三歲在京師

秋主考山東鄉試

巡按山東監察御史陸偁聘主鄉試試錄皆出先生手筆其策問議　國朝禮樂之制老佛害道由於聖學不明綱紀不振由於名器太濫用人太急求效太速及分封清戎禦夷息訟皆有成法錄出人占先生經世之學

九月改兵部武選清吏司主事

十有八年乙丑先生三十四歲在京師

是年先生門人始進學者溺於詞章記誦不復知有身心之學先生首倡言之使人先立必爲聖人之志聞者漸覺興起有願執贄及門者至是專志授徒講學然師友之道久廢咸目以爲立異好名惟甘泉湛先生若水

時爲翰林庶吉士一見定交共以倡明聖學爲事

武宗正德元年丙寅先生三十五歲在京師

二月上封事下　詔獄謫龍場驛驛丞

是時武宗初政奄瑾竊柄南京科道戴銑薄彥徽等以諫忤旨逮繫詔獄先生首抗疏救之其言君仁臣直銑等以言爲責其言如善自宜嘉納如其未善亦宜包容以開忠讜之路乃今赫然下令遠事拘囚在　陛下不過少示懲創非有意怒絕之也下民無知妄生疑懼臣切惜之自是而後雖有上關宗社危疑不制之事　陛下孰從而聞之　陛下聰明超絕苟念及此寧不寒心伏願追收前旨使銑等仍舊供職擴大公無我之仁明改過不吝之勇　聖德昭布遠邇人民胥悅豈不休哉疏入亦下　詔獄已而廷杖四十既絕復甦尋謫貴州龍場驛驛丞

二年丁卯先生三十六歲在越

夏赴謫至錢塘

先生至錢塘瑾遣人隨偵先生度不免乃託言投江以脫之因附商船遊舟山偶遇颶風大作一日夜至閩界比登岸奔山徑數十里夜扣一寺求宿僧故不納趨野廟倚香案臥蓋虎穴也夜半虎遶廊大吼不敢入黎明僧意必斃于虎將收其囊見先生方熟睡呼始醒驚曰公非常人也不然得無恙乎邀至寺寺有異人嘗識于鐵柱宮約二十年相見海上至是出詩有二十年前曾見君今來消息我先聞之句與論出處且將遠遁其人曰汝有親在萬一瑾怒逮爾父誣以北走胡南走粵何以應之因爲蓍得明夷遂決策返先生題詩壁閒曰險夷原不滯胸中何異浮雲過太空夜靜海濤三萬里月明飛錫下天風因取閒道由武夷而歸時龍山公官南京吏部尚書從鄱陽往省十二月返錢塘赴龍場驛○是時先生與學者講授雖隨地興起未有出身承當以聖學爲己任者徐愛先生妹婿也因先生將赴龍場納贄北面奮然有志于學愛與蔡宗兗朱節同舉鄉貢先生作別三子序以贈之

二年戊辰先生三十七歲在貴陽

春至龍場

先生始悟格物致知龍場在貴州西北萬山叢棘中蛇虺魍魎蠱毒瘴癘與居夷人鴂舌難語可通語者皆中土亡命舊無居始教之範土架木以居時瑾憾未已自計得失榮辱皆能超脫惟生死一念尚覺未化乃爲石墎自誓曰吾惟俟命而已日夜端居澄默以求靜一久之胸中灑灑而從者皆病自析薪取水作糜飼之又恐其懷抑鬱則與歌詩又不悅復調越曲雜以詼笑始能忘其爲疾病夷狄患難也因念聖人處此更有何道忽中夜大悟格物致知之旨寤寐中若有人語之者不覺呼躍從者皆驚始知聖人之道吾性自足向之求理於事物者誤也乃以默記五經之言證之莫不脗合因著五經憶說居久夷人亦日來親狎以所居湫溼乃伐木構龍岡書院及寅賓堂何陋軒君子亭玩易窩以居之思州守遣人至驛侮先生諸夷不平共毆辱之守大怒言諸當道毛憲副科令先生請謝且

諭以禍福先生致書復之守慚服水西安宣慰聞先生名使人餽米肉給使令既又重以金帛鞍馬俱辭不受始　朝廷議設衛於水西既置城已而中止驛傳尚存安惡據其腹心欲去之以問先生先生遺書折其不可且申　朝廷威信令甲議遂寢已而宋氏酋長有阿賈阿札者叛宋氏爲地方患先生復以書詆諷之安悚然率所部平其難民賴以寧

四年己巳先生三十八歲在貴陽

提學副使席書聘主貴陽書院

是年先生始論知行合一始席元山書提督學政問朱陸同異之辨先生不語朱陸之學而告之以其所悟書懷疑而去明日復來舉知行本體證之五經諸子漸有省往復數四豁然大悟謂聖人之學復覩於今日朱陸異同各有得失無事辯詰求之吾性本自明也遂與毛憲副脩葺書院身率貴陽諸生以所事師禮事之○後徐愛因未會先生知行合一之訓決於先生先生曰試舉看愛曰如今人已知父當孝兄當弟矣迺不能孝弟

知與行分明是兩事先生曰此被私欲隔斷耳非本體也聖賢教人知行正是要人復本體故大學指出真知行以示人曰如好好色如惡惡臭夫見好色屬知好好色屬行只見色時已是好矣非見後而始立心去好也聞惡臭屬知惡惡臭屬行只聞臭時已是惡矣非聞後而始立心去惡也又如稱某人知孝某人知弟必其人已曾行孝行弟方可稱他知孝知弟此便是知行之本體愛曰古人分知行爲二恐是要人用工有分曉否先生曰此正失卻古人宗旨某嘗說知是行之主意行實知之功夫知是行之始行實知之成已可理會矣古人立言所以分知行爲二者緣世閒有一種人懵懵然任意去做全不解思惟省察是之爲冥行妄作所以必說知而後行無繆又有一種人茫茫然懸空去思索全不肯着實躬行是之爲揣摸影響所以必說行而後知始真此是古人不得已之教若見得時一言足矣今人卻以爲必先知然後能行且講習討論以求知俟知得真時方去行故遂終身不行亦遂終身不知某今說知行合一使學者自求

本體庶無支離決裂之病

五年庚午先生三十九歲在吉

陞廬陵縣知縣

先生三月至廬陵爲政不事威刑惟以開導人心爲本蒞任初首詢里役察各鄉貧富奸良之實而低昂之獄牒盈庭不卽斷射稽　國初舊制慎選里正三老坐申明亭使之委曲勸諭民胥悔勝氣囂訟至有涕泣而歸者由是囹圄日清在縣七閱月遺告示十有六大抵諄諄慰父老使教子弟毋令蕩僻城中失火身禱返風以血禳火而火卽滅因使城中闢火巷定水次兌運絕鎭守橫征杜神會之借辦立保甲以弭盜清驛遞以延賓旅至今數十年猶踵行之○語學者悟入之功先是先生赴龍場時隨地講授及歸過常德辰州見門人冀元亨蔣信劉觀時輩俱能卓立喜曰謫居兩年無可與語者歸途乃幸得諸友悔昔在貴陽舉知行合一之教紛紛異同罔知所入茲來乃與諸生靜坐僧寺使自悟性體顧恍恍若有可

即者旣又途中寄書曰前在寺中所云靜坐事非欲坐禪入定也蓋因吾輩平日爲事物紛拏未知爲己欲以此補小學收放心一段功夫耳明道云纔學便須知有用力處旣學便須知有得力處諸友宜於此處着力方有進步異時始有得力處也

冬十有一月入覲

先生入京館於大興隆寺時黃宗賢綰爲後軍都督府都事因儲柴墟巏請見先生與之語喜曰此學久絕子何所聞對曰雖粗有志實未用功先生曰人惟患無志不患無功明日引見甘泉訂與終日共學○按宗賢至嘉靖壬午春復執贄稱門人

十有二月陞南京刑部四川清吏司主事

論實踐之功先生與黃綰應良論聖學久不明學者欲爲聖人必須廓清心體使纖翳不留眞性始見方有操持涵養之地應良疑其難先生曰聖人之心如明鏡纖翳自無所容自不消磨刮若常人之心如斑垢駁蝕之

鏡須痛刮磨一番盡去駁蝕然後纖塵即見纔拂便去亦不消費力到此已是識得仁體矣若駁蝕未去其閒固自有一點明處塵埃之落固亦見得纔拂便去至于堆積於駁蝕之上終弗之能見也此學利困勉之所由異幸勿以爲難而疑之也凡人情好易而惡難其閒亦自有私意氣習纏蔽在識破後自然不見其難矣古之人至有出萬死而樂爲之者亦見得耳向時未見得裏面意思此功夫自無可講處今已見此一層卻恐好易惡難便流入禪釋去也○按先生立教皆經實踐故所言懇篤若此自揭良知宗旨後吾黨又覺領悟太易認虛見爲真得無復向裏着己之功矣故吾黨穎悟承速者往往多無成甚可憂也

六年辛未先生四十歲在京師

正月調吏部驗封清吏司主事

論晦菴象山之學王輿菴讀象山書有契徐成之與辯不決先生曰是朱非陸天下論定久矣久則難變也雖微成之之爭輿菴亦豈能遽行其說

乎戍之謂先生漫爲含糊兩解若有以陰助輿菴而爲之地者先生以書解之曰輿菴是象山而謂其專以尊德性爲主今觀象山文集所載未嘗不教其徒讀書而自謂理會文字頗與人異者則其意實欲體之於身其亟所稱述以誨人者曰居處恭執事敬與人忠曰克己復禮曰萬物皆備於我反身而誠樂莫大焉曰學問之道無他求其放心而已曰先立乎其大者而小者不能奪是數言者孔子孟軻之言也烏在其爲空虛乎獨其易簡覺悟之說頗爲當時所疑然易簡之說出於繫辭覺悟之說雖有同于釋氏然釋氏之說亦自有同于吾儒而不害其爲異者惟在於幾微毫忽之閒而已亦何必諱於其同而遂不敢以言狃於其異而遂不以察之乎是輿菴之是象山固猶未盡其所以是也吾兄是晦菴而謂其專以道問學爲事然晦菴之言曰居敬窮理曰非存心無以致知曰君子之心常存敬畏雖不見聞亦不敢忽所以存天理之本然而不使離於須臾之頃也是其爲言雖未盡瑩亦何嘗不以尊德性爲事而又烏在其爲支離乎

獨其平日汲汲於訓解雖韓文楚辭陰符參同之屬亦必與之注釋考辯而論者遂疑玩物又其心慮恐學者之躐等而或失之於妄作必先之以格致而無不明然後有以實之於誠正而無所謬世之學者掛一漏萬求之愈煩而失之愈遠至有弊力終身苦其難而卒無所入而遂議其支離不知此乃後世學者之弊而當時晦菴之自爲則亦豈至是乎是吾兄之是晦菴固猶未盡其所以是也夫二兄之所信而是者既未盡其所以是則其所疑而非者亦豈盡其所以非乎僕嘗以爲晦菴之與象山雖其所以爲學者若有不同而要皆不失爲聖人之徒今晦菴之學天下之人童而習之既已入人之深有不容於論辯者而獨惟象山之學則以其嘗與晦菴之有言而遂藩籬之使若由賜之殊科焉則可矣而遂擯放廢斥若碔砆之與美玉則豈不過甚矣乎故僕嘗欲冒天下之譏以爲象山一暴其說雖以此得罪無恨晦菴之學既已章明於天下而象山猶蒙無實之誣于今且四百年莫有爲之一洗者使晦菴有知將亦不能一日安享於

廟廡之間矣此僕之至情終亦必爲兄一吐露者亦何肯漫爲兩解之說以陰助于輿菴已乎

二月爲會試同考試官

是年僚友方獻夫受學獻夫時爲吏部郎中位在先生上比聞論學深自感悔遂執贄事以師禮是冬告病歸西樵先生爲敘別之

十月陞文選清吏司員外郎

送甘泉奉使安南先是先生陞南都甘泉與黃綰言於冢宰楊一清改留吏部職事之暇始遂講聚方期各相砥切飲食啓處必共之至是甘泉出使安南封國將行先生懼聖學難明而易惑人生別易而會難也乃爲文以贈略曰顏子沒而聖人之學亡曾子唯一貫之旨傳之孟軻絕又二千餘年而周程續自是而後言益詳道益晦孟氏患楊墨周程之際釋老大行今世學者皆知尊孔孟賤楊墨擯釋老聖人之道若大明於世然吾從而求　聖人不得而見之矣其能有若墨氏之兼愛者乎其能有若楊墨

之爲我者乎其能有若老氏之清淨自守釋氏之究心性命者乎吾何以楊墨老釋之思哉彼於聖人之道異然猶有自得也而世之學者章繪句琢以誇俗詭心色取相飾以僞謂聖人之道勞苦無功非復人之所可爲而徒取辯於言辭之閒古之人有終身不能究者今吾皆能言其略自以爲若是亦足矣而聖人之學遂廢則今之所大患者豈非記誦辭章之習而弊之所從來無亦言之太詳析之太精者之過歟某幼不問學陷溺於邪僻者二十年而始究心於老釋賴天之靈因有所覺始乃沿周程之說求之而若有得焉顧一二同志之外莫予翼也岌岌乎仆而復興晚得於甘泉湛子而後吾之志益堅毅然若不可遏則予之資於甘泉多矣甘泉之學務求自得者也世未之能知其知者且疑其爲禪誠禪也吾猶未得而見而況其所志卓爾若此則如甘泉者非聖人之徒歟多言又烏足病也夫多言不足以病甘泉與甘泉之不爲多言病也吾信之吾與甘泉有意之所在不言而會論之所及不約而同期於斯道斃而後已者今日之

別吾容無言夫惟聖人之學難明而易惑習俗之降愈下而抑不可回任重道遠雖已無俟於言顧復於吾心若有不容已也則甘泉亦豈以予言爲綴乎

七年壬申先生四十一歲在京師

三月陞考功清吏司郎中

按同志考是年穆孔暉顧應祥鄭一初方獻科王道梁穀萬潮陳鼎唐鵬路迎孫瑚魏廷霖蕭鳴鳳林達陳洸及黃綰應良朱節蔡宗兗徐愛同受業

十二月陞南京太僕寺少卿便道歸省

與徐愛論學愛是年以祁州知州考滿進京陞南京工部員外郎與先生同舟歸越論大學宗旨聞之踴躍痛快如狂如醒者數日胸中混沌復開仰思堯舜三王孔孟千聖立言人各不同其旨則一今之傳習錄所載首卷是也其自敘云愛因舊說汩沒始聞先生之教實駭愕不定無入頭處

其後聞之既久漸知反身實踐然後始信先生之學爲孔門嫡傳舍是皆傍蹊小徑斷港絕河矣如說格物是誠意功夫明善是誠身功夫窮理是盡性功夫道問學是尊德性功夫博文是約禮功夫惟精是惟一功夫諸如此類皆落落難合其後思之既久不覺手舞足蹈

八年癸酉先生四十二歲在越

二月至越

先生初計至家即與徐愛同遊台蕩宗族親友絆弗能行五月終與愛數友期候黃綰不至乃從上虞入四明觀白水尋龍谿之源登杖錫至雪竇上千丈巖以望天姥華頂欲遂從奉化取道赤城適久旱山田盡龜坼慘然不樂遂自寧波還餘姚綰以書迎先生復書曰此行相從諸友亦徵有所得然無大發明其最所歉然宗賢不同茲行耳後輩習氣已深雖有美質亦漸消盡此事正如淘沙會有見金時但目下未可必得耳先生茲遊雖爲山水實注念愛綰二子蓋先生點化同志多得之登遊山水閒也

冬十月至滁州

滁山水佳勝先生督馬政地僻官閑日與門人遨遊瑯琊瀼泉閒月夕則環龍潭而坐者數百人歌聲振山谷諸生隨地請正踴躍歌舞舊學之士皆日來臻於是從遊之衆自滁始○孟源問靜坐中思慮紛雜不能強禁絕先生曰紛雜思慮亦強禁絕不得只就思慮萌動處省察克治到天理精明後有箇物各付物的意思自然精專無紛雜之念大學所謂知止而後有定也

九年甲戌先生四十三歲在滁

四月陞南京鴻臚寺卿

滁陽諸友送至烏衣不能別留居江浦候先生渡江先生以詩促之歸曰滁之水入江流江潮日復來滁州相思若潮水來往何時休空相思亦何益欲慰相思情不如崇令德掘地見泉水隨處無弗得何必驅馳為千里遠相即君不見堯羹與舜牆又不見孔與蹠對面不相識逆旅主人多慇

懟出門轉盼成路人

五月至南京

自徐愛來南都同志日親黃宗明薛侃馬明衡陸澄季本許相卿王激諸偁林達張寰唐愈賢饒文璧劉觀時鄭騮周積郭慶欒惠劉曉何鼇陳傑楊杓白說彭一之朱篪輩同聚師門日夕漬礪不懈客有道自滁游學之士多放言高論亦有漸背師教者先生曰吾年來欲懲末俗之卑污引接學者多就高明一路以救時弊今見學者漸有流入空虛爲脫落新奇之論吾已悔之矣故南畿論學只教學者存天理去人欲爲省察克治實功王嘉秀蕭惠好談仙佛先生嘗警之曰吾幼時求聖學不得亦嘗篤志二氏其後居夷三載始見聖人端緒悔錯用功二十年二氏之學其妙與聖人只有毫釐之閒故不易辯惟篤志聖學者始能究析其隱微非測憶所及也

十年乙亥先生四十四歲在京師

正月疏自陳不允

是年當兩京考察例上疏

立再從子正憲爲後

正憲字仲肅季叔易直先生兗之孫西林守信之第五子也先生年四十四與諸弟守儉守文守章俱未舉子故龍山公爲先生擇守信子正憲立之時年八齡○是年御史楊典薦改祭酒不報

八月擬諫迎佛疏

時命太監劉允烏思藏齎幡供諸佛奉迎佛徒允奏請鹽七萬引以爲路費許之輔臣楊廷和等與戶部及言官各疏執奏不聽先生欲因事納忠擬疏欲上後中止

疏請告

是年祖母岑太夫人年九十有六先生思乞恩歸一見爲訣疏凡再上矣故辭甚懇切

十有一年丙子先生四十五歲在南京

九月陞都察院左僉都御史巡撫南贛汀漳等處

是時汀漳各郡皆有巨寇尚書王瓊特舉先生

十月歸省至越

王思輿語季本曰陽明此行必立事功本曰何以知之曰吾觸之不動矣

十有二年丁丑先生四十六歲

正月至贛

先生過萬安遇流賊數百沿途肆劫商舟不敢進先生乃聯商舟結爲陣勢揚旗鳴鼓如趨戰狀賊乃羅拜于岸呼曰饑荒流民乞求賑濟先生泊岸令人諭之曰至贛後卽差官撫插各安生理毋作非爲自取戮滅賊懼散歸以是年正月十六日開府

行十家牌法

先是贛民爲洞賊耳目官府舉動未形而賊已先聞軍門一老隸奸尤甚

先生偵知之呼入臥室使之自擇生死隸乃輸情吐實先生許其不死試所言悉驗乃於城中立十家牌法其法編十家爲一牌開列各戶籍貫姓名年貌行業日輪一家沿門按牌審察遇面生可疑人卽行報官究理或有隱匿十家連坐仍告諭父老子弟務要父慈子孝兄愛弟敬夫和婦隨長惠幼順小心以奉官法勤謹以辦　國課恭儉以守家業謙和以處鄉里心要平恕毋得輕易忿爭事要含忍毋得輒興詞訟見善互相勸勉有惡互相懲戒務興禮讓之風以成敦厚之俗

選民兵

先生以南贛地連四省山險林深盜賊盤據三居其一窺伺剽掠大爲民患當事者每遇盜賊猖獗輒復會奏請調土軍狼達往返經年糜費逾萬逮至集兵舉事卽已魍魎潛形班師旋旅則又鼠狐聚黨是以機宜屢失而備禦益弛先生乃使四省兵備官於各屬弩手打手機快等項挑選驍勇絕羣膽力出衆者每縣多或十餘人少或八九人務求魁傑或懸召募

大約江西福建二兵備各以五六百名爲率廣東湖廣二兵備各以四五百名爲率中閒更有出衆者優其廩餼署爲將領除南贛兵備自行編選餘四兵備官仍於每縣原額數內揀選可用者量留三分之二委該縣賢能官統練專以守城防隘爲事其餘一分揀退疲弱不堪者免其著役止出工食追解該道以益募賞所募精兵專隨各兵備官屯劄別選官分隊統押教習之如此則各縣屯戍之兵既足以護守防截而兵備募召之士又可以應變出奇盜賊漸知所畏平良益有所恃而無恐矣

二月平漳寇

初先生道聞漳寇方熾兼程至贛卽移文三省兵備尅期起兵自正月十六日蒞任纔旬日卽議進兵兵次長富村遇賊大戰斬獲頗多賊奔象湖山拒守我兵追至蓮花石與賊對壘會廣東兵至方欲合圍賊見勢急遂潰圍而出指揮覃桓縣丞紀鏞馬陷死之諸將請調狼兵俟秋再舉先生乃責以失律罪使立功自贖諸將議猶未決先生曰兵宜隨時變在呼吸

豈宜各持成說耶福建諸軍稍緝咸有立功贖罪心利在速戰若當集謀之始卽掩賊不備成功可必今旣聲勢彰聞各賊必聯黨設械以禦我師且宜示以寬懈而猶執乘機之說以張皇於外是徒知吾卒之可擊而不知敵之未可擊也廣東之兵意在倚重狼達土軍然後舉事諸賊亦候吾士兵之集以卜戰期乘此機候正可奮怯為勇變弱為強而猶執持重之說以坐失事機是徒知吾卒之未可擊而不知敵之正可擊也善用兵者因形而借勝於敵故其戰勝不復而應形於無窮勝負之算閒不容髮烏可執滯哉於是親率諸道銳卒進屯上杭密敕羣哨佯言犒衆退師俟秋再舉密遣義官曾崇秀覘賊虛實乘其懈選兵分三路俱於二月十九日乘晦夜銜枚並進直擣象湖奪其隘口諸賊失險復據上層峻壁四面滾木礧石以死拒戰我兵奮勇鏖戰自辰至午呼聲振地三省奇兵從閒鼓譟突登乃驚潰奔走遂乘勝追勦已而福建兵攻破長富村等巢三十餘所廣東兵攻破水竹大重坑等巢一十三所斬首從賊詹師富温火燒等

七千有奇俘獲賊屬輜重無算而諸洞蕩滅是役僅三月漳南數十年逋寇悉平○是月奏捷具言福建僉事胡璉參政陳策副使唐澤知府鍾湘廣東僉事顧應祥都指揮楊懋知縣張戩勞績賜　敕奬賚其餘陞賞有差初議進兵諭諸將曰賊雖據險而守尚可出其不意掩其不備則用鄧艾破蜀之策從閒道以出若賊果盤據持重可以計困難以兵克則用充國破羌之謀減冗兵以省費務在防隱禍于顯利之中絶深奸於意料之外此萬全無失者也已而桓等狃於小勝不從閒道故違節制以致挫衄諸將志沮遂請濟師先生獨以爲見兵二千有餘已爲不少不宜坐待濟師以自懈遙制以失機也遂親督兵而出卒成功

四月班師

時三月不雨至于四月先生方駐軍上杭禱于行臺得雨以爲未足及班師一雨三日民大悅有司請名行臺之堂曰時雨堂取王師若時雨之義也先生乃爲記

五月立兵符

先生謂習戰之方莫要於行伍治衆之法莫先於分數將調集各兵每二十五人編爲一伍伍有小甲五十人爲一隊隊有總甲二百人爲一哨哨有長有協哨二人四百人爲一營營有官有參謀二人一千二百人爲一陣陣有偏將二千四百人爲一軍軍有副將偏將無定員臨事而設小甲於各伍之中選才力優者爲之總甲於小甲之中選才力優者爲之哨長於千百戶義官之中選材識優者爲之副將得以罰偏將偏將得以罰營官營官得以罰哨長哨長得以罰總甲總甲得以罰小甲小甲得以罰伍衆務使上下相維大小相承如身之使臂臂之使指自然舉動齊一治衆如寡庶幾有制之兵矣編選既定仍每五人給一牌備列同伍二十五人姓名使之連絡習熟謂之伍符每隊各置兩牌編立字號一付總甲一藏本院謂之隊符每哨各置兩牌編立字號一付哨長一藏本院謂之哨符每營各置兩牌編立字號一付營官一藏本院謂之營符凡遇征調發符

比號而行以防奸僞其諸緝養訓練之方旗鼓進退之節務濟實用行之

奏設平和縣移枋頭巡檢司

先生以賊據險久爲民患今幸破滅須爲拊背扼吭之策乃奏請設平和縣治于河頭移河頭巡檢司于枋頭蓋以河頭爲諸巢之咽喉而枋頭又河頭之唇齒也且曰方賊之據河頭也窮兇極惡至動三軍之衆合二省之力而始克蕩平若不及今爲久遠之圖不過數年勢將復起後悔無及矣蓋盜賊之患譬諸病人興師征討者鍼藥攻治之方建縣撫輯者飲食調攝之道徒恃攻治而不務調攝則病不旋踵後雖扁鵲倉公無所施其術也〇按是月聞蔡宗兗許相卿季本薛侃陸澄同舉進士先生曰入仕之始意況未免搖動如絮在風中若非粘泥貼網亦自主張未得不知諸友卻何如想平時工夫亦須有得力處耳又聞曰仁在告買田霅上爲諸友久聚之計遺二詩慰之

六月疏請疏通鹽法

始都御史陳金以流賊軍餉於贛州立廠抽分廣鹽許至袁臨吉三府發賣然起正德六年至九年而止至是先生以敕諭有便宜處置語疏請暫行待平定之日仍舊停止從之

九月改授提督南贛汀漳等處軍務給旗牌得便宜行事

南贛舊止以巡撫蒞之至都御史周南會請旗牌事畢繳還不爲定制至是先生疏請遂有提督之命後不復更疏以我國家有罰典有賞格然罰典止行于參提之後而不行于臨陣對敵之時賞格止行于大軍征勦之日而不行於尋常用兵之際故無成功今後凡遇討賊領兵官不拘軍衛有司所領兵衆有退縮不用命者許領兵官軍前以軍法從事領兵官不用命者許總統官軍前以軍法從事所領兵衆有對敵擒斬功次或赴敵陣亡從實具報覆實奏聞陞賞如制若生擒賊徒問明即押赴市曹斬之以徇庶使人知警畏亦可比于令典決不待時者如此則賞罰既明人心激勵盜起即得撲滅糧餉可省事功可建又曰古者賞不踰時罰不

後事過時而賞與無賞同後事而罰與不罰同況過時而不賞後事而不罰其何以齊一人心作興士氣雖使韓白爲將亦不能有所成誠得以大軍誅賞之法責而行之於平時假臣等令旗令牌便宜行事如是而兵有不精賊有不滅臣等亦無以逃其死矣事下兵部尚書王瓊覆奏以爲宜從所請於是改巡撫爲提督得以軍法從事　欽給旗牌八面悉聽便宜既而鎮守太監畢真謀于近倖請監其軍瓊奏以爲兵法最忌遙制若使南贛用兵而必待謀於省城鎮守斷乎不可惟省城有警則聽南贛策應事遂寢○按敕諭有曰江西南安贛州地方與福建汀漳二府廣東南韶潮惠四府及湖廣郴州桂陽縣壤地相接山嶺相連其閒盜賊不時生發東追則西竄南捕則北奔蓋因地方各省事無統屬彼此推調難爲處置先年嘗設有都御史一員巡撫前項地方就令督勦盜賊但責任不專類多因循苟且不能申明賞罰以勵人心致令盜賊滋多地方受禍今日所奏及各該部覆奏事理特改命爾提督軍務撫安軍民脩理城池禁革奸

弊一應軍馬錢糧事宜但聽便宜區畫以足軍餉但有盜賊生發卽便設法調兵勦殺不許踵襲舊弊招撫蒙蔽重爲民患其管領兵快人等官員不問文職武職若在軍前違期并逗遛退縮者俱聽軍法從事生擒盜賊鞠問明白亦聽就行斬首示衆

撫諭賊巢

是時漳寇雖平而樂昌龍川諸賊巢尙多嘯聚將用兵勦之先犒以牛酒銀布復諭之曰人之所共恥者莫過於身被爲盜賊之名人心之所共憤者莫過於身遭刼掠之苦今使有人罵爾等爲盜爾必憤然而怒又使人焚爾室廬刼爾財貨掠爾妻女爾必懷恨切骨寧死必報爾等以是加人人其有不怨者乎人同此心爾寧獨不知乃必欲爲此其間想亦有不得已者或是爲官府所迫或是爲大戶所侵一時錯起念頭誤入其中後遂不敢出此等苦情亦甚可憫然亦皆由爾等悔悟不切耳爾等當時去做賊時是生人尋死路尙且要去便去今欲改行從善是死人求生路乃反

不敢耶若爾等肯如當初去做賊時拚死出來求要改行從善我官府豈有必要殺汝之理爾等久習惡毒忍於殺人心多猜疑豈知我上人之心無故殺一雞犬尚且不忍況於人命關天若輕易殺之冥冥之中斷有還報殃禍及於子孫何苦而必欲爲此我每爲爾等思念及此輒至於終夜不能安寢亦無非欲爲爾等尋一生路惟是爾等冥頑不化然後不得已而興兵此則非我殺之乃天殺之也今謂我全無殺人之心亦是誑爾若謂必欲殺爾又非吾之本心爾等今雖從惡其始同是朝廷赤子譬如一父母同生十子八人爲善二人背逆要害八人父母之心須去二人然後八人得以安生均之爲子父母之心何故必欲偏殺二子不得已也吾於爾等亦正如此若此二子者一旦悔惡遷善號泣投誠爲父母者亦必哀憫而赦之何者不忍殺其子者乃父母之本心也今得遂其本心何喜何幸如之吾於爾等亦正如此聞爾等爲賊所得苦亦不多其閒尚有衣食不充者何不以爾爲賊之勤苦精力而用之於耕農運之於商賈可以坐

致饒富而安享逸樂放心縱意遊觀城市之中優游田野之內豈如今日出則畏官避讐入則防誅懼勦潛形遁跡憂苦終身卒之身滅家破妻子戮辱亦有何好乎爾等若能聽吾言改行從善吾卽視爾爲良民更不追爾舊惡若習性已成難更改動亦由爾等任意爲之吾南調兩廣之狼達西調湖湘之土兵親率大軍圍爾巢穴一年不盡至於兩年兩年不盡至於三年爾之財力有限吾之兵糧無窮縱爾等皆爲有翼之虎諒亦不能逃於天地之外矣嗚呼民吾同胞爾等皆吾赤子吾終不能撫恤爾等而至於殺爾痛哉痛哉興言至此不覺淚下○按是諭文藹然哀憐無辜之情可以想見虞廷干羽之化矣故當時酋長若黃金巢盧珂等卽率衆來投願效死以報

疏謝陞賞

朝廷以先生平漳寇功陞一級銀二十兩紵絲二表裏降　敕獎勵故有

謝疏

疏處南贛商稅

始南安稅商貨于拆梅亭以資軍餉後多姦弊仍併府北龜角尾以疏閘

十月平橫水桶岡諸寇

南贛西接湖廣桂陽有桶岡橫水諸賊巢南接廣東樂昌東接廣東龍川有浰頭諸賊巢大賊首謝志珊號征南王糾率大賊鍾明貴蕭規模陳曰能等約樂昌高快馬等大脩戰具并造呂公車聞廣東官兵方有事府江欲先破南康乘虛入廣先是湖廣巡撫都御史陳金題請三省夾攻先生以桶岡橫水左溪諸賊荼毒三省其患雖同而事勢各異以湖廣言之則桶岡爲賊之咽喉而橫水左溪爲之腹心以江西言之則橫水左溪爲之腹心而桶岡爲之羽翼今議者不去腹心而欲與湖廣夾攻桶岡進兵兩寇之間腹背受敵勢必不利今議進兵橫水左溪剋期在十一月朔賊見我兵未集師期尚遠必以爲先事桶岡觀望未備乘此急擊之可以得志由是移兵臨桶岡破竹之勢成矣於是決意先攻橫水左溪分定哨道指

授方略密以十月己酉進兵至十一月己巳凡破賊巢五十餘擒斬大賊首謝志珊等五十六從賊首級二千一百六十八俘獲賊屬二千三百二十四衆請乘勝進兵桶岡先生復以桶岡天險四塞中堅其所由入惟瑣匙龍葫蘆洞察坑十八磊新池五處然皆架棧梯壑於崖巔坐發礌石可以禦我師雖上章一路稍平然迂迴半月始達湖兵從入我師復往事皆非便況横水左溪餘賊悉奔入同難合勢爲守必力善戰者其勢險其節短今我欲乘全勝之鋒兼三日之程爭百里之利以頓兵於幽谷所謂強弩之末不能穿魯縞矣莫若移屯近地休兵養威使人諭以禍福彼必懼而請伏或有不從乘而襲之乃可以逞因使其黨往說之賊喜方集議而横水左溪奔入之賊果堅持不可往復遲疑不暇爲備而我兵分道疾進前後合擊賊遂大敗破巢三十餘禽斬大賊首藍天鳳等三十四從賊首級一千一百四俘獲賊屬二千三百捷聞賜　敕獎諭○是役也監軍副使楊璋參議黃宏領兵都指揮許清指揮使郟文知府邢珣季斆伍文定

唐淳知縣王天與張戩指揮余恩馮翔縣丞舒富隨征參謀等官指揮謝
昺馮廷瑞姚璽同知朱憲推官危壽徐文英知縣陳允諧黃文鸑宋瑢陸
璥千戶陳偉高睿等咸上功○酋長謝志珊就禽先生問曰汝何得黨類
之衆若此志珊曰亦不容易曰何曰平生見世上好漢斷不輕易放過多
方鉤致之或縱其酒或助其急待其相德與之吐實無不應矣先生退語
門人曰吾儒一生求朋友之益豈異是哉

十二月班師

師至南康百姓沿途頂香迎拜所經州縣隘所各立生祠遠鄉之民各肖
像于祖堂歲時尸祝

閏十二月奏設崇義縣治及茶寮隘上堡鉛廠長龍三巡檢司

先生上言橫水左溪桶岡諸賊巢凡八十餘界乎上猶大庾南康之中四
方相距各三百餘里號令不及以故爲賊所據今幸削平必建立縣治以
示控制議割上猶崇義等三里大庾義安三里南康至坪一里而特設縣

治於橫水道里適均山水合抱土地平坦仍設三巡檢司以遏要害茶陵
復當桶岡之中西通桂陽桂東南連仁化樂昌北接龍泉永新東入萬安
興國宜設隘保障令千戶孟俊伐木立柵移皮袍洞隘兵而益以鄰近隘
夫守焉議上悉從之縣名崇義

十有三年戊寅先生四十七歲在贛

正月征三浰

與薛侃書曰即日已抵龍南明日入巢四路皆如期並進賊有必破之勢
矣向在橫水嘗寄書仕德云破山中賊易破心中賊難區區翦除鼠竊何
足爲異若諸賢埽蕩心腹之寇以收廓清平定之功此誠大丈夫不世之
偉績數日來諒已得必勝之策奏捷有期矣何喜如之梁日孚楊仕德誠
可與共學廨中事累尚謙小兒正憲猶望時賜督責時延尚謙爲正憲師
兼倚以衙中政事故云

二月奏移小溪驛

小溪驛舊當南康南安中丙子大庾峯山里民懼賊讎殺自願築城爲衛
至是年二月奏移驛其中
三月疏乞致仕不允
以病也
襲平大帽浰頭諸寇
先生議攻取之宜先横水次桶岡次與廣東徐圖浰頭方進兵横水時恐
浰頭乘之乃爲告諭頗多感動惟池仲容曰我等爲賊非一年官府來招
非一次告諭何足憑待金巢等無事降未晚也金巢等至乃釋罪推誠撫
之各願自投於是擇其衆五百人從征横水横水既破仲容等始懼遣其
弟池仲安來附意以緩兵先生覺之比征桶岡使截路上新池以迂其歸
内嚴警備外若寬假被害者皆言池氏凶狡兩經夾勦無功其曰狼兵易
與耳調來須半年我避不須一月謂來不能速留不能久也咸請濟師不
從乃密畫方略使各歸部集候期遏賊及桶岡破賊益懼私爲戰守之備

復使人賜酋牛酒以察其變賊度不可隱詐稱龍川新民盧珂鄭志高等將行掩襲故豫爲防非虞官兵也佯信之因怒珂等擅兵讎殺移檄龍川使廉實將伐木開道討之賊聞且信且懼復使來謝會珂等告變先生欲藉珂以紿三浰密語珂曰吾姑毀狀汝當再來來則受杖三十繫數旬乃可珂知旣喜諾先生復授其意豫隨密示行杖人令極輕至是假怒珂數罪狀且將逮其屬盡斬之而陰縱其弟集兵先生先期召巡捕官佯曰今大征已畢時和年豐可令民家盛作鼓樂大張燈會樂之亦數十年一奇事也又曰樂戶多住龜角尾恐招盜曷遷入城來於是街巷俱然燈鳴鼓已旬餘又遣指揮俞恩及黃表頒曆三浰推心招徠之時仲容等疑先生圖己旣得曆稍安黃表輩從容曰若輩新民禮節生疏我來頒曆若可高坐乎於是仲容率其黨九十三人皆猂酋來營教場而自以數人入見先生呵曰若皆吾新民不入見而營教場疑我乎仲容惶恐曰聽命耳卽遣人引至祥符宮見物宇整潔喜出望外是時十二月二十三也先生旣遣

參隨數人館伴復製青衣油靴教之習禮以察其志意所向審其貪殘終不可化而士民咸詬於道曰此養寇貽害先生始決殲魁之念矣踰日辭歸先生曰自此至三浰八九日今即往歲內未必至家即至又當走拜正節徒自取勞苦耳聞贛州今歲有燈曷以正月歸乎數日復辭先生曰正節尚未犒賞柰何初二日令有司大烹於宮以次日宴是夕令龍光潛入甲士詰旦盡殲之先生自惜終不能化日已過未刻不食大眩暈嘔吐先時嘗密遣千戶孟俊督珂第集兵以防其變及是夜將半自率軍從龍南冷水直搗下浰賊故阻水石錯立水中先生躡屩先行諸軍繼之無溺者門堅甚先生摘百人捲旗持炮火緣後山登須臾後山炮火四發旗幟滿山守者狼顧門遂破時正月七日丁未也兵備副使楊璋守備指揮郟文知府陳祥邢珣季斅推官危壽指揮余恩姚璽縣丞舒富皆從凡破巢三十有八禽斬賊首五十八從賊二千餘餘奔九連山往議九連山橫亙數百里四面陡絕須半月始達而賊已據險先生選精銳七百餘皆衣賊衣

佯奔潰乘暮至賊崖下賊下招之我兵佯應旣度險扼其後路次日從上下擊西路伏起一鼓禽之撫其降酋張仲全等二百餘人視地里險易立縣置隘留兵防守而歸○先生未至贛時已聞有三省夾攻之議卽謂夾攻大舉恐不足以滅賊乃進攻治疏謂　朝廷若假以賞罰使得便宜行事動無掣肘可以相機而發一寨可攻則攻一寨一巢可撲則撲一巢量其罪惡之淺深而議勦撫之先後則可以省供饋征調之費日翦月削澌盡灰滅此則如昔人拔齒之喻齒拔而兒不覺者也若欲夾攻以快一朝之忿則計賊二萬須兵十萬積粟料財數月而事始集兵未出境賊已深逃鋒刃所加不過老弱脅從之輩耳況狼兵所過不減於盜近年江西有姚源之役福建有汀漳之寇府江之師方集於兩廣偏橋之討未息於湖湘若復加以大兵民將何以堪命此則一拔去齒而兒亦隨斃者也是疏方上而夾攻成命已下矣先生又以爲夾攻之策名雖三省大舉其實舉動次第自有先後如江西之南安有上猶大庾桶岡等處賊巢與湖廣桂

東桂陽接境夾攻之舉止宜江西與湖廣會合而廣東於仁化縣要害把截不與焉贛州之龍南有浰頭賊巢與廣東龍川接境夾攻之舉止宜江西與廣東會合而湖廣不與焉廣東樂昌乳源賊巢與湖廣宜章縣接境惠州賊巢與湖廣臨武縣接境仁化縣賊巢與湖廣桂陽縣接境夾攻之舉止宜湖廣廣東二省會合而江西於大庾縣要害把截不與焉若不此之察必欲通待三省兵齊然後進勦則老師費財爲害匪細矣今併力於上猶也則姑遣人佯撫樂昌諸賊以安其心彼見廣東既未有備而湖廣之兵又不及已乃幸旦夕之生必不敢越界以援上猶及上猶既舉而湖廣移兵以合廣東則樂昌諸賊其勢已孤二省兵力益專其舉益易當是之時龍川賊巢相去遼絕自以爲風馬牛不相及彼見江西之兵又徹意必不疑班師之日出其不意回軍合擊蔑有不濟者矣疏上　朝廷許以便宜行事桶岡既滅湖廣兵期始至恐其徒勞遠涉卽奬勵統兵參將史春使之卽日回軍及計斬浰頭廣東尚不及聞皆與前議合

四月班師立社學

先生謂民風不善由於教化未明今幸盜賊稍平民困漸息一應移風易俗之事雖未能盡舉姑且就其淺近易行者開導訓誨即行告諭發南贛所屬各縣父老子弟互相戒勉興立社學延師教子歌詩習禮出入街衢官長至俱叉手拱立先生或贊賞訓誘之久之市民亦知冠服朝夕歌聲達於委巷雍雍然漸成禮讓之俗矣○按訓蒙大意示教讀劉伯頌等曰今教童子者當以孝悌忠信禮義廉恥爲專務其培植涵養之方則宜誘之歌詩以發其志意導之習禮以肅其威儀諷之讀書以開其知覺今人往往以歌詩習禮爲不切時務此皆末俗庸鄙之見烏足以知古人立教之意哉大抵童子之情樂嬉戲而憚拘檢如草木之始萌芽舒暢之則條達摧撓之則衰痿故凡誘之歌詩者非但發其志意而已亦所以洩其跳號呼嘯於咏歌宣其幽抑結滯於音節也導之習禮者非但肅其威儀而已亦所以周旋揖讓而動盪其血脈拜起屈伸而固束其筋骸也諷之讀

書者非但開其知覺而已亦所以沈潛反復而存其心抑揚諷通以宣其志也若責其檢束而不知導之以禮求其聰明而不知養之以善彼視學舍如囹獄而不肯入視師長如寇讎而不欲見矣求其為善也得乎

五月奏設和平縣

和平縣治本和平峒羊子地為三省賊衝要路其中山水環抱土地坦平人烟輳集千有餘家東去興寧長樂安遠西抵河源南界龍川北際龍南各有數日程其山水阻隔道路遼遠人跡既稀奸宄多萃相傳原非循州龍川雷鄉一州二縣之地後為賊抑止存龍川一縣洪武中賊首謝士真等相繼作亂遂極陵夷先生謂宜乘時脩復縣治以嚴控制改和平巡檢司於浰頭以遏要害議上悉從之

六月陞都察院右副都御史廕子錦衣衛世襲百戶辭免不允

旌橫水桶岡功也先生具疏辭免曰臣過蒙國恩授以巡撫之寄時臣方抱病請告偶值前官有託疾避難之嫌　朝廷譴之簡書臣遂狼狽莅事

當是時兵耗財匱盜熾民窮束手無策　朝廷念民命之顛危慮臣力之薄劣本兵議假臣以賞罰則從之議給臣以旗牌則從之議改臣以提督則從之授之方略而不拘以制責其成功而不限以時由是臣得以伸縮如志舉動自由一鼓而破橫水再鼓而滅桶岡振旅復舉又一鼓而破三浰再鼓而下九連皆本兵之議　朝廷之斷也臣亦何功之有而敢冒承其賞乎況臣福過災生已嘗懇疏求告今乃求退獲進引咎蒙賚其如賞功之典何奏入不允

七月刻古本大學

先生出入賊壘未暇寧居門人薛侃歐陽德梁焯何廷仁黃弘綱薛俊楊驥郭治周仲周衡周魁郭持平劉道袁夢麟王舜鵬王學益余光黃槐密黃鑾吳倫陳稷劉魯扶黻吳鶴薛僑薛宗鎧歐陽昱皆講聚不散至是回軍休士始得專意於朋友日與發明大學本旨指示入道之方先生在龍場時疑朱子大學章句非聖門本旨手錄古本伏讀精思始信聖人之學

本簡易明白其書止爲一篇原無經傳之分格致本於誠意原無缺傳可補以誠意爲主而爲致知格物之功故不必增一敬字以良知指示至善之本體故不必假於見聞至是錄刻成書傍爲之釋而引以敘

刻朱子晚年定論

先生序略曰昔謫官龍場居夷處困動心忍性之餘恍若有悟證諸六經四子洞然無復可疑獨於朱子之說有相牴牾恆疚於心切疑朱子之賢而豈其於此尚有未察及官留都復取朱子之書而檢求之然後知其晚歲固已大悟舊說之非痛悔極艾至以爲自誑誑人之罪不可勝贖世之所傳集注或問之類乃其中年未定之說自咎以爲舊本之誤思改正而未及而其諸語類之屬又其門人挾勝心以附己見固於諸子平日之說猶有大相繆戾者而世之學者局於見聞不過持循講習於此其於悟後之論槩乎其未有聞則亦何怪乎予言之不信而朱子之心無以自暴於後世也乎予既自幸說之不繆於朱子又喜朱子之先得我心之同然且

慨夫世之學者徒守朱子中年未定之說而不復知求其晚歲既悟之論競相呶呶以亂正學不自知其已入於異端輒采錄而裒集之私以示夫同志庶幾無疑於吾說而聖學之明可冀矣○與安之書曰留都時偶因饒舌遂至多口攻之者環四面取朱子晚年悔悟之說集爲定論聊藉以解紛耳門人輩近刻之雩都初聞甚不喜然士夫見之乃往往遂有開發者無意中得此一助亦頗省頰舌之勞近年篁墩諸公嘗有道一等編見者先懷黨同伐異之念故卒不能有入反激而怒今但取朱子之所自言者表章之不加一辭雖有褊心將無所施其怒矣有志向者一出指示之

八月門人薛侃刻傳習錄

侃得徐愛所遺傳習錄一卷序二篇與陸澄各錄一卷刻於虔○是年愛卒先生哭之慟愛及門獨先聞道亦早嘗遊南岳夢一瞿曇撫其背曰爾與顏子同德亦與顏子同壽自南京兵部郎中告病歸與陸澄謀耕霅上之田以俟師年纔三十一先生每語輒傷之

九月脩濂溪書院

四方學者輻輳始寓射圃至不能容乃脩濂溪書院居之○先生大征既上捷一日設酒食勞諸生且曰以此相報諸生瞿然問故先生曰始吾登堂每有賞罰不敢肆常恐有愧諸君比與諸君相對久之尚覺前此賞罰猶未也於是思求其過以改之直至登堂行事與諸君相對時無少增損方始心安此卽諸君之助固不必事事煩口齒爲也諸生聞言愈省各畏

十月舉鄉約

先生自大征後以爲民雖格面未知格心乃舉鄉約告諭父老子弟使相警戒辭有曰頃者頑卒倡亂震驚遠邇父老子弟甚憂苦騷動彼冥頑無知逆天叛倫自求誅戮究言思之實足憫悼然亦豈獨冥頑者之罪有司撫養之有缺訓迪之無方均有責焉雖然父老之所以倡率飭勵於平日無乃亦有所未至歟今倡亂渠魁皆就擒滅脅從無辜悉已寬貸地方雖以寧復然創今圖後父老所以教約其子弟者自此不可以不豫故今特

爲保甲之法以相警戒聯屬父老其率子弟慎行之務和爾鄰里齊爾姻族德義相勸過失相規敦禮讓之風成淳厚之俗

十有一月再請疏通鹽法

據戶部覆疏所允南贛暫行鹽稅例止三年先生念連年兵餉不及小民而止取鹽稅所謂不加賦而財足所助不少且廣鹽止行於南贛其利小而淮鹽必行於袁臨吉以灘高也故三府之民長苦乏鹽而私販者水發舟多蔽河而下寡不敵衆勢莫能遏乃上議以爲廣鹽行則商稅集而用資於軍餉賦省於貧民廣鹽止則私販興而弊滋於奸宄利歸於豪右況南贛巢穴雖平殘黨未盡方圖保安之策未有撤兵之期若鹽稅一革軍餉之費苟非科取於貧民必須仰給於內帑夫民已貧而斂不休是驅之從盜也外已竭而殫其內是復殘其本也臣竊以爲宜開復廣鹽著爲定例　朝廷從之至今軍民受其利

王文成公全書卷之三十二

附錄二　年譜二

十有四年己卯先生四十八歲在江西

正月疏謝陞廕

以三浰九連功廕子錦衣衛世襲副千戶上疏辭免謂廕子實非常典私心終有未安疾病已纏圖報無日疏入不允

疏乞致仕不允

以祖母疾亟故也上書王晉溪瓊曰郴衡諸處羣孽漏殄尚多蓋緣進勦之時彼省土兵不甚用命廣兵防夾稍遲是以致此閩中之變亦由積漸所致始於延平繼於邵武又發於建寧於汀漳於沿海諸衞所將來之禍不可勝言固非迂劣如某所能辦此也又況近日祖母病危日夜痛苦方寸已亂望改授使全首領以歸

六月奉

敕

勘處福建叛軍十五日丙子至豐城聞宸濠反遂返吉安起義兵

時福州三衛軍人進貴等脅衆謀叛奉　敕往勘以六月初九日啓行十五日午至豐城知縣顧佖迎告濠反先生遂返舟○先是寧藩世蓄異志至濠奸惡尤甚正德初與瑾納結嘗風南昌諸生呈舉孝行撫按諸司表奏以張聲譽安成舉人劉養正素有詩文名屈致鼓衆株連富民朘剝財產縱大賊閔念四淩十一等四出劫掠以佐妄費按察使陸完因濠器重遂相傾附及爲本兵首復護衛樹羽翼而濠欲陰入第二子爲　武宗後其內官閻順等潛至京師發奏　朝廷置不問且謫順等孝陵淨軍濠益無忌完改吏部王瓊代爲本兵度濠必反乃申軍律督責撫臣脩武備以待不虞而諸路戒嚴捕盜甚急淩十一繫獄劫逃瓊責期必獲濠始恐復風諸生頌己賢孝挾當道奏之　武宗見奏驚曰保官好陞保寧王賢孝欲何爲耶是時江彬方寵倖太監張忠欲附彬以傾錢寧聞是言乃密應曰錢寧臧賢交通寧王其意未可測也太監張銳初通濠復用南昌人張

儀言附忠彬自固而御史熊蘭居南昌素雠濠少師楊廷和亦欲革護衛免患交爲內主　上迺令太監韋霦傳旨故事王府奏事人辭見有常今稽違非制於是試御史蕭淮上疏曰近奉　敕旨王人無事不得延留京師臣有以仰窺陛下微意矣臣不忍隱默竊見寧王不遵　祖訓包藏禍心多役無辜横奪民產虐害忠良招納亡命私造兵器潛謀不軌交通官校有年如致仕侍郎李士實前鎮守太監畢真及諸前後附勢者皆今日亂臣賊子關係宗社安危非細故也或逮繫至京或坐名罷削布政使鄭岳副使胡世寧皆守正蒙害宜亟起用庶幾人知順逆禍變可彌矣疏入忠彬等贊之欲內閣降敕責鎮巡而給事中徐之鸞御史沈約等又具奏其不法廷和恐禍及欲濠上護衛自贖同官外廷不知也一日駙馬都尉崔元遣問瓊曰適聞宣召明早赴闕何事瓊問廷和廷和佯驚曰何事瓊微笑曰公勿欺我廷和忸怩徐曰宣德中有疑于趙嘗命駙馬袁泰往諭竟得釋或此意也明旦瓊至左順門見元領敕謂曰此大事何不廷宣乃

留當廷領之敕有曰蕭淮所言關係　宗社大計朕念親親不忍加兵特遣太監賴義駙馬都尉崔元都御史顏頤壽往諭革其護衞元領敕既行廷和復令兵部發兵觀變瓊曰此不可洩近給事中孫懋易讚建議選兵操江爲江西流賊設備疏入留中日久第請如擬行之備兵之方無出此矣廷和默然會濠偵卒林華者聞朝議二三不得實晝夜奔告值濠生辰宴諸司聞言大驚以爲詔使此來必用昔日蔡震擒荆藩故事且舊制凡抄解宮眷始遣駙馬親臣固不記趙王事也宴罷密召士實劉吉等謀之養正曰事急矣明旦諸司入謝即可行事是夜集兵以俟比旦諸司入謝濠出立露臺宣言于衆曰汝等知大義否都御史孫燧對曰不知濠曰太后有密旨令我起兵監國汝保駕否燧曰天無二日民無二王此是大義不知其他濠怒令縛之按察司副使許逵從下大呼曰　朝廷所遣大臣反賊敢擅殺耶罵不絶口校尉火信曳出惠民門外同遇害是時日午天忽陰曀遂刦鎮巡諸司下獄奪其印於是太監王宏御史王金公差主事

馬思聰金山布政使胡濂參政陳杲劉斐參議許效廉黃宏僉事顧鳳都指揮許清白昂皆在繫思聰宏不食死濠乃僞置官屬以吉暨余欽萬鋭等爲太監迎士實爲太師先期迎養正南浦驛爲國師閔念四等各爲都指揮參政王倫爲兵部尚書季斆暨僉事潘鵬師夔輩俱聽役脅布政使梁宸按察使楊璋副使唐錦都指揮馬驥移咨府部傳檄遠近革年號斥乘輿分遣所親婁伯王春等四出收兵○始濠聞　武宗嬖伶官臧賢乃遣秦榮就學音樂餽萬金及金絲寶壺一日　武宗幸賢賢以壺注酒訝其精澤巧麗曰何從得此賢吐實　武宗曰寧叔何不獻我是時小劉新得幸濠失賄深銜之比罷歸小劉笑曰　爺爺尚思寧王物寧王不思爺爺物足矣不記薦疏乎　武宗乃益疑忠彬因贊蕭疏遂及賢賢不知也濠遣人留賢家多複壁外鑰木櫥開則長巷後通屋甚隱人無覺者有旨大索賢家林華遽走會同館得馬故速歸○初寧獻王臞仙傳惠靖康三王康王久無子宮人南昌馮氏以成化丁酉生濠康王夢蛇入宮啖

人殆盡心惡之欲弗舉以內人爭免遂匿優人家與秦灤同寢處稍長淫

宮中康王憂憤且死不令入訣弘治丙辰襲位通書史歌詞至是謀逆期

以八月十五日因入試官吏生校舉事比林華至始促反

十九日疏上變

濠既戕害守臣因劫諸司據會城乃悉拘護衛集亡命括丁壯號兵十萬

奪運船順下戊寅襲南康知府陳霖等遁己卯襲九江兵備曹雷知府汪

穎指揮劉勳等遁屬縣聞風皆潰濠初謀欲徑襲南京遂犯北京故乘勝

剋期東下先生聞變返舟值南風急舟弗能前乃焚香拜泣告天曰天若

哀憫生靈許我匡扶社稷願即反風若無意斯民守仁無生望矣須臾風

漸止北帆盡起濠遣內官喻才領兵追急是夜乃與幕士蕭禹雷濟等潛

入漁舟得脫然念兩京倉卒無備欲沮撓之使遲留旬月於是故爲兩廣

機密大牌備兵部咨及都御史顏咨云率領狼達官兵四十八萬江西公

幹令雷濟等飛報搖之濠見檄果疑懼遲延未發先生四晝夜至吉安明

日庚辰上疏告變乃與知府伍文定等計傳檄四方暴發逆濠罪狀檄列郡起兵以勤王疏留復命巡按御史謝源伍希儒紀功張疑兵于豐城又故張接濟官軍公移備云兵部咨題准令許泰郤永分領邊軍四萬從鳳陽陸路進劉暉桂勇分領京邊官軍四萬從徐淮水陸並進王守仁領兵二萬楊旦等領兵八萬陳金等領兵六萬分道並進剋期夾攻南昌且以原奉機密敕旨爲據故令各兵徐行待其出城遮擊前後以誤之又爲李士實劉養正內應僞書賊將淩十一閔念四投降密狀令濟光等親人計入于濠濠乃留兵會城以觀變至七月三日諜知非實乃屬宗支栱樤與萬銳等留兵萬餘守南昌遣潘鵬持檄說安慶季斆說吉安而自與宗支栱栟士實養正等東下賊衆六萬人號十萬以劉吉爲監軍王綸參贊軍務指揮葛江爲僞都督總一百四十餘隊分五哨出鄱陽過九江令師夔守之直趨安慶時欽淩等攻圍雖已浹旬知府張文錦守備都指揮楊銳指揮使崔文同守不下○按是時巡撫南畿都御史李克嗣飛章告變瓊

請會議左順門衆觀望猶不敢斥言濠反瓊獨曰豎子素行不義今倉卒舉亂殆不足慮都御史王守仁據上游躡之成擒必矣乃從直房頃刻覆十三疏首請下詔削濠屬籍正賊名次請命將出師趨南都命伯方壽祥防江都御史俞諫率淮兵蚺南都尚書王鴻儒主給餉次請命守仁率南贛兵由臨吉都御史秦金率湖兵由荊瑞會南昌克嗣鎮鎮江許廷光鎮浙江叢蘭鎮儀真遏賊衝傳檄江西諸路但有忠臣義士能倡義旅以擒反者封侯又請南京守備操江武職并五府掌印僉書官各自陳取上裁務在得人以固根本　詔悉從之○先生在吉安守益趨見曰聞濠誘葉芳兵夾攻吉安先生曰芳必不叛諸賊舊以茅爲屋叛則焚之我過其巢許其伐鉅木創屋萬餘今其黨各千餘不肯焚矣益曰彼從濠望封拜可以尋常計乎先生默然良久曰天下盡反我輩固當如此做益惕然一時胸中利害如洗次早復見曰昨夜思之濠若遣逮老父奈何已遣報之急避他所

壬午再告變

叛黨方盛恐中途有阻故再上

疏乞便道省葬不允

先生起兵未奉成 命上便道省葬疏意示遭變暫留姑爲牽制攻討俟

命師之至即從初心時奉 旨著督兵討賊所奏省親事待賊平之日

來說

疏上僞檄

六月二十二日參政季斅同南昌府學教授趙承芳旗校十二人齎僞檄

榜諭吉安府至墨潭領哨官縛送軍門先生即固封以進其疏略曰陛下

在位一十四年屢經變難民心騷動尙爾 巡遊不已致使宗室謀動干

戈冀竊 大寶且今天下之覬覦豈特一寧王天下之奸雄豈特在宗室

言念及此懍骨寒心昔漢武帝有輪臺之悔而天下向治唐德宗下奉天

之詔而士民感泣伏望 皇上痛自克責易轍改絃罷出奸諛以回天下

豪傑之心絕迹巡遊以杜天下奸雄之望則太平尚有可圖羣臣不勝幸甚

甲辰義兵發吉安丙午大會于樟樹己酉誓師庚戌次市汊辛亥拔南昌

先生聞濠兵既出乃促列郡兵剋期會子樟樹自督知府伍文定等及通判談儲推官王暐以十三日甲辰發吉安於是臨江知府戴德孺袁州知府徐璉贛州知府邢珣瑞州通判胡堯元童琦南安推官徐文英贛州都揮指余恩新淦知縣李美泰和知縣李楫寧都知縣王天與萬安知縣黃冕各以其兵來赴己酉誓師于樟樹次豐城諜知賊設伏于新舊廠以為省城之應乃遣奉新知縣劉守緒領兵從間道夜襲破之庚戌發市汊分布既定薄暮齊發辛亥黎明各至信地先是城中為備甚嚴及廠賊潰奔入城一城皆驚又見我師驟集益奪其氣衆乘之呼譟梯絙而登遂入城擒栱㰐萬銳等千有餘人所遺宮眷縱火自焚先生乃撫定居民分釋脅從封府庫收印信人心始寧於是胡濂劉裴許效廉唐錦賴鳳王玘等皆

自投首初會兵樟樹衆以安慶被圍急宜引兵赴之先生曰今南康九江皆爲賊據我兵若越二城直趨安慶賊必回軍死鬬是我腹背受敵也莫若先破南昌賊失內據勢必歸援如此則安慶之圍自解而賊成擒矣卒如計云

遂促兵追濠甲寅始接戰乙卯戰于黃家渡丙辰戰于八字腦丁巳獲濠樵舍江西平

初濠聞南昌告急卽欲歸援遂解安慶圍移沅子港先分兵二萬趨南昌身旋繼之二十二日先生偵知其故問衆計安出多以賊勢强盛宜堅壁觀釁徐圖進止先生曰賊勢雖强未逢大敵惟以爵賞誘人今進不得逞退無所歸衆已消沮若出奇擊惰不戰自潰所謂先人有奪人之氣也會撫州知府陳槐進賢知縣劉源清提兵亦至乃遣伍文定邢珣徐璉戴德孺各領兵五百分道並進擊其不意又遣余恩以兵四百往來湖上誘致之陳槐胡堯元童琦談儲王暐徐文英李美李楫王冕王軾劉守緒劉源

淸等各引兵百餘四面張疑設伏候文定等合擊之分布既定甲寅乘夜急進文定以正兵當賊鋒恩繼之珣繞出賊後璉德孺張兩翼以分其勢乙卯賊兵鼓譟乘風逼黃家渡氣驕甚文定恩佯北以致之賊爭趨利前後不相及珣從後橫擊直貫其中文定恩乘之夾以兩翼四面伏起賊大潰退保八字腦濠懼厚賞勇者且令盡發九江南康守城兵益之是日建昌知府曾璵兵亦至先生以爲九江不破則湖無外援南康不復則我難後躡乃遣槐領兵四百合饒州知府林瑊兵攻九江以廣信知府周朝佐取南康丙辰賊復併力挑戰我兵少卻文定立銃礮間火燎其鬚殊死戰礮入濠副舟賊大敗擒斬二千餘溺死者無算乃聚樵舍連舟爲方陣盡出金銀賞士先生乃密爲火攻具使珣擊其左璉德孺出其右恩等設伏期火發以合丁巳濠方晨朝羣臣責不用命者將引出斬之爭論未決我兵掩至火及濠副舟衆遂奔散妃嬪與濠泣別多赴水死濠爲知縣王冕所執與其世子眷屬及僞黨士實養正劉吉余欽王綸熊瓊盧衍盧橫丁

櫝王春吳十三秦榮葛江劉勳何塘王行吳七火信等數百復執脅從官王宏王金楊璋金山王疇程杲潘鵬梁宸郟文馬驥白昂等擒斬三千落水二萬餘衣甲器械財物與浮尸横十餘里餘賊數百艘逃潰乃分兵追勦戊午及于昌邑大破之至吳城復斬擒千餘死水中殆盡己未得槐等報各擒斬復千餘蓋自起兵至破賊曾不旬日紀功凡一萬一千有奇初先生屢疏力疾赴闕值寧藩變臣子義不容舍又闔省方面並無一人事勢幾會間不容髮故復圖爲牽制攻守以俟命師之至疏入未報卽以捷聞○洪嘗見龍光述張疑行間事甚悉嘗問曰事濟否先生曰未論濟與不濟且言疑與不疑光曰疑固不免曰但得渠一疑事濟矣後遇河圖爲武林驛丞又言公欲稽留宸濠何時非間何事非間嘗問光曰曾會劉養正否光對曰熟識卽使光行間移養正家屬城內善飲食之縛齎檄人欲斬濟躡足遂不問一日發牌票二百餘左右莫知所往臨省城先以順逆禍福之理諭官民聞銳與瑞昌王助逆遣其心腹胡景隆招回各兵以離

其黨人徒見成功之易而不知其伐謀之神也黃弘綱聞安吉居人疑曰王公之戈未知何向亟入告先生笑而不答出兵誓師斬失律者殉營中軍士股慄不敢仰視不知即前齎檄人也後賊平張許謗議百出天下是非益亂非先生自信于心烏能遽白哉○先是先生思預備會汀漳兵備僉事周期雍以公事抵贛知可與謀且官異省屏左右語之雍歸即陰募驍勇部勒以俟故晨奉檄而夕就道福建左布政使席書嶺東兵備僉事王大用亦以兵來道聞賊平乃還致仕都御史林俊聞變夜範錫爲佛狼機銃幷火藥法遣僕從閒道來遺勉以討賊○先生入城日坐都察院開中門令可見前後對士友論學不輟報至即登堂遣之有言伍焚鬚狀暫如側席遣牌斬之還坐衆咸色怖驚問先生曰適聞對敵小卻此兵家常事不足介意後聞濠已擒問故行賞訖還坐咸色喜驚問先生曰適聞寧王已擒想不僞但傷死者衆耳理前語如常傍觀者服其學○濠就擒乘馬入望見遠近街衢行伍整肅笑曰此我家事何勞費心如此一見先生

輒託曰婁妃賢妃也自始事至今苦諫未納適投水死望遣葬之比使往果得屍蓋周身皆紙繩內結極易辨婁爲諒女有家學故處變能自全

八月䟽諫　親征

是時兵部會議命將討賊　武宗詔曰不必命將朕當親率六師奉天征討於是假威武大將軍鎮國公行事命太監張永張忠安邊伯許泰都督劉暉率京邊官軍萬餘給事祝續御史張綸隨軍紀功雖捷音久上不發皆云元惡雖擒逆黨未盡不捕必遺後患先生具䟽諫止略曰臣於告變之後選將集兵振威揚武先攻省城虛其巢穴繼戰鄱湖擊其情歸今宸濠已擒謀黨已獲從賊已掃閩廣赴調軍士已散地方驚擾之民已帖竊惟宸濠擅作辟威睥睨神器陰謀久蓄招納叛亡輦轂之動靜探無遺跡廣置姦細臣下之奏白百不一通發謀之始逆料大駕必將親征先於沿途伏有姦黨期爲博浪荊軻之謀今逆不旋踵遂已成擒法宜解赴闕門式昭天討然欲付之部下各官誠恐潛布之徒乘隙竊發或虞意外臣死

有餘憾矣蓋時事方艱賊雖擒亂未已也〇是月　疏免江西稅　益王淮王餉軍留　朝覲官恤重刑以實軍伍處置署印府縣從逆人參九江南康失事便道省葬前後凡九上

再乞便道省葬不允

與王晉溪書曰始懇疏乞歸以祖母鞠育之恩思一面爲訣後竟牽滯兵戈不及一見卒抱終天之痛今老父衰疾又復日亟而地方已幸無事何惜一舉手投足之勞而不以曲全之乎

九月壬寅獻俘錢塘以病留

九月十一日先生獻俘發南昌忠泰等欲追還之議將縱之鄱湖俟　武宗親與遇戰而後奏凱論功連遣人追至廣信先生不聽乘夜過玉山草萍驛張永候於杭先生見永謂曰江西之民久遭濠毒今經大亂繼以旱災又供京邊軍餉困苦既極必逃聚山谷爲亂昔助濠尚爲脅從今爲窮迫所激奸黨羣起天下遂成土崩之勢至是興兵定亂不亦難乎永深然

之乃徐曰吾之此出爲羣小在君側欲調護左右以默輔聖躬非爲掩功來也但　皇上順其意而行猶可挽回萬一若逆其意徒激羣小之怒無救於天下大計矣於是先生信其無他以濠付之稱病西湖淨慈寺○武宗嘗以威武大將軍牌遣錦衣千戶追取宸濠先生不肯出迎三司苦勸先生曰人子於父母亂命若可告語當涕泣以從忍從諛乎不得已令參隨負敕同迎以入有司問勞錦衣禮先生曰止可五金錦衣怒不納次日來辭先生執其手曰我在正德閒下錦衣獄甚久未見輕財重義有如公者昨薄物出區區意只求備禮聞公不納令我惶愧我無他長止善作文字他日當爲表章令錦衣知有公也於是復再拜以謝其人竟不能出他語而別

奉　敕兼巡撫江西

十一月返江西

先生稱病欲堅臥不出聞　武宗南巡已至淮揚羣姦在側人情洶洶不

得已從京口將徑趨行在大學士楊一清固止之會奉　旨兼巡撫江西

遂從湖口還○忠等方挾宸濠搜羅百出軍馬屯聚糜費不堪續綸等望

風附會肆爲飛語時論不平先生既還南昌北軍肆坐慢罵或故衝導起

釁先生一不爲動務待以禮豫令巡捕官諭市人移家于鄉而以老羸應

門始欲犒賞北軍泰等預禁之令勿受乃傳示內外諭北軍離家苦楚居

民當敦主客禮每出遇北軍喪必停車問故厚與之櫬嗟嘆乃去久之北

軍咸服會冬至節近預令賊市舉奠時新經濠亂哭亡酹酒者聲聞不絕

北軍無不思家泣下求歸先生與忠等語不稍徇漸已知畏忠泰自居所

長與先生較射于教場中意先生必大屈先生勉應之三發三中每一中

北軍在傍哄然舉手嘖嘖忠泰大懼曰我軍皆附王都耶遂班師

十有五年庚辰先生四十九歲在江西

正月赴　召次蕪湖尋得　旨返江西

忠泰在南都讒先生必反惟張永持正保全之　武宗問忠等曰以何驗

反對曰召必不至有　詔面見先生即行忠等恐語相違復拒之蕪湖半月不得已入九華山每日宴坐草菴中適　武宗遣人覘之曰王守仁學道人也召之即至安得反乎乃有返江西之命始忠等屢矯偽命先生不赴至是永有幕士順天檢校錢秉直急遣報故得實○先生赴召至上新河爲諸幸讒阻不得見中夜默坐見水波拍岸汩汩有聲思曰以一身蒙謗死即死耳如老親何謂門人曰此時若有一孔可以竊父而逃吾亦終身長往不悔矣○江彬欲不利於先生先生私計彬有他即計執彬　武宗前數其圖危宗社罪以死相抵亦稍償天下之忿徐得永解其後刑部判彬有曰虎旅夜驚已幸寢謀于牛首宮車宴駕那堪遺恨於豹房若代先生言之者○以晦日重過開先寺留石刻讀書臺後詞曰正德己卯六月乙亥寧藩濠以南昌叛稱兵向闕破南康九江攻安慶遠近震動七月辛亥臣守仁以列郡之兵復南昌宸濠擒餘黨悉定當此時　天子聞變赫怒親統六師臨討遂俘宸濠以歸於赫皇威神武不殺如霆之震靡擊

而折神器有歸孰敢窺竊天鑒於宸濠式昭　皇靈嘉靖我邦國正德庚
辰正月晦提督軍務都御史王守仁書從征官屬列於左方明日遊白鹿
洞徘徊久之多所題識

二月如九江

先生以車駕未還京心懷憂惶是月出觀兵九江因遊東林天池講經臺
諸處

是月還南昌

三月請寬租

江西自己卯三月不雨至七月禾苗枯死繼遭濠亂小民乘隙爲亂先生
盡心安戢許乞優恤至是部使數至督促日迫先生上疏略曰日者流移
之民聞官軍將去稍稍脇息延望歸尋故業足未入境而頸已繫於追求
者之手矣夫荒旱極矣而因之以變亂變亂極矣而又加之以師旅師旅
極矣而又加之以供饋益之以誅求亟之以徵斂當是之時有目者不忍

觀有耳者不忍聞又從而剝其膏血有人心者尙忍乎寬恤之虛文不若蠲租之實惠賑濟之難及不若免稅之易行今不免租稅不息誅求而徒曰寬恤賑濟是奪其口中之食而曰吾將療汝之饑刳其腹腎之肉而曰吾將救汝之死凡有血氣者皆將不信之矣○按是年與巡按御史唐龍朱節上疏計處寧藩變產官銀代民上納民困稍蘇

三疏省葬不允

五月江西大水疏自劾

是年四月江西大水漂溺公私廬舍田野崩陷先生上疏自劾四罪且曰自春入夏雨水連綿江湖漲溢經月不退自贛吉臨瑞廣撫南昌九江南康沿江諸路無不被害黍苗淪沒室廬漂蕩魚鼈之民聚棲於木杪商旅之舟經行於閭巷潰城決隄千里爲壑煙火斷絕惟聞哭聲詢之父老皆謂數十年所未有也伏惟　皇上軫災恤變別選賢能代臣巡撫即不以臣爲顯戮削其祿秩黜還田里以爲人臣不職之戒庶亦有位知警民困

可息天變可弭人怒可泄而臣亦死無憾矣○按是時　武宗猶羈南畿

進諫無由姑敘地方災異以自劾冀君心開悟而加意黎元也

六月如贛

十四日從章口入玉笥大秀宮十五日宿雲儲十八日至吉安遊青原山和黄山谷詩遂書碑行至泰和少宰羅欽順以書問學先生答曰來教訓某大學古本之復以人之學但當求之於內而程朱格物之說不免求之於外遂去朱子之分章而削其所補之傳非敢然也學豈有內外乎大學古本乃孔門相傳舊本耳朱子疑其有脫誤而改正補緝之在某則謂其本無脫誤悉從其舊而已矣失在過信孔子則有之非故去朱子之分章而削其傳也夫學貴得之心求之於心而非也雖其言之出於孔子不敢以爲是也而況其未及孔子者乎求之於心而是也雖其言之出於庸常不敢以爲非也而況其出於孔子者乎且舊本之傳數千載矣今讀其文辭既明白而可通論其功夫又易簡而可入亦何所按據而斷其此段之

必在於彼彼段之必在於此與此之如何而缺彼之如何而誤而遂改正補緝之無乃重於背朱而輕於叛孔已乎來教謂如必以學不資於外求但當反觀內省以爲務則正心誠意四字亦何不盡之有何必入門之際使困以格物一段工夫也誠然誠然若語其要則脩身二字亦足矣何必又言正心正心二字亦足矣何必又言誠意誠意二字亦足矣何必又言致知又言格物惟其工夫之詳密而要之只是一事所以爲精一之學此正不可不思者也夫理無內外性無內外故學無內外講習討論未嘗非內也反觀內省未嘗遺外也夫謂學必資於外求是以己性爲有外也是義外也用智者也謂反觀內省爲求之於內是以己性爲有內也是有我也自私者也是皆不知性之無內外也故曰精義入神以致用也利用安身以崇德也性之德也合內外之道也此可以知格物之學矣格物者大學之實下手處徹首徹尾自始學至聖人只此工夫而已非但入門之際有此一段也夫正心誠意致知格物皆所以脩身而格物者其所以用力

日可見之地故格物者格其心之物也格其意之物也格其知之物也正心者正其物之心也誠意者誠其物之意也致知者致其物之知也此豈有內外彼此之分哉理一而已以其理之凝聚而言則謂之性以其主宰而言則謂之心以其主宰之發動而言則謂之意以其發動之明覺而言則謂之知以其明覺之感應而言則謂之物故就物而言謂之格就知而言謂之致就意而言謂之誠就心而言謂之正正者正此也誠者誠此也致者致此也格者格此也皆所謂窮理以盡性也天下無性外之理無性外之物學之不明皆由世之儒者認理爲外認物爲外而不知義外之說孟子蓋嘗闢之乃至襲陷其內而不覺豈非亦有似是而難明者歟不可以不察也凡執事所以致疑於格物之說者必謂其是內而非外也必謂其專事於反觀內省之爲而遺棄其講習討論之功也必謂其一意於綱領本原之約而脫略於支條節目之詳也必謂其沈溺於枯槁虛寂之偏而不盡於物理人事之變也審如是豈但獲罪於聖門獲罪於朱子是邪

珍倣宋版印

說誣民叛道亂正人得而誅之也而況於執事之正直哉審如是世之稍明訓詁聞先哲之緒論者皆知其非也而況執事之高明乎哉凡某之所謂格物其於朱子九條之說皆包羅統括於其中但爲之有要作用不同正所謂毫釐之差耳然毫釐之差而千里之謬實起於此不可不辯

是月至贛

先生至贛大閱士卒教戰法江彬遣人來覘動靜相知者俱請回省無蹈危疑先生不從作啾啾吟解之有曰東家老翁防虎患虎夜入室銜其頭西家小兒不識虎持竿驅虎如驅牛且曰吾在此與童子歌詩習禮有何可疑門人陳九川等亦以爲言先生曰公等何不講學吾昔在省城處權豎禍在目前吾亦帖然縱有大變亦避不得吾所以不輕動者亦有深慮焉耳○洪昔葺師疏便道歸省與再報濠反疏同日而上心疑之豈當國家危急存亡之日而暇及此也當是時倡義與師濠且旦夕擒矣猶疏請命將出師若身不與其事者至諫止　親征疏乃嘆古人處成功之際難

矣哉

七月重上江西捷音

武宗留南都既久羣黨欲自獻俘襲功張永曰不可昔未出京宸濠已擒獻俘北上過玉山渡錢塘經人耳目不可襲也於是以大將軍鈞帖令重上捷音先生乃節略前奏入諸人名于疏內再上之始議北旋○尚書霍韜曰是役也罪人已執猶動衆出師地方已寧乃殺民奏捷誤先朝於過舉搖國是於將危蓋忠泰之攘功賊義厥罪滔天而續綸之詭隨敗類其黨惡不才亦甚矣御史黎龍曰平藩事不難于成功而難於倡義蓋以逆濠之反實有內應人懷觀望而一時勤王諸臣皆捐軀亡家以赴國難其後忌者搆爲飛語欲甘心之人心何由服乎後有事變誰復肯任之者費文獻公宏送張永還朝序曰茲行也定禍亂而不必功出於己開主知而不使過歸乎上節財用不欲久困乎民扶善類而不欲罪移非辜且先是發瑾罪狀首以規護衛爲言實以逆謀之成萌於護衛之復其早辨預防

非有體國愛民之心不能及此○洪謂平藩事不難於倡義而難於處忠泰之變蓋忠泰挾　天子以階亂莫敢誰何豹房之謀無日不在畏卽據上游不敢騁卒能保　乘輿還宮以起　世宗之正始開先勒石所謂神器有歸孰敢窺竊又曰嘉靖我邦國則改元之兆先徵於茲矣噫豈偶然哉

○先生在贛時有言萬安上下多武士者先生令參隨往紀之命之曰但多膂力不問武藝已而得三百餘人龍光問曰宸濠既平紀此何爲曰吾聞交阯有內難出其不意而搗之一機會也後二十年有登庸之役人皆相傳先生有預事謀而不知當時討有所在也

八月咨部院雪冀元亨冤狀

先是宸濠攬結名士助己凡仕江右者多隆禮際武陵冀元亨爲公子正憲師忠信可託故遣往謝徉與濠論學濠大笑曰人癡乃至此耶立與絕比返贛述故先生曰禍在茲矣乃衛之閒道歸及是張許等索釁不得遂

逮元亨備受考掠無片語阿順於是科道交疏論辯先生備咨部院白其
冤　世宗登極詔將釋前已得疾後五日卒於獄同門陸澄應典輩備棺
殮訃聞先生爲位慟哭之元亨字惟乾舉鄉試其學以務實不欺爲主而
謹於一念在獄視諸囚不異一體諸囚日涕泣至是稍稍聽學自慰湖廣
逮其家妻李與二女俱不怖曰吾夫平生尊師講學肯有他乎手治麻枲
不輟暇則誦書歌詩事白守者欲出之李曰不見吾夫何歸按察諸僚婦
欲相會辭不敢赴已乃潔一室就視則囚服不釋麻枲有問者答曰吾夫
之學不出閨門衽席閒聞者悚愧元亨既卒先生移文恤其家○羅洪先
贈女兄夫周汝方序略曰憶龍岡嘗自贛病歸附廬陵劉子吉舟劉與陽
明先生素厚善會母死往請墓誌實濠事暗相邀結不合而返至舟顧龍
岡呻吟昏瞀意其熟寢也呼門人王儲嘆曰初意專倚陽明兩日數調以
言若不喻意更不得一肯綮不上此船明矣此事將遂已乎且吾安得以
一身當重擔也儲拱手曰先生氣弱今天下屬先生先生安所退託陽明

何足爲有無哉劉曰是固在我多得數人更好陽明曾經用兵爾儲曰先生以陽明爲才乎吾見其怯也劉曰誠然贛州峒賊髽頭耳乃終日練兵若對大敵何其張皇哉相與大笑而罷龍岡反舍語予若此己卯二月也其年六月濠反子吉與儲附之七月陽明先生以兵討賊八月俘濠是時議者紛然予與龍岡竊嘆莫能辯比見詆先生者閒之曰吾惡其言是而行非蓋其僞也龍岡舌尚在至京師見四方人士猶有爲前言者否乎盍以語予者語之其後養正既死先生過吉安令有司葬其母復爲文以奠辭曰嗟嗟劉生子吉母死不葬爰及干戈一念之差遂至于此嗚呼哀哉今吾葬子之母聊以慰子之魂蓋君臣之義雖不得私于子之身而朋友之情猶得以盡於子之母也嗚呼哀哉其事在是年六月

閏八月四疏省葬不允

初先生在贛聞祖母岑太夫人訃及海日翁病欲上疏乞歸會有福州之命比中途遭變疏請　命將討賊因乞省葬　朝廷許以賊平之日來說

至是凡四請嘗聞海日翁病危欲棄職逃歸後報平復乃止一日問諸友曰我欲逃回何無一人贊行門人周仲曰先生思歸一念亦似著相先生良久曰此相安能不著

九月還南昌

先生再至南昌　武宗駕尙未還宮百姓嗷嗷乃與新府工役檄各院道取濠廢地逆產改造貿易以濟饑代稅境內稍甦嘗遺守益書曰自到省城政務紛錯不復有相講習如虔中者雖自己舵柄不敢放手而灘流悍急須仗有力如吾謙之者持篙而來庶能相助更上一灘耳泰州王銀服古冠服執木簡以二詩爲贄請見先生異其人降階迎之既上坐問何冠曰有虞氏冠問何服曰老萊子服曰學老萊子乎曰然曰將止學服其服未學上堂詐跌掩面啼哭也銀色動坐漸側及論致知格物悟曰吾人之學飾情抗節矯諸外先生之學精深極微得之心者也遂反服執弟子禮先生易其名爲艮字以汝止○進賢舒芬以翰林謫官市舶自恃博學

見先生問律呂先生不答且問元聲對曰元聲制度頗詳特未置密室經試耳先生曰元聲豈得之管灰黍石間哉心得養則氣自和元氣所由出也書云詩言志志卽是樂之本歌永言歌卽是制律之本永言和聲俱本於歌歌本於心故心也者中和之極也芬遂躍然拜弟子○是時陳九川夏良勝萬潮歐陽德魏良弼李遂舒芬及裘衍日侍講席而巡按御史唐龍督學僉事邵銳皆守舊學相疑唐復以徹講擇交相勸先生答曰吾真見得良知人人所同特學者未得啓悟故甘隨俗習非今苟以是心至吾又爲一身疑謗拒不與言于心忍乎求真才者譬之淘沙而得金非不知沙之汰者十去八九然未能舍沙以求金爲也當唐邵之疑人多畏避見同門方巾中衣而來者俱指爲異物獨王臣魏良政良器鍾文奎吳子金等挺然不變相依而起者日衆

十有六年辛巳先生五十歲在江西

正月居南昌

是年先生始揭致良知之教先生聞前月十日　武宗駕入宮始舒憂念自經宸濠忠泰之變益信良知真足以忘患難出生死所謂考三王建天地質鬼神俟後聖無弗同者乃遺書守益曰近來信得致良知三字真聖門正法眼藏往年尚疑未盡今自多事以來只此良知無不具足譬之操舟得舵平瀾淺瀨無不如意雖遇顛風逆浪舵柄在手可免沒溺之患矣一日先生喟然發嘆九川問曰先生何嘆也曰此理簡易明白若此乃一經沈埋數百年九川曰亦為宋儒從知解上入認識神為性體故聞見日益障道日深耳今先生拈出良知二字此古今人人真面目更復奚疑先生曰然譬之人有冒别姓墳墓為祖墓者何以為辯只得開壙將子孫滴血真偽無可逃矣我此良知二字實千古聖聖相傳一點滴骨血也○又曰某於此良知之說從百死千難中得來不得已與人一口說盡只恐學者得之容易把作一種光景玩弄不實落用功負此知耳先生自南都以來凡示學者皆令存天理去人欲以為本有問所謂則令自求之未嘗指

天理爲何如也間語友人曰近欲發揮此只覺有一言發不出津津然如含諸口莫能相度久乃曰近覺得此學更無有他只是這些子了此更無餘矣旁有健羨不已者則又曰連這些子亦無放處今經變後始有良知之說

錄陸象山子孫

先生以象山得孔孟正傳其學術久抑而未彰文廟尚缺配享之典子孫未沾褒崇之澤牌行撫州府金谿縣官吏將陸氏嫡派子孫仿各處聖賢子孫事例免其差役有俊秀子弟具名提學道送學肄業○按象山與晦翁同時講學自天下崇朱說而陸學遂泯先生刻象山文集爲序以表彰之席元山嘗聞先生論學於龍場深病陸學不顯作鳴寃錄以寄先生稱其身任斯道庶幾天下非之而不顧

五月集門人於白鹿洞

是月先生有歸志欲同門久聚共明此學適南昌府知府吳嘉聰欲成府

誌時蔡宗兗爲南康府教授主白鹿洞事遂使開局於洞中集夏艮勝舒芬萬潮陳九川同事焉先生遺書促鄒守益曰醉翁之意蓋有在不專以此煩勞也區區歸遁有日　聖天子新政英明如謙之亦宜束裝北上此會宜急圖之不當徐徐而來也　庚辰春甘泉湛先生避地髮履塚下與霍兀厓韜方叔　同時家居爲會先生聞之曰英賢之生何幸同時共地又可虛度光陰失此機會耶是秋兀厓過洪都論大學輒持舊見先生曰若傳習書史考正古今以廣吾見聞則可若欲以是求得入聖門路譬之採摘枝葉以綴本根而欲通其血脈蓋亦難矣至是甘泉寄示學庸測叔賢寄大學洪範先生遺書甘泉曰隨意體認天理是眞實不誑語究兄命意發端卻有毫釐未協脩齊治平總是格物但欲如此節節分疏亦覺說話太多且語意務爲簡古比之本文反更深晦莫若淺易其詞略指路徑使人自思得之更覺意味深長也遺書叔賢曰道一而已論其大本一原則六經四書無不可推之而同者又不特洪範之於大學而已譬之草木

其同者生意也其花實之疏密枝葉之高下亦欲盡比而同之吾恐化工不如是之雕刻也君子論學固惟是之從非以必同爲貴至於入門下手處則有不容於不辯者先是倫彥式以訓嘗過虔中問學是月遺弟以諒遺書問曰學無靜根感物易動處事多悔如何先生曰三言者病亦相因惟學而別求靜根故感物而懼其易動感物而懼其易動是故處事而多悔也心無動靜者也故君子之學其靜也常覺而未嘗無也故常應常寂動靜皆有事焉是之謂集義集義故能無祇悔所謂動亦定靜亦定者也心一而已靜其體也而復求靜根焉是撓其體也動其用也而懼其易動焉是廢其用也故求靜之心即動也惡動之心非靜也是之謂動亦動靜亦動將迎起伏相迎於無窮矣故循理之謂靜從欲之謂動

六月赴　內召尋止之陞南京兵部尚書參贊機務遂疏乞便道省葬

六月十六日奉　世宗敕旨以爾昔能勦平亂賊安靜地方　朝廷新政之初特兹召用敕至爾可馳驛來京毋或稽遲先生即於是月二十日起

程道由錢塘輔臣阻之潛諷科道建言以爲　朝廷新政　武宗國喪賫
費浩繁不宜行宴賞之事先生至錢塘上疏懇乞便道歸省　朝廷准令
歸省陞南京兵部尚書參贊機務按乞歸省疏略曰臣自兩年以來四上
歸省奏皆以親老多病懇乞暫歸省視復權姦讒嫉恐罹曖昧之禍故其
時雖以暫歸爲請而實有終身邱壑之念矣既而天啓神聖入承大統親
賢任舊向之爲讒嫉者皆以誅斥陽德與而公道顯臣於斯時若出陷穽
而登之春臺也豈不欲朝發夕至一快其拜舞踴躍之私乎顧臣父老且
病頃遭讒搆朝夕常有父子不相見之痛今幸脫洗殃咎復覩天日父子
之情固思一見顏面以敘其悲慘離隔之懷況臣取道錢塘迂程鄉土止
有一日此在親交之厚將不能已於情而況父子乎然不以之明請於
朝而私竊行之是欺　君也懼稽延之戮而忍割情於所生是忘父也欺
君者不忠忘父者不孝故臣敢冒罪以請○與陸澄論養生京中人回聞
以多病之故將從事於養生區區往年蓋嘗斃力於此矣後乃知養德養

身只是一事元靜所云真我者果能戒謹恐懼而專心於是則神住氣住精住而仙家所謂長生久視之說亦在其中矣老子彭籛之徒乃其稟賦有若此者非可以學而至後世如白玉蟾邱長春之屬皆是彼所稱述以爲祖師者其得壽皆不過五六十則所謂長生之說當必有所指也元靜氣弱多病但宜清心寡慾一意聖賢如前所謂真我之說不宜輕信異道徒自惑亂聰明敝精竭神無益也

八月至越

九月歸餘姚省祖塋

先生歸省祖塋訪瑞雲樓指藏胎衣地收淚久之蓋痛母生不及養祖母死不及殮也日與宗族親友宴遊隨地指示良知德洪昔聞先生講學江右久思及門鄉中故老猶執先生往跡爲疑洪獨潛伺動支深信之乃排衆議請親命率二姪大經應揚及鄭寅俞大本因王正心通贄請見明日夏淳范引年吳仁柴鳳孫應奎諸陽徐珊管州谷鍾秀黃文渙周于德楊

珂等凡七十四人

十有二月封新建伯

制曰江西反賊勦平地方安定各該官員功績顯著你部裏既會官集議分別等第明白王守仁封新建伯奉天翊衞推誠宣力守正文臣特進光祿大夫柱國還兼兩京兵部尚書照舊參贊機務歲支祿米壹千石三代幷妻一體追封給與誥劵子孫世世承襲正德十六年十二月十九日准兵部吏部題差行人齎白金文綺慰勞兼下

温旨存問父華於家賜以羊酒至日適海日翁誕辰親朋咸集先生捧觴爲壽翁蹙然曰寧濠之變皆以汝爲死矣而不死皆以事難平矣而卒平讒搆朋興禍機四發前後二年岌乎知不免矣天開日月顯忠遂良穹官高爵濫冒封賞父子復相見於一堂玆非其幸歟然盛者衰之始福者禍之基雖以爲幸又以爲懼也先生洗爵而跪曰大人之教兒所日夜切心者也聞者皆歎會遇之隆感盈盛之戒

王文成公全書卷之三十三

附錄三　年譜三

嘉靖元年壬午先生五十一歲在越

正月疏辭封爵

先是先生平賊擒濠俱瓊先事爲謀假以便宜行事每疏捷必先歸功本兵宰輔憾焉至是欲阻先生之進乃抑同事諸人將紀功冊改造務爲刪削先生曰冊中所載可見之功耳若夫帳下之士或詐爲兵檄以撓其進止或僞書反間以離其腹心或犯難走役而塡於溝壑或以忠抱寃而構死獄中有將士所不與知部領所未嘗歷幽魂所未及泄者非冊中所能盡載今於其可見之功而又裁削之何以勵效忠赴義之士耶乃上疏乞辭封爵且謂殃莫大於叨天之功罪莫大於揜人之善惡莫深於襲下之能辱莫重於忘己之恥四者備而禍全此臣之不敢受爵者非以辭榮也避禍焉爾已疏上不報

二月龍山公卒

二月十二日己丑海日翁年七十□疾且革時　朝廷推論征藩之功進封翁及竹軒槐里公俱爲新建伯是日部咨適至翁聞使者已在門促先生及諸弟出迎曰雖倉遽烏可以廢禮問已成禮然後瞑目而逝先生戒家人勿哭加新冕服拖紳飭內外含襚諸具始舉哀一哭頓絕病不能勝門人子弟紀喪因才任使以仙居金克厚謹恪使監廚克厚出納品物惟謹有不慎者追還之內外井井室中齋食百日後令弟姪輩稍進乾肉曰諸子豢養習久強其不能是恣其作僞也稍寬之使之各求自盡可也越俗宴弔客必列餅糖設文綺烹鮮割肥以競豐侈先生盡革之惟遇高年遠客素食中閒肉二器曰齋素行於幕內若使弔客同孝子食非所以安高年而酬賓旅也後甘泉先生來弔見肉食不喜遺書致責先生引罪不辯是年克厚與洪同貢於鄉連舉進士謂洪曰吾學得司廚而大益且私之以取科第先生常謂學必操事而後實誠至教也○先生臥病遠方同

志曰至乃揭帖於壁曰某鄙劣無所知識且在憂病奄奄中故凡四方同志之辱臨者皆不敢相見或不得已而相見亦不敢有所論說各請歸而求諸孔孟之訓可矣夫孔孟之訓昭如日月凡支離決裂似是而非者皆異說也有志於聖人之學者外孔孟之訓而他求是舍日月之明而希光於螢爝之微也不亦繆乎

七月再疏辭封爵

七月十九日准吏部咨欽奉　聖旨卿倡義督兵勦除大患盡忠報國勞績可嘉特加封爵以昭公義宜勉承恩命所辭不允先是先生上疏辭爵乞普恩典蓋以當國者不明軍旅之賞而陰行考察或賞或否或不行賞而并削其績或賞未及播而罰已先行或虛受陞職之名而因使退閑或冒蒙不忠之號而隨以廢斥乃歎曰同事諸臣延頸而待且三年矣此而不言誰復有爲之論列者均秉忠義之氣以赴　國難而功成行賞惟吾一人當之人將不食其餘矣乃再上疏曰日者宸濠之變其橫氣積威雖

在千里之外無不震駭失措而況江西諸郡縣近切剝牀者乎臣以逆旅孤身舉事其閑然而未受巡撫之命則各官非統屬也未奉討賊之命其事乃義倡也若使其時郡縣各官果畏死偷生但以未有成命各保土地爲辭則臣亦可如何哉然而聞臣之調卽感激奮勵挺身而來是非真有捐軀赴難之義戮力報主之忠孰肯甘粉齏之禍從赤族之誅以希萬一難冀之功乎然則凡在與臣其事者皆有忠義之誠者也夫考課之典軍旅之政固竝行而不相悖然亦不可混而施之今也將明軍旅之賞而陰以考課之意行於其閑人但見其賞未施而罰已及功不錄爲罪有加不能創姦警惡而徒以阻忠義之氣快讒嫉之心譬之投杯醪於河水而求飲者之醉可得乎疏上不報○時御史程啓充給事毛玉倡議論劾以遏正學承宰輔意也陸澄時爲刑部主事上疏爲六辯以折之先生聞而止之曰無辯止謗嘗聞昔人之教矣況今何止於是四方英傑以講學異同議論紛紛吾儕可勝辯乎惟當反求諸己苟其言而是與吾斯尚有未信

與則當務求其非不得輒是己而非人也使其言而非與吾斯既以自信

與則當益求於自慊所謂默而成之不言而信者也然則今日之多口孰

非吾儕動心忍性砥礪切磋之地乎且彼議論之興非必有所私怨於我

亦將以爲衞夫道也況其說本自出於先儒之緒論而吾儕之言驟異於

昔反若鑿空杜撰者固宜其非笑而駭惑矣未可專以罪彼爲也〇是月

德洪赴省試辭先生請益先生曰胸中須常有舜禹有天下不與氣象德

洪請問先生曰舜禹有天下而身不與又何得喪介於其中

九月葬龍山公於石泉山

二年癸未先生五十二歲在越

二月

南宮策士以心學爲問陰以闢先生門人徐珊讀策問歎曰吾惡能昧吾

知以倖時好耶不答而出聞者難之曰尹彥明後一人也同門歐陽德王

臣魏良弼等直發師旨不諱亦在取列識者以爲進退有命德洪下第歸

深恨時事之乖見先生先生喜而相接曰聖學從玆大明矣德洪曰時事如此何見大明先生曰吾學惡得徧語天下士今會試錄雖窮鄉深谷無不到矣吾學既非天下必有起而求真是者○鄒守益薛侃黃宗明馬明衡王艮等侍因言謗議日熾先生曰諸君且言其故有言先生勢位隆盛是以忌嫉謗有言先生學日明爲宋儒爭異同則以學術謗有言天下從遊者衆與其進不保其往又以身謗先生曰三言者誠皆有之特吾自知諸君論未及耳請問曰吾自南京已前尙有鄉愿意思在今只信良知真是真非處更無揜藏迴護纔做得狂者使天下盡說我行不揜言吾亦只依良知行請問鄉愿狂者之辯曰鄉愿以忠信廉潔見取於君子以同流合汙無忤於小人故非之無舉刺之無刺然究其心乃知忠信廉潔所以媚君子也同流合汙所以媚小人也其心已破壞矣故不可與入堯舜之道狂者志存古人一切紛囂俗染舉不足以累其心真有鳳凰翔於千仞之意一克念卽聖人矣惟不克念故闊略事情而行常不揜惟其不揜故

心尙未壞而庶可與裁曰鄕愿何以斷其媚世曰自其譏狂狷而知之狂狷不與俗諧而謂生斯世也爲斯世也善斯可矣此鄕愿志也故其所爲皆色取不疑所以謂之似三代以下士之取盛名於時者不過得鄕愿之似而已然究其忠信廉潔或未免致疑於妻子也雖欲純乎鄕愿亦未易得而況聖人之道乎曰狂狷爲孔子所思然至於傳道終不及琴張輩而傳曾子豈曾子亦狷者之流乎先生曰不然琴張輩狂者之稟也雖有所得終止於狂曾子中行之稟也故能悟入聖人之道○先生與黃宗賢書曰近與尙謙子華宗明講孟子鄕愿狂狷一章頗覺有所警發相見時須更一論四方朋友來去無定中閒不無切磋砥礪之益但真有力量能擔荷得者亦自少見大抵近世學者無有必爲聖人之志胸中有物未得清脫耳聞引接同志孜孜不怠甚善但論議須謙虛簡明爲佳若自處過任而詞意重複卻恐無益而有損○與尙謙書曰謂自咎罪疾只緣輕傲二字足知用力懇切但知輕傲處便是良知致此良知除卻輕傲便是格物

得致知二字千古人品高下真偽一齊覷破毫髮不容揜藏前所論鄉愿可熟味也二字在虔時終日論此同志中尚多未徹近於古本序中改數語頗發此意然見者往往亦不能察今寄一紙幸更熟味此乃千古聖學之祕從前儒者多不曾悟到故其說入於支離外道而不覺也

九月改葬龍山公於天柱峯鄭太夫人於徐山鄭太夫人嘗附葬餘姚穴湖

既改殯郡南石泉山及合葬公開壙有水患先生夢寐不寧遂改葬

十有一月至蕭山

見素林公自都御史致政歸道錢塘渡江來訪先生趨迎於蕭山宿浮峯寺公相對感慨時事慰從行諸友及時勉學無負初志○張元沖在舟中問二氏與聖人之學所差毫釐謂其皆有得於性命也但二氏於性命中著些私利便謬千里矣今觀二氏作用亦有功於吾身者不知亦須兼取否先生曰說兼取便不是聖人盡性至命何物不具何待兼取二氏之用皆我之用卽吾盡性至命中完養此身謂之仙卽吾盡性至命中不染世

累謂之佛但後世儒者不見聖學之全故與二氏成二見耳譬之廳堂三閒共爲一廳儒者不知皆吾所用見佛氏則割左邊一閒與之見老氏則割右邊一閒與之而已則自處中閒皆舉一而廢百也聖人與天地民物同體儒佛老莊皆吾之用是之謂大道二氏自私其身是之謂小道

三年甲申先生五十三歲在越

正月

門人日進郡守南大吉以座主稱門生然性豪曠不拘小節先生與論學有悟乃告先生曰大吉臨政多過先生何無一言先生曰何過大吉歷數其事先生曰吾言之矣大吉曰何曰吾不言何以知之曰良知先生曰良知非我常言而何大吉笑謝而去居數日復自數過加密且曰與其過後悔改曷若預言不犯爲佳也先生曰人言不如自悔之真大吉笑謝而去居數日復自數過益密且曰身過可勉心過柰何先生曰昔鏡未開可得藏垢今鏡明矣一塵之落自難住脚此正入聖之機也勉之於是闢稽山

書院聚八邑彥士身率講習以督之於是蕭璆楊汝榮楊紹芳等來自湖廣楊仕鳴薛宗鎧黃夢星等來自廣東王艮孟源周衡等來自直隸何秦黃弘綱等來自南贛劉邦采劉文敏等來自安福魏良政魏良器等來自新建曾忭來自泰和宮刹卑隘至不能容蓋環坐而聽者三百餘人先生臨之只發大學萬物同體之旨使人各求本性致極良知以止於至善功夫有得則因方設教故人人悅其易從○海寧董澐號蘿石以能詩聞於江湖年六十八來遊會稽聞先生講學以杖肩其瓢笠詩卷來訪入門長揖上坐先生異其氣貌禮敬之與之語連日夜澐有悟因何秦強納拜先生與之徜徉山水間澐日有聞忻然樂而忘歸也其鄉子弟社友皆招之反且曰翁老矣何乃自苦若是澐曰吾方幸逃於苦海憫若之自苦也顧以吾爲苦耶吾方揚鬐於渤澥而振羽於雲霄之上安能復投網罟而入樊籠乎去矣吾將從吾之所好遂自號曰從吾道人先生爲之記

八月宴門人於天泉橋

中秋月白如晝先生命侍者設席於碧霞池上門人在侍者百餘人酒半酣歌聲漸動久之或投壺聚算或擊鼓或泛舟先生見諸生興劇退而作詩有鏗然舍瑟春風裏點也雖狂得我情之句明日諸生入謝先生曰昔者孔子在陳思魯之狂士世之學者沒溺於富貴聲利之場如拘如囚而莫之省脫及聞孔子之教始知一切俗緣皆非性體乃豁然脫落但見得此意不加實踐以入於精微則漸有輕滅世故闊略倫物之病雖比世之庸庸瑣瑣者不同其爲未得於道一也故孔子在陳思歸以裁之使入於道耳諸君講學但患未得此意今幸見此正好精詣力造以求至於道無以一見自足而終止於狂也○是月舒柏有敬畏累灑落之問劉侯有入山養靜之問先生曰君子之所謂敬畏者非恐懼憂患之謂也戒慎不睹恐懼不聞之謂耳君子之所謂灑落者非曠蕩放逸之謂也乃其心體不累於欲無入而不自得之謂耳夫心之本體卽天理也天理之昭明靈覺所謂良知也君子戒懼之功無時或閒則天理常存而其昭明靈覺之本

體自無所昏蔽自無所牽擾自無所歉餒愧怍動容周旋而中禮從心所欲而不踰斯乃所謂真灑落矣是灑落生於天理之常存天理常存生於戒慎恐懼之無閒孰謂敬畏之心反爲灑落累耶謂劉侯曰君子養心之學如良醫治病隨其虛實寒熱而斟酌補泄之要在去病而已初無一定之方必使人人服之也若專欲入坐山窮絕世故屏思慮則恐旣已養成空寂之性雖欲勿流於空寂不可得矣○論聖學無妨於舉業德洪攜二弟德周仲實讀書城南洪父心漁翁往視之魏良政魏良器輩與遊禹穴諸勝十日忘返問曰承諸君相攜日久得無妨課業乎答曰吾舉子業無時不習家君曰固知心學可以觸類而通然朱說亦須理會否二子曰以吾良知求晦翁之說譬之打蛇得七寸矣又何憂不得耶家君疑未釋進問先生先生曰豈特無妨乃大益耳學聖賢者譬之治家其產業第宅服食器物皆所自置欲請客出其所有以享之客去其物具在還以自享終身用之無窮也今之爲舉業者譬之治家不務居積專以假貸爲功欲請

客自應事以至供具百物莫不徧借客幸而來則諸貸之物一時豐裕可觀客去則盡以還人一物非所有也若請客不至則時過氣衰借貸亦不備終身奔勞作一窶人而已是求無益於得求在外也明年乙酉大比稽山書院錢楩與魏良政並發解江浙家君聞之笑曰打蛇得七寸矣○是時大禮議起先生夜坐碧霞池有詩曰一雨秋涼入夜新池邊孤月倍精神潛魚水底傳心訣棲鳥枝頭說道真莫謂天機非嗜慾須知萬物是吾身無端禮樂紛紛議誰與青天掃舊塵又曰獨坐秋庭月色新乾坤何處更閑人高歌度與清風去幽意自隨流水春千聖本無心外訣六經須拂鏡中塵卻憐擾擾周公夢未及惺惺陋巷貧蓋有感時事二詩已示其微矣四月服闋朝中屢疏引薦霍兀厓席元山黃宗賢黃宗明先後皆以大禮問竟不答

十月門人南大吉續刻傳習錄

傳習錄薛侃首刻於虔凡三卷至是年大吉取先生論學書復增五卷續

刻於越

四年乙酉先生五十四歲在越

正月夫人諸氏卒四月祔葬於徐山

是月作稽山書院尊經閣記略曰聖人之扶人極憂後世而述六經也猶之富家者之父祖慮其產業庫藏之積其子孫者或至於遺亡失散卒困窮而無以自全也而記籍其家之所有以貽之使之世守其產業庫藏之積而享用焉以免於困窮之患故六經者吾心之記籍也而六經之實則具於吾心猶之產業庫藏之實種種色色具存於其家其記籍者特名狀數目而已而世之學者不知求六經之實於吾心而徒考索於影響之閒牽制於文義之末硜硜然以為是六經矣是猶富家之子孫不務守成規享用其產業庫藏之實積日遺忘散失至於窶人丐夫而猶囂囂然指其記籍曰斯吾產業庫藏之積也何以異於是○按是年南大吉匾涖政之堂曰親民堂山陰知縣吳瀛重修縣學提學僉事萬潮與監察御史潘倣

拓新萬松書院於省城南取試士之未盡錄者廩餼之咸以記請先生皆

為作記

六月禮部尚書席書薦

先生服闋例應起復御史石金等交章論薦皆不報尚書席書為疏特薦

曰生在臣前者見一人曰楊一清生在臣後者見一人曰王守仁且使親

領誥劵趨　闕謝　恩於是楊一清入閣辦事明年有領劵謝　恩之召

尋不果

九月歸姚省墓

先生歸定會於龍泉寺之中天閣每月以朔望初八廿三為期書壁以勉

諸生曰雖有天下易生之物一日暴之十日寒之未有能生者也承諸君

之不鄙每予來歸咸集於此以問學為事甚盛意也然不能旬日之留而

旬日之間又不過三四會一別之後輒復離羣索居不相見者動經年歲

然則豈惟十日之寒而已乎若是而求萌蘖之暢茂條達不可得矣故予

切望諸君勿以予之去留爲聚散或五六日八九日雖有俗事相妨亦須破冗一會於此務在誘掖奬勸砥礪切磋使道德仁義之習日親日近則勢利紛華之染亦日遠日疏所謂相觀而善百工居肆以成其事者也相會之時尤須虛心遜志相親相敬大抵朋友之交以相下爲益或議論未合要在從容涵育相感以成不得動氣求勝長傲遂非務在默而成之不言而信其或矜己之長攻人之短麤心浮氣矯以沽名訐以爲直挾勝心而行憤嫉以圮族敗羣爲志則雖日講時習於此亦無益矣○答顧東橋璘書有曰朱子所謂格物云者是以吾心而求理於事事物物之中如求孝子之理於其親之謂也求孝之理果在於吾之心耶抑果在於親之身耶假而果在於親之身而親没之後吾心遂無孝之理與見孺子之入井必有惻隱之理是惻隱之理果在孺子之身與抑在於吾身之良知與以是例之萬事萬物之理莫不皆然是可以見析心與理爲二之非矣若鄙人所謂致知格物者致吾心之良知於事事物物也吾心之良知卽所謂

天理也致吾心之天理於事事物物則事事物物皆得其理矣故曰致吾心之良知者致知也事事物物皆得其理者格物也是合心與理而爲一者也合心與理而爲一則凡區區前之所云與朱子晚年之論皆可不言而喻矣又曰心者身之主也而心之虛靈明覺卽所謂本然良知也其虛靈明覺之良知應感而動者謂之意有知而後有意無知則無意矣知非意之體乎意之所用必有其物物卽事也如意用於事親卽事親爲一物意用於治民則治民爲一物意用於讀書卽讀書爲一物意用於聽訟卽聽訟爲一物凡意之所在無有無物者有是意卽有是物無是意卽無是物物非意之用乎格字之義有以至字訓者如格於文祖必純孝誠敬幽明之閒無一不得其理而後謂之格有苗之頑實文德誕敷而後格則亦兼有正字之義在其閒未可專以至字盡之也如格其非心大臣格君心之非之類是則一皆正其不正以歸於正之義而不可以至字爲訓矣且大學格物之訓又安知不以正字爲義乎如以至字而義者必曰窮至事

物之理而後其說始通是其用功之要全在一窮字用力之地全在一理字也若上去一窮字下去一理字而直曰致知在至物其可通乎夫窮理盡性聖人之成訓見於繫辭者也茍格物之說而果卽窮理之義則聖人何不直曰致知在窮理而必爲此轉折不完之語以啓後世之弊耶蓋大學格物之說自與繫辭窮理大旨雖同而微有分辨窮理者兼格致誠正而爲功也故言窮理則格致誠正之功皆在其中言格物則必兼舉致知誠意正心而後其功始備而密今偏舉格物而遂謂之窮理此非惟不得格物之旨幷窮理之義而失之矣其末繼以拔本塞源之論其略曰聖人之心視天下之人無內外遠近凡有血氣皆其昆弟赤子之親莫不安全而教養之以遂其萬物一體之念天下之人心其始亦非有異於聖人也特其閒於有我之私隔於物欲之蔽大者以小通者以塞甚有視其父子兄弟如仇讎者聖人有憂之是以推其天地萬物一體之仁以教天下使之皆有以克其私去其蔽以復其心體之同然其教之大端則堯舜禹之

相授受所謂道心惟微惟精惟一允執厥中而其節目則舜之命契所謂父子有親君臣有義夫婦有別長幼有序朋友有信五者而已當是之時人無異見家無異習安此者謂之聖勉此者謂之賢而背此者雖啓明如朱亦謂之不肖下至閭井田野農工商賈之賤莫不皆有是學而惟以成其德行爲務何者無有聞見之雜記誦之煩辭章之靡濫功利之馳逐而但使之孝其親弟其長信其朋友以復其心體之同然則人亦孰不能之乎學校之中惟以成德爲事有長於禮樂長於政教長於水土播植者則就其成德而因使益精其能迨夫舉德而任則用之者惟知同心一德以共安天下之民視才之稱否而不以崇卑爲輕重效用者亦惟知同心一德以共安天下之民苟當其能則終身安於卑瑣而不以爲賤當是時才質之下者則安其農工商賈之分各勤其業以相生相養而無有乎希高慕外之心才能之異若皋夔稷契者則出而各效其能或營衣食或通有無或備器用集謀幷力以求遂其仰事俯育之願譬之一身目不耻其無

聰而耳之所涉目必營焉足不恥其無執而手之所探足必前焉蓋其元氣充周血脈條暢是以痒疴呼吸感觸神應有不言而喻之妙此聖人之學所以惟在復心體之同然而知識技能非所以與論也三代以降教者不復以此爲教而學者不復以此爲學霸者之徒竊取先生之近似者假之於外以內濟其私天下靡然宗之聖人之道遂以蕪塞世之儒者慨然悲傷蒐獵先聖王之典章法制而掇拾脩補於煨燼之餘聖學之門牆遂不可復覩於是乎有訓詁之學而傳之以爲名有記誦之學而言之以爲博有詞章之學而侈之以爲麗相矜以知相軋以勢相爭以利相高以技能相取以聲譽其出而仕也理錢穀者則欲兼夫兵刑典禮樂者又欲與於銓軸處郡縣則思藩臬之高居臺諫則望宰執之要故不能其事則不得以兼其官不通其說則不可以要其譽記誦之廣適以長其敖也知識之多適以行其惡也聞見之博適以肆其辯也辭章之富適以飾其僞也嗚呼以若是之積染以若是之心志而又講之以若是之學術宜其聞吾

聖人之教而視之以爲贅疣枘鑿矣非豪傑之士無所待而興者吾誰與

望乎

十月立陽明書院於越城

門人爲之也書院在越城西郭門內光相橋之東後十二年丁酉巡按御

史門人周汝員建祠於樓前匾曰陽明先生祠

五年丙戌先生五十五歲在越

三月與鄒守益書

守益謫判廣德州築復古書院以集生徒刻諭俗禮要以風民俗書至先

生復書贊之曰古之禮存於世者老師宿儒當年不能窮其說世之人苦

其煩且難遂皆廢置而不行故今之爲人上而欲導民於禮者非詳且備

之爲難惟簡切明白而使人易行之爲貴耳中間如四代位次及祔祭之

類向時欲稍改以從俗者今皆斟酌爲之於人情甚協蓋天下古今之人

其情一而已矣先王制禮皆因人情而爲之節文是以行之萬世而皆準

其或反之吾心而有所未安者非其傳記之訛闕則必古今風氣習俗之異宜者矣此雖先王未之有亦可以義起三王之所以不相襲禮也後世心學不講人失其情難乎與之言禮然良知之在人心則萬古如一日苟順吾心之良知以致之則所謂不知足而爲屨我知其不爲蕢矣非天子不議禮制度今之爲此非以議禮爲也徒以末世廢禮之極聊爲之兆以與起之故特爲此簡易之說欲使之易知易從焉耳冠婚喪祭之外附以鄉約其於民俗亦甚有補至於射禮似宜別爲一書以教學者而非所以求諭於俗今以附於其間卻恐民間以非所常行視爲不切又見其說之難曉遂并其冠婚喪祭之易曉者而棄之也文公家禮所以不及於射或亦此意也與○按祠堂位祔之制或問文公家禮高曾祖禰之位皆西上以次而東於心切有未安先生曰古者廟門皆南向主皆東向合祭之時昭之遷主列於北牖穆之遷主列於南牖皆統於太祖東向之尊是故西上以次而東今祠堂之制既異於古則又無太祖東向之統則西上之說

誠有所未安曰然則今當何如曰禮以時爲大若事死如事生則宜以高祖南向而曾祖禰東西分列席皆稍降而弗正對似於人心爲安曾見浦江之祭四代考妣皆異席高考妣南向曾祖禰考皆西向妣皆東向各依世次稍退半席其於男女之別尊卑之等兩得其宜但恐民間廳事多淺隘而器物亦有所不備則不能以通行耳又問無後者之祔於己之子姪固可下列矣若在高曾之行宜何如祔先生曰古者大夫三廟不及其高矣適士二廟不及其曾矣今民間得祀高曾蓋亦體順人情之至例以古制則既爲僭況在行之無後者乎古者士大夫無子則爲之置後無後者鮮矣後世人情偷薄始有棄貧賤而不嗣者古所謂無後皆殤子之類耳祭法王下祭殤五適子適孫適曾孫適玄孫適來孫諸侯下祭三大夫二適士及庶人祭子而止則無後之祔皆子孫屬也今民閒既得假四代之祀以義起之雖及弟姪可矣往年湖湘一士人家有曾伯祖與堂叔祖皆賢而無後者欲爲立嗣則族衆不可欲弗祀則思其賢有所不忍以問於

某某曰不祀二三十年矣而追爲之祀勢有所不行矣若在士大夫家自可依古族厲之義於春秋二社之次特設一祭凡族之無後而親者各以昭穆之次配祔之於義亦可也

四月復南大吉書

大吉入　覲見黜於時致書先生千數百言勤勤懇懇惟以得聞道爲喜急問學爲事恐卒不得爲聖人爲憂略無一字及於得喪榮辱之間先生讀之歎曰此非真有朝聞夕死之志者未易以涉斯境也於是復書曰世之高抗通脫之士捐富貴輕利害棄爵祿決然長往而不顧者亦皆有之彼其或從好於外道詭異之說投情於詩酒山水技藝之樂又或奮發於意氣牽溺於嗜好有待於物以相勝是以去彼取此而後能及其所之既倦意衡心鬱情隨事移則憂愁悲苦隨之而作果能捐富貴輕利害棄爵祿快然終身無入而不自得已乎夫惟有道之士真有以見其良知之昭明靈覺廓然與太虛而同體太虛之中何物不有而無一物能爲太虛之

障礙故凡慕富貴憂貧賤欣戚得喪愛憎取舍之類皆足以蔽吾聰明睿知之體窒吾淵泉時出之用如明目之中而翳之以塵沙聰耳之中而塞之以木楔也其疾痛鬱逆將必速去之爲快而何能忍於時刻乎關中自古多豪傑橫渠之後此學不講或亦與四方無異矣自此有所振發興起變氣節爲聖賢之學將必自吾元善昆季始也今日之歸謂天爲無意乎

答歐陽德書

德初見先生於虔最年少時已領鄉薦先生恆以小秀才呼之故遣服役德欣欣恭命雖勞不怠先生深器之嘉靖癸未第進士出守六安州數月奉書以爲初政倥偬後稍次第始得與諸生講學先生曰吾所講學正在政務倥偬中豈必聚徒而後爲講學耶又嘗與書曰良知不因見聞而有而見聞莫非良知之用故良知不滯於見聞而亦不離於見聞孔子云吾有知乎哉無知也良知之外則無知矣故致良知是聖門教人第一義今云專求之見聞之末則落在第二義矣若曰致其良知而求之見聞則語

意之間未免爲二此與專求之見聞之末者雖稍不同其爲未得精一之旨則一也○德洪與王畿並舉南宮俱不廷對偕黃弘綱張元沖同舟歸越先生喜凡初及門者必令引導俟志定有入方請見每臨坐默對焚香無語

八月答聶豹書

是年夏豹以御史巡按福建渡錢塘來見先生別後致書謂思孟周程無意相遭於千載之下與其盡信於天下不若眞信於一人道固自在學亦自在先生答諭略曰讀來書誠見君子不見是而無悶之心乃區區則有大不得已者存乎其閒非以計人之信與不信也夫人者天地之心天地萬物本吾一體者也生民之困苦荼毒孰非疾痛之切於吾身者乎不知吾身之疾痛無是非之心者也是非之心不慮而知不學而能所謂良知也良知之在人心無間於聖愚天下古今之所同也世之君子惟務致其良知則自能公是非同好惡視人猶己視國猶家而以天地萬物爲一體

求天下無治不可得矣古之人所以能見善不啻若己出見惡不啻若己入視民之饑溺猶己之饑溺而一夫不獲若己推而納諸溝中者非故爲是而斬天下之信己也務致其良知求其自慊而已矣後世良知之學不明天下之人外假仁義之名而內以行私利之實詭詞以阿俗矯行以干譽揜人之善而襲以爲己長訐人之私而竊以爲己直忿以相勝而猶謂之徇義險以相傾而猶謂之疾惡妒賢嫉能而猶自以爲公是非恣情縱慾而猶自以爲同好惡相凌相賊自其一家骨肉之親已不能無彼此藩籬之隔而況於天下之大民物之衆又何能一體而視之乎僕誠賴天之靈偶有見於良知之學以爲必由此而後天下可得而治是以每念斯民之陷溺則爲之戚然痛心忘其身之不肖而思以此救之亦不自知其量者天下之人見其若是遂相與非笑而詆斥以爲是病狂喪心之人耳嗚呼吾方疾痛之切體而暇計人之非笑乎昔者孔子之在當時有議其爲諂者有譏其爲佞者有毀其未賢詆其爲不知禮而侮之以爲東家丘者

有嫉而阻之者有惡而欲殺之者晨門荷蕢之徒皆當時之賢士且曰是知其不可而爲之者與鄙哉硜硜乎莫己知也斯已而已矣雖子路在升堂之列尚不能無疑於其所見不悅於其所欲往而且以之爲迂則當時之不信夫子者豈特十之一二而已乎然而夫子汲汲遑遑若求亡子於道路而不暇於暖席者寧以蘄人之信我知我而已哉僕之不肖何敢以夫子之道爲己任顧其心亦已稍知疾痛之在身是以徬徨四顧相求其有助於我者相與講去其病耳今誠得豪傑同志之士共明良知之學於天下使天下之人皆知自致其良知一洗讒妒勝忿之習以躋於大同則僕之狂病固將脫然以愈而終免於喪心之患矣豈不快哉會稽素號山水之區深林長谷信步皆是寒暑晦明無時不宜良朋四集道義日新天地之閒寧復有樂於是者孔子云不怨天不尤人下學而上達僕與二三同志方將請事斯語奚暇外慕獨其切膚之痛乃有未能恝然者輒復云爾○按豹初見稱晚生後六年出守蘇州先生已違世四年矣見德洪王

譏曰吾學誠得諸先生尚冀再見稱贄今不及矣玆以二君爲證具香案

拜先生遂稱門人

十一月庚申子正億生

繼室張氏出先生初得子鄉先達有靜齋六有者皆踰九十聞而喜以二

詩爲賀先生次韻謝答之有曰何物敢云繩祖武他年只好共爺長之句

蓋是月十有七日也○先生初命名正聰後七年壬辰外舅黃綰因時相

避諱更今名

十二月作惜陰說

劉邦采合安福同志爲會名曰惜陰請先生書會籍先生爲之說曰同志

之在安成者閒月爲會五日謂之惜陰其志篤矣然五日之外孰非惜陰

時乎離羣而索居志不能無少懈故五日之會所以以相稽切焉耳嗚呼

天道之運無一息之或停吾心良知之運亦無一息之或停良知卽天道

謂之亦則猶二之矣知良知之運無一息之或停者則知惜陰矣知惜陰

者則知致其良知矣子在川上曰逝者如斯夫不舍晝夜此其所以學如不及至於發憤忘食也堯舜兢兢業業成湯日新又新文王純亦不已周公坐以待旦惜陰之功寧獨大禹爲然子思曰戒慎乎其所不覩恐懼乎其所不聞知微之顯可以入德矣或曰雞鳴而起孳孳爲利凶人爲不善亦惟日不足然則小人亦可謂之惜陰乎○按先生明年丁亥過吉安寄安福諸同志書曰諸友始爲惜陰之會當時惟恐只成虛語邇來乃聞遠近豪傑聞風而至者以百數此可以見良知之同然而斯道大明之幾於此亦可以卜之矣明道有云寧學聖人而不至不以一善而成名此爲有志聖人而未能真得聖人之學者則可如此說若今日所講良知之說乃真是聖學之的傳但從此學聖人卻無不至者惟恐吾儕尚有一善成名之意未肯專心致志於此耳

六年丁亥先生五十六歲在越

正月

先生與宗賢書曰人在仕途比之退處山林時工夫難十倍非得良友時時警發砥礪平日志向鮮有不潛移默奪弛然日就頹靡者近與誠甫言京師相與者少二君必須彼此約定但見微有動氣處卽須提起致良知話頭互相規切凡人言語正到快意時便截然能忍默得意氣正到發揚時便翕然能收斂得憤怒嗜慾正到騰沸時便廓然能消化得此非天下之大勇不能也然見得良知親切時其功夫又自不難緣此數病良知之所本無只因良知昏昧蔽塞而後有若良知一提醒時卽如白日一出魍魎自消矣中庸謂知恥近乎勇只是恥其不能致得自己良知耳今人多以言語不能屈服得人意氣不能陵軋得人憤怒嗜慾不能直意任情爲恥殊不知此數病者皆是蔽塞自己良知之事正君子之所宜深恥者古之大臣更不稱他知謀才略只是一箇斷斷無他技休休如有容而已諸君知謀才略自是超然出於衆人之上所未能自信者只是未能致得自己良知未全得斷斷休休體段耳須是克去己私眞能以天地萬物爲一

體實康濟得天下挽回三代之治方是不負如此聖明之君方能不枉此出世一遭也

四月錢德洪刻文錄於廣德州

守益錄先生文字請刻先生自標年月命德洪類次且遺書曰所錄以年月爲次不復分別體類蓋專以講學明道爲事不在文辭體製閒也明日德洪掇拾所遺請刻先生曰此便非孔子刪述六經手段三代之教不明蓋因後世學者繁文盛而實意衰故所學忘其本耳比如孔子刪詩若以其辭豈止三百篇惟其一以明道爲志故所取止此例六經皆然若以愛惜文辭便非孔子垂範後世之心矣德洪曰先生文字雖一時應酬不同亦莫不本於性情況學者傳誦日久恐後爲好事者攙拾反失今日裁定之意矣先生許刻附錄一卷以遺守益凡四冊

五月命兼都察院左都御史征思田

六月疏辭不允

先是廣西田州岑猛爲亂提督都御史姚鏌征之奏稱猛父子悉擒已降
敕論功行賞訖遺目盧蘇王受搆衆煽亂攻陷思恩鏌復合四省兵征
之久弗克爲巡按御史石金所論　朝議用侍郎張璁桂萼薦特起先生
總督兩廣及江西湖廣軍務度量事勢隨宜撫勦設土官流官孰便幷覈
當事諸臣功過以聞且責以體國爲心毋或循例辭避先生聞命上疏言
臣伏念君命之召當不俟駕而行矧茲軍旅何敢言辭顧臣患痰疾增劇
若冒疾輕出至於僨事死無及矣臣又復思思田之役起於土官讎殺比
之寇賊之攻劫郡縣荼毒生靈者勢尙差緩若處置得宜事亦可集鏌素
老成一時利鈍亦兵家之常御史石金據事論奏所以激勵鏌等使之善
後收之桑榆也臣以爲今日之事宜專責鏌等隆其委任重其威權略其
小過假以歲月而要其成功至於終無底績然後別選才能兼諳民情土
俗如尙書胡世寧李承勛者往代其任事必有濟疏入　詔鏌致仕遣使
敦促上道

八月

先生將入廣嘗爲客坐私囑曰但願温恭直諒之友來此講學論道示以孝友謙和之行德業相勸過失相規以教訓我子弟使無陷於非僻不願狂躁惰慢之徒來此博奕飲酒長傲飾非導以驕奢淫蕩之事誘以貪財黷貨之謀冥頑無恥扇惑鼓動以益我子弟之不肖嗚呼由前之說是謂良士由後之說是爲凶人我子弟苟遠良士而近凶人是謂逆子戒之戒之嘉靖丁亥八月將有兩廣之行書此以戒我子弟幷以告夫士友之辱臨於斯者請一覽教之

九月壬午發越中

是月初八日德洪與畿訪張元沖舟中因論爲學宗旨畿曰先生說知善知惡是良知爲善去惡是格物此恐未是究竟話頭德洪曰何如畿曰心體既是無善無惡意亦是無善無惡知亦是無善無惡物亦是無善無惡若說意有善有惡畢竟心亦未是無善無惡德洪曰心體原來無善無惡

今習染既久覺心體上見有善惡在爲善去惡正是復那本體功夫若見得本體如此只說無功夫可用恐只是見耳畿曰明日先生啓行晚可同進請問是日夜分客始散先生將入內聞洪與畿候立庭下先生復出使移席天泉橋上德洪舉與畿論辯請問先生喜曰正要二君有此一問我今將行朋友中更無有論證及此者二君之見正好相取不可相病汝中須用德洪功夫德洪須透汝中本體二君相取爲益吾學更無遺念矣德洪請問先生曰有只是你自有良知本體原來無有本體只是太虛太虛之中日月星辰風雨露雷陰霾曀氣何物不有而又何一物得爲太虛之障人心本體亦復如是太虛無形一過而化亦何費纖毫氣力德洪功夫須要如此便是合得本體功夫畿請問先生曰汝中見得此意只好默默自修不可執以接人上根之人世亦難遇一悟本體卽見功夫物我內外一齊盡透此顏子明道不敢承當豈可輕易望人二君已後與學者言務要依我四句宗旨無善無惡是心之體有善有惡是意之動知善知惡是

良知爲善去惡是格物以此自修直躋聖位以此接人更無差失畿曰本體透後於此四句宗旨何如先生曰此是徹上徹下語自初學以至聖人只此功夫初學用此循循有入雖至聖人窮究無盡堯舜精一功夫亦只如此先生又重囑付曰二君以後再不可更此四句宗旨此四句中人上下無不接著我年來立教亦更幾番今始立此四句人心自有知識以來已爲習俗所染今不教他在良知上實用爲善去惡功夫只去懸空想箇本體一切事爲俱不著實此病痛不是小小不可不早說破是日洪畿俱有省

甲申渡錢塘

先生遊吳山月巖嚴灘俱有詩過釣臺曰憶昔過釣臺驅馳正軍旅十年今始來復以兵戈起空山煙霧深往跡如夢裏微雨林徑滑肺病雙足胝仰瞻臺上雲俯濯臺下水人生何碌碌高尚乃如此瘡痍念同胞至人匪爲己過門不遑入憂勞豈得已滔滔良自傷果哉末難已跋曰右正德己

卯獻俘行在過釣臺而弗及登今玆復來又以兵革之役兼肺病足瘡徒顧瞻悵望而已書此付桐廬尹沈元材刻置亭壁聊以紀經行歲月云耳時從行進士錢德洪王汝中建德尹楊思臣及元材凡四人

丙申至衢

西安雨中諸生出候因寄德洪汝中幷示書院諸生幾度西安道江聲暮雨時機關鷗鳥破蹤跡水雲疑仗鉞非吾事傳經媿爾師天眞泉石秀新有鹿門期德洪汝中方卜築書院盛稱天眞之奇幷寄及之不踏天眞路依稀二十年石門深竹徑蒼峽瀉雲泉泮壁環胥水龜疇見宋田文明原有象卜築豈無緣今祠有仰止祠環海樓太極雲泉瀉雲諸亭

戊戌過常山

詩曰長生徒有慕苦乏大藥資名山徧深歷悠悠鬢生絲微軀一繫念去道日遠而中歲忽有覺九還乃在玆非爐亦非鼎何坎復何離本無終始究寧有死生期彼哉遊方士詭辭反增疑紛然諸老翁自傳困多岐乾坤

由我在安用他求爲千聖皆過影良知乃吾師

十月至南昌

先生發舟廣信沿途諸生徐樾張士賢桂軏等請見先生俱謝以兵事未暇許回途相見徐樾自貴溪追至餘干先生令登舟樾方自白鹿洞打坐有禪定意先生目而得之令舉似曰不是已而稍變前語又曰不是已而更端先生曰近之矣此體豈有方所譬之此燭光無不在不可以燭上爲光因指舟中曰此亦是光此亦是光直指出舟外水面曰此亦是光樾領謝而別明日至南浦父老軍民俱頂香林立塡途塞巷至不能行父老頂輿傳遞入都司先生命父老軍民就謁東入西出有不舍者出且復入自辰至未而散始舉有司常儀明日謁文廟講大學於明倫堂諸生屛擁多不得聞唐堯臣獻茶得上堂旁聽初堯臣不信學聞先生至自鄉出迎心已內動比見擁謁驚曰三代後安得有此氣象耶及聞講沛然無疑同門有黃文明魏良器輩笑曰逋逃主亦來投降乎堯臣曰須得如此大捕人

方能降我爾輩安能

至吉安大會士友螺川

諸生彭簪王釗劉陽歐陽瑜等偕舊遊三百餘迎入螺川驛中先生立談不倦曰堯舜生知安行的聖人猶兢兢業業用困勉的工夫吾儕以困勉的資質而悠悠蕩蕩坐享生知安行的成功豈不誤己誤人又曰良知之妙真是周流六虛變通不居若假以文過飾非爲害大矣臨別囑曰工夫只是簡易真切愈真切愈簡易愈簡易愈真切

十一月至肇慶

是月十八日抵肇慶先生寄書德洪畿曰家事賴廷豹糾正而德洪汝中又相與薫陶切劘於其間吾可以無內顧矣紹興書院中同志不審近來意向如何德洪汝中既任其責當能振作接引有所興起會講之約但得不廢其間縱有一二懈弛亦可因此夾持不致遂有傾倒餘姚又得應元諸友作興鼓舞想益日異而月不同老夫雖出山林亦每以自慰諸賢皆

一日千里之足豈俟區區有所警策聊亦以此視鞭影耳即日已抵肇慶去梧不三四日可到方入冗場紹興書院及餘姚各會同志諸賢不能一一列名字

乙未至梧州上謝 恩疏

二十日梧州開府十二月朔上疏曰田州之事尚未及會議審處然臣沿途諮訪頗有所聞不敢不爲 陛下言其略臣惟岑猛父子固有可誅之罪然所以致彼若是者則前此當事諸人亦宜分受其責蓋兩廣軍門專爲諸猺獞及諸流賊而設事權實專且重若使振其兵威自足以制服諸蠻夫何軍政日壞上無可任之將下無可用之兵有警必須倚調土官狼兵若猛之屬者而後行事故此輩得以憑恃兵力日增桀驁及事之平則又功歸於上而彼無所與固不能以無怨憤始而徵發衍期既而調遣不至上嫉下憤日深月積劫之以勢而威益褻籠之以詐而術愈窮由是諭之而益梗撫之而益疑遂至於有今日今山猺海賊乘釁摇動窮迫必死

之寇既從而煽誘之貧苦流亡之民又從而逃歸之其可憂危奚啻十百於二酋者之爲患其事已兆而變已形顧猶不此之慮而汲汲於二酋則當事者之過計矣臣又聞諸兩廣士民之言皆謂流官久設亦徒有虛名而受實禍詰其所以皆云未設流官之前土人歲出土兵三千以聽官府之調遣既設流官之後官府歲發民兵數千以防土人之反覆卽此一事利害可知且思恩自設流官十八九年之間反者數起征勦日無休息浚良民之膏血而塗諸無用之地此流官之無益斷可識矣論者以爲既設流官而復去之則有更改之嫌恐招物議是以寧使一方之民久罹塗炭而不敢明爲　朝廷一言寧負　朝廷而不敢犯衆議甚哉人臣之不忠也苟利於國而庇於民死且爲之而何物議之足計乎臣始至雖未能周知備歷然形勢亦可概見矣田州切近交趾其閒深山絕谷猺獞盤據動以千百必須存土官藉其兵力以爲中土屏蔽若盡殺其人改土爲流則邊鄙之患我自當之自撤藩籬後必有悔奏下尚書王時中持之得　旨

守仁才略素優所議必自有見事難遙度俟其會議熟處要須情法得中經久無患事有宜亟行者聽其便宜勿懷顧忌以貽後患○初總督命下具䟽辭免及豫言處分思田機宜凡當路相知者皆寓書致意與楊少師曰惟大臣報國之忠莫大於進賢去讒自信山林之志已堅而又素受知己之愛不復嫌避故輒言之乃今適爲己地也昔自以邊警薦用彭司馬者公獨不可曰彭始成功今或少挫非所以完之矣公之愛惜人才而欲成全之也如此獨不能以此意推之某乎果不忍終棄病痊或使得備散局如南北太常國子之任則圖報當有日也與黃綰書曰往年江西赴義將士功久未上人無所勸再出何面目見之且東南小醜特瘡疥之疾百辟讒嫉朋比此則腹心之禍大爲可憂者諸公任事之勇不思何以善後大都君子道長小人道消疾病既除元氣自復但去病太亟亦耗元氣藥石固當以漸也又曰思田之事本無緊要只爲從前張皇太過後難收拾所謂生事事生是已今必得如奏中所請庶圖久安否則反覆未可知也

與方獻夫書曰　聖主聰明不世出今日所急惟在培養君德端其志向於此有立是謂一正君而國定然非真有體國之誠其心斷斷休休者亦徒事其名而已又曰諸公皆有薦賢之疏此誠君子立朝盛節但與名其間卻有所未喻者此天下治亂盛衰所繫君子小人進退存亡之機不可以不慎也譬諸養蠶但雜一爛蠶其中則一筐好蠶盡爲所壞矣凡薦賢於朝與自己用人不同自己用人權度在我若薦賢於朝則評品宜定小人之才豈無可用如砒硫芒硝皆有攻毒破癰之功但混於參苓耆朮之間而進之鮮不誤矣又曰思田之事已壞欲以無事處之要已不能只求減省一分則地方亦可減省一分之勞擾耳此議深知大拂喜事者之心然欲殺數千無罪之人以求成一將之功仁者之所不忍也

十有二月命暫兼理巡撫兩廣疏辭不允

七年戊子先生五十七歲在梧

二月思田平

先生疏略曰臣奉有成命與巡按紀功御史石金布政使林富等副使祝品林文輅等參將李璋沈希儀等會議思田之役兵連禍結兩省荼毒已踰二年兵力盡於哨守民脂竭於轉輸官吏罷於奔走今日之事已如破壞之舟漂泊於顛風巨浪覆溺之患洶洶在目不待知者而知之矣因詳其十患十善二幸四毀反覆言之且曰臣至南寧乃下令盡撤調集防守之兵數日之內解散而歸者數萬惟湖兵數千道阻且遠不易即歸仍使分留賓寧解甲休養待閑而發初蘇受等聞臣奉命處勦始知 朝廷無必殺之意皆有投生之念日夜懸望惟恐臣至之不速已而聞太監總兵相繼召還至是又見守兵盡撤其投生之念益堅乃遣其頭目黃富等先赴軍門訴告願得掃境投生惟乞宥免一死臣等諭以 朝廷之意正恐爾等有所虧枉故特遣大臣處勦開爾等更生之路爾等果能誠心投順決當貸爾之死因復露布 朝廷威德使各持歸省諭克期聽降蘇受等得牌皆羅拜踴躍歡聲雷動率衆掃境歸命南寧城下分屯四營蘇受等

因首自縛與其頭目數百人赴軍門請命臣等諭以　朝廷既赦爾等之罪豈復虧失信義但爾等擁衆負固雖由畏死然騷動一方上煩　九重之慮下疲三省之民若不示罰何以泄軍民之憤於是下蘇受於軍門各杖之一百乃解其縛諭於今日宥爾一死者　朝廷天地好生之仁必杖爾示罰者我等人臣執法之義於是衆皆叩首悅服臣亦隨至其營撫定其衆凡一萬七千濈濈道路踴躍歡聞皆謂　朝廷如此再生之恩我等誓以死報且乞即願殺賊立功贖罪臣因諭以　朝廷之意惟欲生全爾等今爾等方來投生豈忍又驅之兵刃之下爾等逃竄日久且宜速歸完爾家室脩復生理至於諸路羣盜軍門自有區處徐當調發爾等於是又皆感泣歡呼皆謂　朝廷如此再生之恩我等誓以死報臣於是遂委布政使林富前副總張祐督令復業方隅平定是皆皇上神武不殺之威風行於　廟堂之上而草偃於百蠻之表是以班師不待七旬而頑夷即爾來格不折一矢不戮一卒而全活數萬生靈是所謂綏之斯來動之斯和

者也疏入　敕遣行人獎勵賞銀五十兩紵絲四襲所司備辦羊酒其餘各給賞有差　先生為文勒石曰嘉靖丙戌夏官兵伐田隨與思恩之人相比相煽集軍四省洶洶連年於時　皇帝憂憫元元容有無辜而死者乎迺令新建伯王守仁盍往視師其以德綏勿以兵虔班師撤旅信義大宣諸夷感慕旬日之閒自縛來歸者一萬七千悉放之還農兩省以安昔有苗徂征七旬來格今未期月而蠻夷率服綏之斯來速於郵傳舞干之化何以加焉爰告思田毋忘帝德爰勒山石昭此赫赫文武聖神率土之濱凡有血氣莫不尊親

四月議遷都臺於田州不果

先是有制王守仁暫令兼理巡撫兩廣既受命先生乃疏言臣以迂疏多病之軀謬承總制四省軍務之命方懷不勝其任之憂今又加以巡撫之責豈其所能堪乎且兩廣之事實重且難巡撫之任非得才力精強者重其事權進其官階而久其職任殆未可求效於歲月之閒也致仕副都御

史伍文定往歲寧藩之變常從臣起兵具見經略侍郎梁材南贛副都御史汪鋐亦皆才能素著足堪此任願選擇而使之會侍郎方獻夫建白宜於田州特設都御史一人撫綏諸夷下議先生復疏言布政使林富可用或量改憲職仍聽臣等節制暫於思田往劄撫綏其衆然而要之蠻夷之區不可治以漢法雖流官之設尚且弗便而又可益之以都臺乎今且暫設凡一切廩餼輿馬悉取辦於南寧府衞取給於軍餉不以干思田之人俟年餘經略有次思田止責知府理治或設兵備憲臣一人於賓州或以南寧兵備兼理如此則目前既得輯寧之效而日後又可免煩勞之擾矣又以柳慶缺參將特薦用沈希儀且請起用前副總兵張祐俾與富協心共事未幾陞富副都御史撫治鄖陽以去先生再薦布政使王大用按察使周期雍又以邊方缺官且言副使陳槐施儒楊必進知府朱袞皆堪右江兵備之任知州林寬可爲田州知府推官李喬木可爲同知且言任賢圖治得人實難其在邊方反覆多事之地其難尤甚蓋非得忠實勇果通

達坦易之才未易以定其亂有其才矣使不諳其土俗則亦未易以得其本心得其心矣使不耐其水土亦不能以久居其地以成其功故用人於邊方必兼是三者而後可如前四人者固皆可用之才今乃皆爲時例所拘棄置不用而更勞心遠索則亦過矣疏上俱未果行

興思田學校

先生以田州新服用夏變夷宜有學校但瘡痍逃竄尚無受廛之民即欲建學亦爲徒勞然風化之原又不可緩也乃案行提學道著屬儒學但有生員無拘廩增願改田州府學及各處儒生願附籍入學者本道選委教官暫領學事相與講肄游息興起孝弟或倡行鄉約隨事開引漸爲之兆俟建有學校然後將各生徒通發該學肄業照例充補廩增起貢

五月撫新民

先生因左江道參議等官汪必東等稱古陶白竹石馬等賊近雖誅勦然尚有流出府江諸處者誠恐日後爲患乞調歸順土官岑瓛兵一千名萬

承龍英共五百名或韋貴兵一千名住劄平南桂平衡要地方及該府知府程雲鵬等亦申量留湖兵及調武靖州狼兵防守乃諭之曰始觀論議似亦區畫經久之計徐考成功終亦支吾目前之計蓋用兵之法伐謀爲先處夷之道攻心爲上今各猺征勦之後有司卽宜誠心撫恤以安其心若不服其心而徒欲久留湖兵多調狼卒憑藉兵力以威劫把持謂爲可久之計則亦末矣殊不知遠來客兵怨憤不肯爲用一也供饋之需稍不滿意求索訾詈將無抵極二也就居民閒騷擾濁亂易生釁隙三也困頓日久資財耗竭適以自弊四也欲借此以衛民而反爲民增一苦欲借此以防賊而反爲吾招一寇其可行乎合行知府程雲鵬公同指揮周胤宗及各縣知縣等官親至已破賊巢各鄰近良善村寨以次加厚撫恤給以告示犒以魚鹽待以誠信敷以德恩諭以　朝廷所以誅勦各賊者爲其稔惡不悛若爾等良善守分村寨我官府何嘗輕動爾等一草一木爾等各宜益堅向善之心毋爲彼所扇惑搖動從而爲之推選衆所信服立爲

酋長以連屬之若各賊果能改惡遷善實心向化今日來投今日即待以良善決不追既往之惡爾等即可以此意傳告開諭之我官府亦就實心撫安招來量給鹽米爲之經紀生業亦就爲之選立酋長使有統率毋令渙散一面清查侵占田土開立里甲以息日後之爭禁約良民毋使乘機報復以激其變如農夫之植嘉禾以去稂莠深耕易耨芸菑灌溉專心一事勤誠無惰必有秋穫夫善者益知所勸則助惡者日衰惡者益知所懲則向善者益衆此撫柔之道而非專有恃於甲兵者也又曰該府議欲散撤顧倩機快等項調取武靖州土兵使之就近防守一節區畫頗當然以三千之衆而常在一處屯頓坐食亦未得宜必須分作六班每五百名爲一班每兩箇月日而更一次若有鵰勦等項然後通行起調然必須於城市別立營房毋使與民雜處然後可免於騷擾嫌隙蓋以十家牌門之兵而爲守土安民之本以武靖起調之兵而備追捕勦截之用此亦經權交濟相須之意也自今以後免其秋調各處哨守等役專在潯州地方聽憑

守備參將調用凡遇緊急調取卽要星馳赴信地不得遲違時刻守巡各官仍要時加戒諭撫輯毋令日久玩弛又成虛應故事

六月與南寧學校

先生謂理學不明人心陷溺是以士習日偷風教不振日與各學師生朝夕開講已覺漸有奮發之志又恐窮鄉僻邑不能身至其地委原任監察御史降合浦縣丞陳逅主教靈山諸縣原任監察御史降揭陽縣主簿季本主教敷文書院仍行牌諭曰仰本官每日拘集該府縣學諸生爲之勤勤開誨務在興起聖賢之學一洗習染之陋其諸生該赴考試者臨期起送不該赴試者如常朝夕聚會考德問業之外或時出與經書論策題目量作課程就與講析文義以無妨其舉業之功大抵學絕道喪之餘未易解脫舊聞舊見必須包蒙俯就涵育薰陶庶可望其漸次改化諒本官平素最能孜孜汲引則今日必能循循善誘諸生之中有不率教者時行櫝楚以警其惰本院回軍之日將該府縣官員師生查訪勤惰以示勸懲○

又牌諭曰照得安上治民莫善於禮冠婚喪祭固宜家喻而戶曉者今皆廢而不講欲求風俗之美其可得乎況茲邊方遠郡土夷錯雜頑梗成風有司徒具刑驅勢迫是謂以火濟火何益於治若教之以禮庶幾所謂小人學道則易使矣福建莆田生員陳大章前來南寧遊學叩以冠婚鄉射諸儀頗能通曉近來各學諸生類多束書高閣飽食嬉遊散漫度日豈若使與此生朝夕講習於儀文節度之閑亦足以收其放心固其肌膚之會筋骸之束不猶愈於博弈之爲賢乎仰南寧府官吏即便館穀陳生於學舍於各學諸生之中選取有志習禮及年少質美者相與講解演習自此諸生得於觀感興起砥礪切磋修之於其家而被於里巷達於鄉村則邊徼之地遂化爲鄒魯之鄉亦不難矣

七月襲八寨斷藤峽破之

八寨斷藤峽諸蠻賊有衆數萬負固稔惡南通交趾諸夷西接雲貴諸蠻東北與牛場仙臺花相風門佛子及柳慶府江古田諸猺迴旋連絡延袤

二千餘里流劫出沒爲害歲久比因有事思田勢不暇及至是先生以思田既平蘇受新附乃因湖廣保靖歸師之便令布政使林富副總兵張祐等出其不意分道征之富祐率右江及思田兵進勦八寨諸賊參議汪必東副使翁素僉事汪溱率左江及永保土兵進勦斷藤峽諸賊令該道分巡兵備收解紀功御史冊報及行太監張賜幷各鎮巡知會一月之內大破其衆斬獲三千有奇先生見諸賊巢穴既已掃蕩而我兵疾疫遂班師奏捷○按疏言斷藤峽諸賊犄角屯聚自　國初以來屢征不服至天順閒都御史韓雍統兵二十萬然後破其巢穴撤兵無何賊復攻陷潯州據城大亂後復合兵量從勦撫自後竊發無時兇惡成性不可改化至於八寨諸賊尤爲兇猛利鏢毒弩莫當其鋒且其寨壁天險進兵無路自　國初都督韓觀嘗以數萬之衆圍匝其地亦不能破竟從招撫而罷報後與師合勦一無所獲反多撓喪惟成化閒土官岑瑛嘗合狼兵深入斬獲二百已而賊勢大湧力不能支亦從撫罷今因湖廣之回兵而利導其順便

之勢作思田之新附而善用其報效之機兩地進兵各不滿八千之衆而三月報捷共已踰三千之功兩廣父老皆以爲數十年來未有此舉也

疏請經略思田及八寨斷藤峽

初先生既平思田乃上疏曰臣以迂庸繆當兵事於玆土承制假以撫勦便宜是　陛下之心惟在於除患安民未嘗有所意必也又諭令賊平之後議設土流孰便是　陛下之心惟在於安民息亂未嘗有所意必也始者思田梗化既舉兵而加誅矣因其悔罪投降遂復宥而釋之固亦莫非仰承　陛下不嗜殺人之心惓惓憂憫赤子之無辜也凡爲經略事宜有三特設流官知府以制土官之勢仍立土官知府以順土夷之情分設土官巡檢以散各夷之黨擬府名爲田寧以應讖謠而定人心設州治於府之西北立猛第三子邦相爲吏目待其有功漸陞爲知州分設思恩土巡檢司九田州土巡檢司十有八以蘇受并土目之爲衆所服者世守之既而復破八寨斷藤峽又上疏曰臣因督兵親歷諸巢見其形勢要害各有

宜改立衞所開設縣治以斷其脈絡而扼其咽喉者若失今不爲則數年之閒賊復漸來必歸聚生息不過十年又有地方之患矣臣以遵制便宜相度舉行凡爲經略事宜有六移南丹衞城於八寨改築思恩府治於荒田改鳳化縣治於三里增設隆安縣治置流官於思龍以屬田寧增築守鎭城堡於五屯事下本兵持之戶部復請覆勘學士霍韜等上疏曰臣等廣人也是役也臣等嘗爲守仁計曰前當事者凡若三省兵若干萬梧州軍門費用軍儲合千萬復從廣東布政司支用銀米若干萬殺死疫死官兵士兵若干萬僅得田州小寧五十日而思恩叛矣今守仁不殺一卒不費斗米直宣揚威德遂使思田頑叛稽首來服雖舜格有苗何以過此乃若八寨賊斷藤峽賊又非思田之比八寨爲諸賊淵藪而斷藤峽爲八寨羽翼也廣西有八寨諸賊猶人有心腹病也八寨不平則兩廣無安枕期也今守仁沈機不露一舉平之百數十年豺虎窟穴掃而清之如拂塵然臣等是以歎服守仁能體　陛下之仁以懷綏思田向化之民又能體

陛下之義以討服八寨斷藤梗化之賊仁義兩得之也夫守仁之成功有八善焉乘湖兵歸路之便兵不調而自集一也因思田效命之助勞而不怨二也機出意外賊不能遁所誅者渠惡非濫殺報功者比三也因歸師無糧運費四也一舉成功民不知擾五也平八寨平斷藤峽則極惡者先誅其細小巢穴可漸德化得撫勦之宜六也八寨不平則西而柳慶東而羅旁淥水新寧恩平之賊合數千里共為窟穴雖調兵數十萬未易平伏今八寨平定則諸賊可以漸次撫勦兩廣良民可以漸次安業紓 聖明南顧之憂七也韓雍雖平斷藤峽賊矣旋復有倡亂者八寨乃百六十年所不能誅之劇賊今守仁既平其巢窟即徙建城邑以鎮定之則惡賊失險後日不能為變逋賊來歸且化為良民矣誅惡綏良得民父母之體八也或議守仁奉命有事思田遂勦八寨可乎臣則曰昔吳楚反攻梁景帝詔周亞夫救梁亞夫不奉詔而絶吳楚糧道遂破吳楚而平七國安漢社稷傳曰閫以外將軍制之又曰大夫出疆有可以安國家利社稷專之可

也古之道也是故亞夫知制吳楚在絕其食道而不在於救梁是故雖有詔命有所不受今守仁知思田可以德懷也遂納其降而安定之知八寨諸賊未易服也遂因時仗義而討平之雖無詔命先發後聞可也況有便宜從事之旨乎或曰建置城邑大事也區處錢糧戶部職也不先奏聞而輒興工可乎臣則曰昔者范仲淹之守西邊也欲築大順城慮敵人爭之乃先具版築然後巡邊急速興工一月成城西夏覺而爭之已不及矣守仁於建置城邑之役不仰足戶部而後有處其以一肩而分 聖明南顧之憂不以爲功反以爲過可乎臣等目擊八寨之賊爲地方大患百數十年一旦仰賴 聖明任用守仁以底平定不勝慶忭今兵部功賞未行戶部覆題再勘臣恐機會一失大功遂阻城堡不築逋賊復聚地方可慮是故冒昧建言唯 聖明察焉

九月疏謝獎勵賞賚

賞思田功也九月初八日行人馮恩齎捧 欽賜至鎮故有謝疏○與德

洪纖書地方事幸遂平息相見漸可期矣近年不審同志聚會如何得無法堂前今已草深一丈否想臥龍之會雖不能大有所益亦不宜遂爾荒落且存餼羊後或興起亦未可知餘姚得應元諸友相與倡率為益不小近有人自家鄉來聞龍山之講至今不廢亦殊可喜書到望徧寄聲益相與勉之九十弟與正憲輩不審早晚能來親近否誘掖接引之功與人為善之心當不俟多喋也魏廷豹決能不負所託兒輩或不能率教亦望相與夾持之

十月疏請告

先生以疾劇上疏請告其言臣自往年承乏南贛為炎毒所中遂患咳痢之疾歲益滋甚其後退休林野稍就醫藥而疾亦終不能止自去歲入廣炎毒立甚力疾從事竣事而出遂爾不復能興今已輿至南寧移臥舟次將遂自梧道廣待命於韶雄之間夫竭忠以報國臣之素志也受　陛下之深恩思得粉身齏骨以自效又臣之所日夜切心者也病日就危而尚

求苟全以圖後報而爲養病之舉此臣之所以大不得已也疏入未報

謁伏波廟

先生十五歲時嘗夢謁伏波廟至是拜祠下宛然如夢中謂茲行殆非偶然因識二詩其一曰四十年前夢裏詩此行天定豈人爲徂征敢倚風雲陣所過如同時雨師尙喜送人知向望卻慚無術救瘡痍從來勝算歸廊廟恥說兵戈定四夷其二詩曰樓船金鼓宿烏蠻魚麗羣舟夜上灘月遶旌旗千嶂靜風傳鈴柝九溪寒荒夷未必先聲服神武由來不殺難想見虞廷新氣象兩階干羽五雲端是月與豹書近歲山中講學者往往多說勿忘勿助工夫甚難問之則云才著意便是助才不著意便是忘所以甚難區區因問之云忘是忘箇甚麽助是助箇甚麽其人默然無對始請問區區因與說我此閒講學卻只說箇必有事焉不說勿忘勿助必有事焉者只是時時去集義若時時去用必有事的工夫而或有時閒斷此便是忘了卽須勿忘時時去用必有事的工夫而或有時欲速求效此便是助

了卽須勿助其工夫全在必有事焉上用勿忘勿助只就其間提撕警覺而已若是工夫原不間斷卽不須更說勿忘原不欲速求效卽不須更說勿助此其工夫何等明白簡易何等灑脫自在今卻不去必有事上用工而乃懸空守著一箇勿忘勿助漭漭蕩蕩只做得箇沈空守寂學成一箇癡騃漢事來卽便牽滯紛擾不復能經綸宰制此皆由學術誤人之故甚可憫矣○又與鄒守益書曰隨處體認天理勿忘勿助之說大約未嘗不是只要根究下落卽未免捕風捉影縱令鞭辟向裏亦與聖門致良知之功尚隔一塵若復失之毫釐便有千里之繆矣世間無志之人既已見驅於聲利辭章之習間有知得自己性分當求者又被一種似是而非之學兜絆羈縻終身不得出頭緣人未有真爲聖人之志未免挾有見小欲速之私則此種學問極足支吾眼前得過是以雖在豪傑之士而任重道遠志稍不力卽且安頓其中者多矣

祀增城先廟

先生五世祖諱綱者死苗難廟祀增城是月有司復新祠宇先生謁祠奉祀過甘泉先生廬題詩於壁曰我祖死　國事肇禋在增城荒祠幸新復適來奉初烝亦有兄弟好念言思一尋蒼蒼見葭色宛隔環瀛深入門散圖史想見抱膝吟賢郎敬父執童僕意相親病軀不遑宿留詩慰慇懃落落千百載人生幾知音道同著形迹期無奉初心又題甘泉居曰我聞甘泉居近連菊坡麓十年勞夢思今來快心目徘徊欲移家山南尚堪屋渴飲甘泉泉饑食菊坡菊行看羅浮雲此心聊復足與德洪畿書書來見近日工夫之有進足爲喜慰而餘姚紹興諸同志又能相聚會講切奮發興起日勤不懈吾道之昌真有火燃泉達之機矣喜幸當何如哉此閒地方悉已平靖只因二三大賊巢爲兩省盜賊之根株淵藪積爲民患者心亦不忍不爲一除翦又復遲留二三月今亦了事矣旬月閒便當就歸途也守儉守文二弟近承夾持啓迪想亦漸有所進正憲尤極懶惰若不痛加鍼砭其病未易能去父子兄弟之閒情旣迫切責善反難其任乃在師友

之閑想平日骨肉道義之愛當不俟於多囑也與何性之書區區病勢日
狠狽自至廣城又增水瀉日夜數行不得止至今遂兩足不能坐立須稍
定卽踰嶺而東矣諸友皆不必相候果有山陰之興卽須早鼓錢塘之舵
得與德洪汝中輩一會聚彼此當必有益區區養病本去已三月旬日後
必得　旨亦遂發舟而東縱未能遂歸田之願亦必得一還陽明洞與諸
友一面而別且後會又有可期也千萬勿復遲疑徒躭誤日月總及隨舟
而行沿途官吏送迎請謁斷亦不能有須臾之暇宜悉此意書至卽撥冗
德洪汝中輩亦可促之早爲北上之圖伏枕潦草

十一月乙卯先生卒於南安

是月廿五日踰梅嶺至南安登舟時南安推官門人周積來見先生起坐
咳喘不已徐言曰近來進學如何積以政對遂問道體無恙先生曰病勢
危亟所未死者元氣耳積退而迎醫診藥廿八日晚泊問何地侍者曰青
龍鋪明日先生召積入久之開目視曰吾去矣積泣下問何遺言先生微

哂曰此心光明亦復何言頃之瞑目而逝二十九日辰時也贛州兵備門人張思聰追至南安迎入南埜驛就中堂沐浴衾斂如禮先是先生出廣布政使門人王大用備美材隨舟思聰親敦匠事鋪裀設褥表裏裼襲門人劉邦采來奔喪事十二月三日思聰與官屬師生設祭入棺明日輿櫬登舟士民遠近遮道哭聲振地如喪考妣至贛提督都御史汪鋐迎祭於道士民沿途擁哭如南安至南昌巡按御史儲良材提學副使門人趙淵等請改歲行士民昕夕哭奠

八年己丑正月喪發南昌

是月連日逆風舟不能行趙淵祝於柩曰公豈爲南昌士民留耶越中子弟門人來候久矣忽變西風六日直至弋陽先是德洪與畿西渡錢塘將入京　殿試聞先生歸遂迎至嚴灘聞訃正月三日成喪於廣信訃告同門是日正憲至初六日會於弋陽初十日過玉山弟守儉守文門人欒惠黃洪李珙范引年柴鳳至

二月庚午喪至越

四日子弟門人奠柩中堂遂飾喪紀婦人哭門內孝子正憲攜弟正億與親族子弟哭門外門人哭幕外朝夕設奠如儀每日門人來弔者百餘人有自初喪至卒葬不歸者書院及諸寺院聚會如師存是時朝中有異議爵廕贈諡諸典不行且下詔禁僞學詹事黃綰上疏曰忠臣事君義不苟同君子立身道無阿比臣昔爲都事今少保桂萼時爲舉人取其大節與之交友及臣爲南京都察院經歷見大禮不明相與論列相知二十餘年始終無間昨臣薦新建伯王守仁堪以柄用萼與守仁舊不相合因不謂然小人乘閒構隙然臣終不以此廢萼平生也但臣於事君之義立身之道則有不得不明者臣所以深知守仁者蓋以其功與學耳然功高而見忌學古而人不識此守仁之所以不容於世也蓋其功之大者有四其一宸濠不軌謀非一日內而內臣如魏彬等嬖幸如錢寧江彬等文臣如陸完等爲之內應外而鎮守如畢真劉朗等爲之外應故當時中外諸臣多

懷觀望若非守仁忠義自許身任討賊之事不顧赤族之禍倡義以勤王運籌以伐謀則天下安危未可知今乃皆以爲伍文定之功是輕發縱而重走狗豈有兵無勝算而濠可徒搏而擒者乎其二大帽茶寮浰頭桶岡諸賊寨勢連四省兵連累歲若非蚤平南方自此多事守仁臨鎮次第底定其三田州思恩搆釁有年事不得息民不得已故起守仁以往定以兵機感以誠信乃使盧王之徒崩角來降感泣受杖遂平一方之難其四自來八寨爲兩廣腹心之疾其間守戍官軍與賊爲黨莫可柰何守仁假永順狼兵盧王降卒并而襲之遂去兩廣無窮之巨害實得兵法便宜之算夫兵凶戰危守仁所立戰功皆除大患卒之以死勤事夫兵政國之大事宜爲後世法可以終泯其功乎其學之大要有三一曰致良知實本先民之言蓋致知出於孔氏而良知出於孟軻性善之論二曰親民亦本先民之言蓋大學舊本所謂親民者卽百姓不親之親凡親賢樂利與民同其好惡而爲絜矩之道者是已此所據以從舊本之意非創爲之說也三曰

知行合一亦本先民之言蓋知至至之知終終之只一事也守仁發此欲
人言行相顧勿事空言以爲學也是守仁之學弗詭於聖弗畔於道乃孔
門之正傳也可以終廢其學乎然以萼之非守仁遂致 陛下失此良弼
使守仁不獲致君堯舜誰之過與臣不敢以此爲萼是也況賞罰者御世
之權以守仁之功德勞於王事乃常典不及削罰有加廢褒忠之典倡黨
錮之禁非所以輔 明主也守仁客死妻子孱弱家童載骨藁埋空山鬼
神有知當爲惻然臣實不忍見 聖明之世有此事也假使守仁生於異
世猶當追崇況在今日哉且永順之衆盧王之徒素慕守仁威德如此舉
措恐失其望關係夷情亦非細故臣昔與守仁爲友幾二十年一日憤寡
過之不能守仁從而覺之若有深省遂復師事之是臣於守仁實非苟然
相信如世俗師友者也臣於君父之前處師友之閒既有所懷不敢不盡
昔萼爲小人所讒臣爲之憤既而得白臣爲之喜固非臣之私也今守仁
之抱寃亦猶萼之負屈伏願擴一視之仁特敕所司優以卹典贈諡仍與

世襲弁開學禁以昭聖政若此事不明則辱之與臣終不能以自忘故臣敢言及於此所以盡事　陛下之忠且以補辱之過亦以盡臣之義也疏入不報於是給事中周延抗疏論列謫判官

十一月葬先生於洪溪

是月十一日發引門人會葬者千餘人麻衣衰屨扶柩而哭四方來觀者莫不交涕洪溪去越城三十里入蘭亭五里先生所親擇也先是前溪入懷與左溪會衝嚙右麓術者心嫌欲棄之有山翁夢神人緋袍玉帶立於溪上曰吾欲還溪故道明日雷雨大作溪泛忽從南岸明堂周闊數百尺遂定穴門人李珙等築治更番晝夜不息者月餘而墓成

王文成公全書卷之三十四

附錄四　年譜四

年譜附錄二

嘉靖九年庚寅五月門人薛侃建精舍於天真山祀先生

天真距杭州城南十里山多奇巖古洞下瞰八卦田左抱西湖前臨胥海師昔在越講學時嘗欲擇地當湖海之交目前常見浩蕩圖卜築以居將終老焉起征思田洪鐖隨師渡江偶登茲山若有會意者臨發以告師喜曰吾二十年前遊此久念不及悔未一登而去至西安遺以二詩有天真泉石秀新有鹿門期及文明原有象卜築豈無緣之句侃奔師喪既終葬患同門聚散無期憶師遺志遂築祠於山麓同門董澐劉侯孫應奎程尚寧范引年柴鳳等董其事鄒守益方獻夫歐陽德等前後相役齋廡庖湢具備可居諸生百餘人每年祭期以春秋二仲月仲丁日四方同志如期陳禮儀懸鐘磬歌詩侑食祭畢講會終月

十年辛卯五月同門黃弘綱會黃綰於金陵以先生允子王正億請婚

先是師殯在堂有忌者行譖於朝革錫典世爵有司默承風旨媒孽其家鄉之惡少遂相煽欲以魚肉其子弟允子正億方四齡與繼子正憲離仳竄逐蕩析厥居明年夏門人大學士方獻夫署吏部擇刑部員外王臣陞浙江僉事分巡浙東經紀其家奸黨稍阻弘綱以洪畿擬是冬赴京 殿試恐失所托適綰陞南京禮部侍郎弘綱問計綰曰吾室遠莫計有弱息願妻之情關至戚庶得處耳是月洪畿趨金陵爲正億問名綰曰老母家居未得命不敢專洪畿復走台得太夫人命於是同門王艮遂行聘禮焉

十一年壬辰正月門人方獻夫合同志會於京師自師沒桂蕚在 朝學禁方嚴薛侃等既遭罪譴京師諱言學至是年編修歐陽德程文德楊名在翰林侍郎黃宗明在兵部戚賢魏良弼沈謐等在科與大學士方獻夫俱主會於時黃綰以進表入洪畿以趨廷對入與林春林大欽徐樾朱衡王惟賢傅頤等四十餘人始定日會之期聚於慶壽山房

九月正億趨金陵

正億外侮稍息內釁漸萌深居家局同門居守者或經月不得見相懷憂逼於是同門僉事王臣推官李逢與歐陽德王艮薛僑李珙管州議以正億趨金陵將依舅氏居焉至錢塘惡少有躡其後載者迹既露諸子疑其行請卜得鼎二之上吉乃佯言共分允子金以歸惡黨信爲實弛謀有不便者遂以分金騰謗流入京師臣以是被中黜職

十二年癸巳門人歐陽德合同志會於南畿

自師沒同門既襄事於越三年之後歸散四方各以所入立教合併無時是年歐陽德季本許相卿何廷仁劉暘黃弘綱嗣講東南洪亦假事入金陵遠方志士四集類萃羣趨或講於城南諸刹或講於國子雞鳴倡和相稽疑辯相繹師學復有繼興之機矣

十三年甲午正月門人鄒守益建復古書院於安福祀先生

師在越時劉邦采首創惜陰會於安福間月爲會五日先生爲作惜陰說

既後守益以祭酒致政歸與邦采劉文敏劉子和劉陽歐陽瑜劉肇袞尹一仁等建復古連山復真諸書院爲四鄉會春秋二季合五郡出青原山爲大會凡鄉大夫在郡邑者皆與會焉於是四方同志之會相繼而起惜陰爲之倡也

三月門人李遂建講舍於衢麓祀先生

先自師起征思田舟次西安門人欒惠王璣等數十人雨中出候師出天真二詩慰之明年師喪還玉山惠偕同門王修徐霈林文璣等迎櫬於草萍驛憑棺而哭者數百人至西安諸生追師遺教莫知所寄洪畿乃與璣應典等定每歲會期是年遂爲知府從諸生請築室于衢之麓設師位歲修祀事諸生柴惟道徐天民王之弼徐惟緝王之京王念偉等又分爲龍游水南會徐用檢唐汝禮趙時崇趙志皐等爲蘭西會與天真遠近相應往來講會不輟衢麓爲之先也

五月巡按貴州監察御史王杏建王公祠於貴陽

師昔居龍場誨擾諸夷久之夷人皆式崇尊信提學副使席書延至貴陽
主教書院士類感德翕然向風是年杳按貴陽閭里巷歌聲藹藹如越音
又見士民歲時走龍場致奠亦有遙拜而祀於家者始知師教入人之深
若此門人湯哻葉梧陳文學等數十人請建祠以慰士民之懷乃爲贖白
雲菴舊址立祠置膳田以供祀事杳立石作碑記記略曰諸君之請立祠
欲追崇先生也立祠足以追崇先生乎構堂以爲宅設位以爲依陳俎豆
以爲享祀似矣追崇之實會是足以盡之乎未也夫尊其人在行其道想
像於其外不若佩教於其身先生之道之教諸君所親承者也德音鑿鑿
聞者飫矣光範丕丕炙者切矣精蘊淵淵領者深矣諸君何必他求哉以
聞之昔日者而傾耳聽之有不以道則曰非先生之法言也吾何敢言以
見之昔日者而凝目視之有不以道則曰非先生之德行也吾何敢行以
領之昔日者而潛心會之有不以道則曰非先生之精思也吾何敢思言
先生之言而德音以接也行先生之行而光範以覩也思先生之思而精

蘊以傳也其爲追崇也何尙焉

十四年乙未刻先生文錄於姑蘇

先是洪畿奔師喪過玉山檢收遺書越六年洪教授姑蘇過金陵與黃綰聞人詮等議刻文錄洪作購遺文疏遣諸生走江浙閩廣直隸搜獵逸稿至是年二月鳩工成刻

巡按直隸監察御史曹煜建仰止祠于九華山祀先生

九華山在青陽縣師嘗兩遊其地與門人江□□柯橋等宿化城寺數月寺僧好事者爭持紙索詩通夕灑翰不倦僧蓄墨跡頗富思師夙範刻師像于石壁而亭其上知縣祝增加葺之是年煜因諸生請建祠于亭前扁曰仰止鄒守益捐資令僧買贍田歲供祀事越隆慶戊辰知縣沈子勉率諸生講學于斯增葺垣宇贍田煜祭文見青陽志

十五年丙申巡按浙江監察御史張景提學僉事徐階重修天真精舍立祀田

門人禮部尙書黃綰作碑記記曰今多書院興必由人或仕於斯或遊於

斯或生於斯或功德被於斯必其人實有足重者表表在人思之不見而後立書院以祀之聚四方有志樹之風聲講其道以崇其化浙江之上龍山之麓有曰天真書院立祀陽明先生者也蓋先生嘗遊于斯既沒故于斯創精舍講先生之學以明先生之道夫人知之豈待予言哉正德己卯寧濠之變起事江右將窺神器四方岌岌日危于死浙爲下游通衢八道財賦稱甲濠意欲先得之故陰置腹心討爲之應因先生據其上游奮身獨當之濠速敗浙賴以寧卒免鋒刃荼毒之苦皆先生之功也則今日書院之創非徒講學又以明先生之功也書院始於先生門人行人薛侃進士錢德洪王畿合同志之資爲之繼而門人僉事王臣主事薛僑有事於浙又增治之始買田七十餘畝蒸嘗輯理歲病不給侍御張君按浙迺躋書院而歎曰先生之學論同性善先生之功存於社稷皆所宜祀矧覆澤茲土尤甚惡可忽哉乃屬提學僉事徐君階命紹與推官陳讓以會稽廢寺田八十餘畝爲莊屬之書院又出法臺贖金三百兩命杭州推官羅大

用及錢塘知縣王釴買宋人所爲龜疇田九十餘畝以益之於是需足人聚風聲益樹而道化行矣昔宋因書院而爲學校今於學校之外復立書院蓋久常特新之意與予嘗登兹山坐幽巖步危磴俯江流之洄浙引蒼渤之冥茫北覽西湖南目禹穴雲樹蒼蒼晴嵐窅窅於是愴然而悲悄然而戚恍見先生之如在而不能忘也乃知學校之設既遠遠則常常則玩玩則怠怠則學之道其疎乎書院之作既近近則新新則惕惕則勵勵則學之道其修乎兹舉也立政立教之先務益於吾浙多矣

十六年丁酉十月門人周汝員建新建伯祠于越

是年汝員以御史按浙先是師在越四方同門來遊日衆能仁光相至大天妃各寺院居不能容同門王艮何秦等乃謀建樓居齋舍于至大寺左以居來學師沒後同門相繼來居依依不忍去是年汝員與知府湯紹恩拓地建祠于樓前取南康蔡世新肖師像每年春秋二仲月郡守率有司主行時祀

十一月僉事沈謐建書院于文湖祀先生

文湖在秀水縣北四十里廣環十里中橫一州四面澄碧書院創焉謐初讀傳習錄有悟師學即期執贄請見師征思田弗遂及聞訃追悼不已後爲行人聞薛子侃講學京師乃歎曰師雖沒天下傳其道者尚有人也遂拜薛子率同志王愛等數十人講學於其中置田若干畝以贍諸生是年巡按御史周汝員立師位於中堂春秋二仲月率諸生虔祀事歌師詩以侑食既後謐起僉江西爲師遍立南贛諸祠比沒參政孫宏軾副使劉慤設謐位附食於師謐子進士啓原增置贍田與愛等議附薛子位祭期定季丁日同志與祭天真者俱趨文湖于今益盛

十七年戊戌巡按浙江監察御史傅鳳翔建陽明祠於龍山

龍山在餘姚縣治右辛巳年師歸省祖塋門人夏淳孫陞吳仁管州孫應奎范引年柴鳳楊珂周于德錢大經應揚谷鍾秀王正心正思俞大本錢德周仲實等侍師講學於龍泉寺之中天閣師親書三八會期於壁吳仁

聚徒於閣中合同志講會不輟丁亥秋師出征思田每遺書洪畿必念及龍山之會是年傳以諸生請建祠於閣之上方每年春秋二仲月有司主行時祀

十八年己亥江西提學副使徐階建仰止祠於洪都祀先生

自階典江西學政大發師門宗旨以倡率諸生於是同門吉安鄒守益劉邦采羅洪先南昌李遂魏良弼良貴王臣裘衍撫州陳九川傅默吳悌陳介等與各郡邑選士俱來合會焉魏良弼立石紀事

吉安士民建報功祠于廬陵祀先生

祠在廬陵城西隅師自正德庚午蒞廬陵日進父老子弟告諭之使之息爭睦族興孝悌敦禮讓民漸向化興利剔蠹賑疫禳災皆有實惠七越月而去民追思之旣提督南贛掃蕩流賊定逆濠之亂皆切民命及聞師訃喪過河下沿途哀號如喪考妣乃相與築祠名曰報功歲修私祀後曾孔化賀鈞周祉王時椿時槐陳嘉謨等相與協成制益宏麗春秋郡有司主

祀

十九年庚子門人周桐應典等建書院于壽岩祀先生

壽岩在永康西北鄉岩多瑞石空洞塏爽四山環翠五峯前擁桐典與同門李珙程文德講明師旨嵌岩作室以居來學諸生廬可久程梓等就業者百有餘人立師位於中堂歲時奉祀定期講會至今不輟

二十一年壬寅門人范引年建混元書院于青田祀先生

書院在青田縣治引年以經師爲有司延聘主青田教事講藝中時發師旨諸生葉天秩七十有餘人聞之惕然有感復肅儀相率再拜共進師學又懼師聯無所樹藝不固乃糾材築室肖師像於中堂謂范子之學出於王門追所自也范子卒春秋配食乞洪作仰止祠碑記御史洪恆紀其詳後提學副使阮鶚增建爲心極書院纔作碑記記略曰心極之義其昉諸古乎孔子易有太極是生兩儀以至定吉凶而生大業所以通神明之德類萬物之情而冒天下之道無非易也易者無他吾心寂感有無相生之

機之象也天之道爲陰陽地之道爲剛柔人之道爲仁義三極于是乎立象也者像此者也陰陽相摩剛柔相盪仁義相禪藏乎無扃之鍵行乎無轍之途立乎無所倚之地而神明出焉萬物備焉故曰無思也無爲也寂然不動感而遂通天下之故此孔子之精蘊也當時及門之徒惟顏氏獨得其宗觀夫喟然之歎有曰如有所立卓爾有無之間不可以致詰雖欲從之末由也已故曰發聖人之蘊顏子也顏子沒而聖學遂亡後千餘載濂溪周子始復追尋其緒發爲無極而太極之說蓋幾之矣而後儒紛紛之議尚未能一無惑乎千載之寥寥也蓋漢之儒者泥于有象一切仁義忠孝禮樂教化經綸之迹皆認以爲定理必先講求窮索執爲典要而後以爲應物之則是爲有得于太極似矣而不知太極爲無中之有不可以有名也隋唐以來老佛之徒起而攘臂其間以經綸爲糟粕乃復矯以窈冥玄虛之見甚至掊擊仁義蕩滅禮教一切歸之于無是爲有得于無極似矣而不知無極爲有中之無非可以無名也周子洞見二者之弊轉相

謬溺不得已而救之建立圖說以顯聖學之宗定之以中正仁義而主靜中正仁義云者太極之謂而主靜云者無極之謂人極于是乎立焉議者乃以無極之言爲出于老氏分中正仁義爲動靜而不悟主靜無欲之旨亦獨何哉夫自伏羲一畫以啓心極之原神無方而易無體卽無極也孔子固已言之矣而周子之得聖學之傳無疑也夫聖學以一爲要一者無欲也人之欲大約有二高者蔽于意見卑者蔽于嗜慾皆心之累也無欲則一無欲則明通公溥而聖可學矣君子寡慾故修之而吉小人多慾故悖之而凶吉凶之幾極之立與不立于此焉分知此則知山峯阮子所謂心極之說矣

二十三年甲辰門人徐珊建虎溪精舍于辰州祀先生

精舍在府城隆興寺之北師昔還自龍場與門人蕒元亨蔣信唐愈賢等講學于龍興寺使靜坐密室悟見心體是年珊爲辰同知請於當道與諸同志大作祠宇置贍田鄒守益爲作精舍記羅洪先作性道堂記又有見

江亭玉芝亭鷗鷺軒珊與其弟楊珂俱多題誌

二十七年戊申八月萬安同志建雲興書院祀先生

書院在白雲山麓前對芙蓉峯㦤下秀出如圭大江橫其下同志朱衡劉道劉弼劉𡷫王舜韶吳文惠劉中虛等迎予講學於精修觀諸生在座者百五十人有奇晚遊城闉見民居井落邑屋華麗洪曰民庶且富而諸君敷教之勤若此可謂禮義之鄉矣衡曰是城四十年前猶爲赤土耳問之曰南贛峒賊流劫無常妻女相率而泣曰賊來曷避惟一死可恃耳師來蕩平諸峒百姓始得築城生聚乃有今日皆師之賜也洪嘉嘆不已乃謂曰沐師德澤之深若此南來郡邑俱有祠祀何是地獨無衆皆蹙然曰有志未遂耳乃責洪作疏糾材是夕來相助者盈二百金舉人周賢宣作文祀土衆役並與中遭異議止之至嘉靖甲子衡爲尚書賢宣爲方伯與太僕鄉劉㲄復完舊業祭祀規制大備名曰雲興書院云

九月門人陳大倫建明經書院於韶祀先生

書院在府城先是同門知府鄭騮作明經館與諸生課業倡明師學至是大倫守韶因更建書院立師位與陳白沙先生並祀是月洪謁甘泉湛先生踰庾嶺與諸生鄧魯駱堯知胡直王城劉應奎鍾大賓魏良佐潘槐莫如德張昂等六十三人謁師祠相與入南華二賢閣與鄧魯胡直等共闡師說至隆慶己巳知府李渭大修祠宇集諸生與黃城等身證道要師教復振

二十九年庚戌正月吏部主事史際建嘉義書院于溧陽祀先生

書院在溧陽救荒溶史際因歲青築溶塘以活饑民塘成而建書院于上延四方同志講會館穀之籍其田之所入以備一邑饑荒名曰嘉義欽玉音也際與呂光洵議延洪主教事乃先幣聘越三年茲來定盟是月同志周賢宣趙大河諸生彭若思彭适袁端化王鏊徐大經陳三謨等數十人際率子姪史繼源繼志史銓史珂史繼書繼辰致詹偕吾子壻葉邁鄭安元錢應度應量應禮應樂定期來會常不下百餘人立師與甘泉湛先

生位春秋奉祀○天成篇揭嘉義堂示諸生曰吾人與萬物混處於天地之中爲天地萬物之宰者非吾身乎其能以宰乎天地萬物者非吾心乎心何以能宰天地萬物也天地萬物有聲矣而爲之辯其聲者誰歟天地萬物有色矣而爲之辯其色者誰歟天地萬物有味矣而爲之辯其味者誰歟天地萬物有變化矣而神明其變化者誰歟是天地萬物之聲非聲也由吾心聽斯有聲也天地萬物之色非色也由吾心視斯有色也天地萬物之味非味也由吾心嘗斯有味也天地萬物之變化非變化也由吾心神明之斯有變化也然則天地萬物也非吾心則弗靈矣吾心之靈毀則聲色味變化不得而見矣聲色味變化不可見則天地萬物亦幾乎息矣故曰人者天地之心萬物之靈也所以主宰乎天地萬物者也○吾心爲天地萬物之靈者非吾能靈之也吾一人之視其色若是矣凡天下之有目者同是明也一人之聽其聲若是矣凡天下之有耳者同是聰也一人之嘗其味若是矣凡天下之有口者同是嗜也一人之思慮其變化若

是矣凡天下之有心知者同是神明也匪徒天下爲然也凡前乎千百世已上其耳目同其口同其心知同無弗同也後乎千百世已下其耳目同其口同其心知同亦無弗同也然則明非吾之目也天視之也聰非吾之耳也天聽之也嗜非吾之口也天嘗之也變化非吾之心知也天神明之也故目以天視則盡乎明矣耳以天聽則竭乎聰矣口以天嘗則不爽乎嗜矣思慮以天動則通乎神明矣天作之天成之不參以人是之謂天能是之謂天地萬物之靈○吾心爲天地萬物之靈惟聖人爲能全之非聖人能全之也夫人之所同也聖人之視色與吾目同矣而目能不引於色者率天視也聖人之聽聲與吾耳同矣而耳能不蔽於聲者率天聽也聖人之嗜味與吾口同矣而口能不爽於味者率天嘗也聖人之思慮與吾心知同矣而心知不亂於思慮者通神明也吾目不引於色以全吾明焉與聖人同其視也吾耳不蔽於聲以全吾聰焉與聖人同其聽也吾口不爽於味以全吾嗜焉與聖人同其嘗也吾心知不亂於思慮以全吾神明

焉與聖人同其變化也故曰聖人可學而至謂吾心之靈與聖人同也然則非學聖人也能自率吾天也○吾心之靈與聖人同聖人能全之學者求全焉然則何以爲功耶有要焉不可以支求也吾目蔽於色矣而後求去焉非所以全明也吾耳蔽於聲矣而後求克焉非所以全聰也吾口爽於味矣而後求復焉非所以全嗜也吾心知亂於思慮矣而後求止焉非所以全神明也靈也者心之本體也性之德也百體之會也徹動靜通物我亘古今無時乎弗靈無時乎或閡者也或生而知之或學而知之或困而知之皆自率是靈以通百物勿使閡于欲焉已矣其功雖不同其靈未嘗不一也吾率吾靈而發之於目焉自辯乎色而不引乎色所以全明也發之於耳焉自辯乎聲而不蔽乎聲所以全聰也發之於口焉自辯乎味而不爽乎味所以全嗜也發之於思慮焉萬感萬應不動聲臭而其靈常寂大者立而百體通所以全神明也人一能之己百之人十能之己千之必率是靈而無閡于欲焉是天作之人復之是之謂天成是之謂致知之

學〇增刻先生朱子晚年定論朱子定論師門所刻止一卷今洪增錄二卷共三卷際令其孫致詹梓刻於書院〇重刻先生山東甲子鄉試錄山東甲子鄉試錄皆出師手筆同門張峯判應天府欲番刻於嘉義書院得吾師繼子正憲氏原本刻之

四月門人呂懷等建大同樓于新泉精舍設師像合講會

精舍在南畿崇禮街初史際師甘泉先生築室買田爲館穀之資是年懷與李遂劉起宗何遷余允緒呂光洵歐陽塾歐陽瑜王與槐陸光祖龐嵩林烈及諸生數十人建樓于精舍設師與甘泉像爲講會會畢退坐昧昧室默對終夕而別是月洪送王正億入胄監至金山遂入金陵趨會焉何遷時爲吏部文選司郎中偕四司同僚邀余登報恩寺塔坐第一層閣曰聞師門禁學者靜坐慮學者偏靜淪枯槁也似也今學者初入門此心久濡俗習淪浹膚髓若不使求密室耳目與物無所覩聞澄思絕慮深入玄漠何時得見真面目乎師門亦嘗言之假此一段以補小學之功又云心

罹疾痼如鏡面斑垢必先磨去明體乃見然後可使一塵不容今禁此一法恐令人終無所入洪對曰師門未嘗禁學者靜坐亦未嘗立靜坐法以入人曰舍此有何法可入曰只教致良知良知即是真面目良知明自能辯是與非自能時靜時動不偏于靜曰何言師門不禁靜坐曰程門歎學者靜坐爲善學師門亦然但見得良知頭腦明白更求靜處精鍊使全體著察一滓不留又在事上精鍊使全體著察一念不欺此正見吾體動而無動靜而無靜時動時靜不見其端爲陰爲陽莫知其始斯之謂動靜皆定之學曰偏於求靜終不可與入道乎曰離喜怒哀樂以求中必非未發之中離仁敬孝慈以求止必非緝熙之止離視聽言動以求仁必非天下歸仁之仁是動靜有間矣非合內合外故不可與語入道曰師門亦有二教乎曰師嘗言之矣吾講學亦嘗誤人今較來較去只是致良知三字無病衆皆起而歎曰致知則存乎心悟致知焉盡矣下塔由畫廊指真武流形圖曰觀此亦可以證儒佛之辯衆皆曰何如曰真武山中久坐無得欲

棄去感老嫗磨針之喻復入山中二十年遂成至道今若畫堯流形圖必從克明峻德親九族以至協和萬邦畫舜流形圖必從舜往于田自耕稼陶漁以至七十載陟方又何時得在金碧山水中枯坐二三十年而後可以成道耶諸友大笑而別

三十年辛亥巡按貴州監察御史趙錦建陽明祠於龍場

龍場舊有龍岡書院師所手植也至是錦建祠三楹於書院北旁翼兩序前爲門仍題曰龍岡書院周垣繚之奠師位於中堂巡撫都御史張鶚翼廉使張堯年參政萬虞愷提學副使謝東山共舉祠祀羅洪先撰祠碑記記略曰予嘗考龍場之事於先生之學有大辯焉夫所謂良知云者本之孩童固有而不假於學慮雖匹夫匹婦之愚固與聖人無異也乃先生自敘則謂困於龍場三年而後得之固有不易者則何以哉今夫發育之功天地之所固有也然天地不常有其功一氣之斂閉而成冬風露之撼薄霜霰之嚴凝隕穫秕敗生意蕭然其可謂寂寞而枯槁矣鬱極而軋雷霆

奮焉百蟄啓羣草茁氤氳動盪於宇宙之間者則向之風霰爲之也是故藏不深則化不速蓄不固則致不遠屈伸剝復之際天地且不違而況於人乎先生以豪傑之才振迅雄偉脫屣于故常於是一變而爲文章再變而爲氣節當其倡言於逆瑾蠱政之時撻之朝而不悔其憂思懇款意氣激烈議論鏗訇真足以凌駕一時而托名後世豈不快哉及其擯斥流離而於萬里絕域荒烟深箐狸鼯豺虎之區形影孑立朝夕惴惴既無一可騁者而且疾病之與居瘴癘之與親情迫於中忘之有不能勢限於外去之有不可輾轉煩瞀以需動忍之益蓋吾之一身已非吾有而又何有於吾身之外至于是而後如大夢之醒強者柔浮者實凡平日所挾以自快者不惟不可以常恃而實足以增吾之機械盜吾之聰明其塊然而生塊然而死與吾獨存而未始加損者則固有之良知也然則先生之學出之而愈張晦之而愈光鼓舞天下之人至於今日不怠者非雷霆之震前日之龍場其風霰也哉嗟乎今之言良知者莫不曰固有固有問其致知之

功任其固有焉耳亦嘗於枯槁寂寞而求之乎所謂盜聰明增機械者亦嘗有辯於中否乎生於憂患死於安樂豈有待於人乎

三十一年壬子提督南贛都御史張烜建復陽明王公祠於鬱孤山

祠在贛州鬱孤臺前濂溪祠之後嘉靖初年軍衛百姓思師恩德不已百姓乃糾材建祠于鬱孤臺以虔尸祝軍衛官兵建祠于學宮右塑像設祀俱有成式繼後異議者移鬱孤祠像於報功祠後湫隘慢褻軍民懷忿至是署兵備僉事沈謐訪詢其故父老子弟相與涕泣申告謐謁師像爲之泫然出涕報功祠舊有贍田米三十八石見供春秋二祭鬱孤祠則取諸贛縣均平銀兩乃具申軍門烜如其議修葺二祠迎師像於鬱孤臺廟貌嚴飾煥然一新軍衛有司各申虔祝父老子弟歲臘駿奔烜作記立石紀事　師自征三浰山寇盡平即日班師立法定制令贛屬縣俱立社學以宣風教城中立五社學東曰義泉書院南曰正蒙書院西曰富安書院又西曰鎮寧書院北曰龍池書院選生儒行義表俗者立爲教讀選子弟秀

穎者分入書院教之歌詩習禮申以孝悌導之禮讓未期月而民心丕變革奸宄而化善良市廛之民皆知服長衣乂手拱揖而歌誦之聲溢於委巷浸浸乎三代之遺風矣繼後異議者盡墮成規而五院爲強暴者私據禮樂之教息矣至是謐詢士民之情罪逐僭據修舉廢墜五社之學復完慎選教讀子弟而淬礪之風教復興渢渢乎如師在日矣

建復陽明王公祠於南安

南安青龍鋪師所屬纊之地也士民哀號哭泣相與建祠於學宮之右歲時父老子弟奔走祝奠有司即爲崇祀廟貌宏麗後爲京師流言承奉風旨者遂遷祠於委巷隘陋污穢人心不堪謐與有司師生議復舊址原制樓五楹前門五楹取委巷祠址之值於民助完工作具申軍門炟從之自是師祠與聖廟並垂不朽矣

三十二年癸丑江西僉事沈謐修復陽明王公祠於信豐縣

按謐虔南公移錄曰贛州府所屬十一縣俱有前都察院右副都御史陽

明王公祠巍然並存蓋因前院功業文章足以匡時而華國謀猷軍旅足以禦暴而捍災南贛士民咸思慕之歌頌功德久而不衰尙有談及而下淚者本縣原有祠堂後有塞門什主者廢爲宴憩之所是誠何心哉爲此仰本縣官吏照牌事例限三日內卽査究淸理仍爲灑掃立主因舊爲新不惟一邑師生故老得以俱與瞻仰之私而凡過信豐之墟者咸得以盡展拜俎豆之禮古人所謂愛禮存羊禮失求野之意卽是可見矣時謚署南贛兵備事故云

三月改建王公祠於南康

南康舊有祠在學宮右後因異議者遷師像於旭山韓公祠內謁往謁祠見二像並存於一室王公有祭而無祠韓公有祠而無祭其室且卑陋訪祠西有鄉約所前有堂三間後有閣一座規模頗勝乃置師像於堂而復其祭韓公祠另爲立祭使原有祠者因祠而舉祭原有祭者因祭而立祠則兩祠之勢並峙而各全其尊報功之典同行而咸盡其義矣

三月安遠縣知縣吳卜相請建王公報功祠

安遠舊無師祠百姓私立牌於小學父老子弟相率餽奠始伸歲臘之情卜相見之乃惕然曰此吾有司之責也乃具申舊院道謂前都御史陽明王公功在天下而安遠爲用武之地教在萬世而虔州爲首善之區本縣正德年間中有廣寇葉芳擁衆數千肆行剽掠民不聊生自受本院撫勦以來立籍當差無異於土著之齊民後生小子不忘乎良知之口授今詢輿情擇縣西舊提備所空處堪以修建祠堂本縣將日逐自理詞訟銀兩買辦供費庶財省而功倍祀專而民悅嘉靖二十九年申據前提督軍門盧俱如議行之見今像貌森嚴祠宇宏麗申兵備僉事沈提督軍門張扁其堂曰仰止門曰報功祠烜爲作記立石紀事

四月瑞金縣知縣張景星請建王公報功祠

按虔南公移錄景星申稱正德初年歲祲民饑夤賊衝熾民不聊生逃亡過半賴提督軍門王公剪除兇惡宣布德威發粟賑饑逃民復業感恩思

德欲報無酧今有耆民蘇振等願自助財鳩工拓鄉校右以崇祠像李珩祿願自助旱田八十畝以承春秋尸祝僉事沈謐嘉獎之申照軍門張烜嚴立規制題曰報功立石紀事

六月崇義縣知縣王廷耀重修陽明王公祠

崇義縣在上猶大庾南康之中相距各三百餘里師所奏建也數十年來居民井落草木茂密生聚繁衍百姓追思功德家設像以致奠祝至是廷耀請於前軍門盧會民建師祠於儒學東隅盧從之僉事沈謐巡縣廷耀請新舊制謚爲增其未備設制定祀如信豐諸縣立石紀事

九月太僕少卿呂懷巡按御史成守節改建陽明祠於瑯琊山

山去城五里舊有祠在豐樂亭右湫溢不容俎豆茲改建紫薇泉上是年畿謁師祠與懷戚賢等數十人大會於祠下十月洪自寧國與貢安國謁師祠見同門高年猶有能道師教人初入之功者

三十三年甲寅巡按直隸監察御史閭東寧國知府劉起宗建水西書院祀先

生

水西在涇縣大溪之西有上中下三寺初與諸生會集寓於各寺方丈旣而諸生日衆僧舍不能容乃築室於上寺之隙地以備講肄又不足提學御史黄洪毘與知府劉起宗創議建精舍於上寺右未就巡按御史閭東提學御史趙鏜繼至起宗復申議於是屬知縣邱時庸恢弘其制督成之邑之士民好義者競來相役南陵縣有寡婦陳氏曹按妻也遣其子廷武輸田八十畝有奇以廩餼來學於時書院館穀具備遂成一名區云起宗禮聘洪畿間年至會

三十四年乙卯歐陽德改建天真仰止祠

德揭天真祠曰據師二詩石門蒼峽龜疇胥海皆上院之景吾師神明所依也今祠建山麓恐不足以安師靈適其徒御史胡宗憲提學副使阮鶚俱有事吾浙卽責其改建祠於其上院扁其額曰仰止江西提學副使王宗沐訪南康生祠塑師像遣生員徐應隆迎至新祠爲有司公祭下祠塑

師燕居像爲門人私祭郡守益謨天真仰止祠記記曰嘉靖丙辰錢子德洪聚青原連山之間議葺陽明先生年譜且曰仰止之祠規模聳舊觀矣宜早至一記之未果趨也迺具顚末以告天真書院本天真天龍淨明三寺地歲庚寅同門王子臣薛子侃王子畿暨德洪建書院以祀先生新建伯中爲祠堂後爲文明閣藏書室望海亭左爲嘉會堂游藝所傳經樓右爲明德堂日新館傍爲翼室置田以供春秋祭祀歲甲寅今總制司馬梅林胡公宗憲按浙今中丞阮公鶚視學謀於同門黄子弘綱主事陳子宗虞改祠於天真上院距書院半里許以薛子侃歐陽子德王子臣附俱有事師祠也左爲敘勳堂右爲齋堂後崖爲雲泉樓前爲祠門門之左通慈雲嶺磴道横亙若虹立石牌坊於嶺上題曰仰止下接書院百步一亭曰見疇曰瀛雲曰環海右拓基爲淨香菴以居守僧外爲大門合而題之曰陽明先生祠門外半壁池跨池而橋曰登雲橋外卽龜田亭其上曰太極云歲丁巳春總制胡公平海夷而歸思敷文教以戢武士命同門杭二守

唐堯臣重刻先生文錄傳習錄於書院以嘉惠諸生重修祠宇加丹堊泉石之勝闢凝霞玄陽之洞梯上真躡蟾窟經蒼峽采十真以臨四眺湘烟越嶠縱足萬狀窮島怒濤坐收樽俎之間四方遊者愕然以爲造物千年所祕也文明有象先生嘗詠之而一旦盡發於羣公鬼神其聽之矣守益拜首而復曰真之動以天也微矣果疇而仰應又疇而止之先師之訓曰有而未嘗有是真有也無而未嘗無是真無也見而未嘗見是真見也而反覆師旨慨乎顏子知幾之傳故其詩曰無聲無臭而乾坤萬有基焉是無而未嘗無也又曰不離日用常行而直造先天未畫焉是有而未嘗有也無而未嘗無故視聽言動于天則欲罷而不能有而未嘗有故天則穆然無方無體欲從而末由茲顏氏之所以爲真見也吾儕之服膺師訓久矣飭勵事爲而未達行著習察之蘊則倚於滯像研精性命而不屑人倫庶物之實則倚於淩虛自邇而遠自卑而高未免於歧也而入門升堂奚所仰而止乎獨知一脈天德所由立而王道所由四達也慎之爲義從心

從真不可人力加損稍涉加損便入人爲而僞矣古之人受命如舜無憂如文繼志述事如武王周公格帝饗廟運天下於掌舉由孝弟以達神明無二塗轍故曰夫微之顯誠之不可掩如此指真之動以天也先師立艱履險磨瑕去垢從直諫遠謫九死一生沛然有悟于千聖相傳之訣析支離於衆淆融闕漏於二氏獨揭良知以醒羣夢故惠流於窮民威讋於巨寇功昭于宗社而教思垂於善類雖罹讒而遇媢欲揜而彌章身沒三十年矣干戈倥偬中表揚日力此豈聲音笑貌可襲取哉惟梅林子嘗受學於金臺至取師門學術勳烈相與研之既令餘姚諳練淬勵荐拜簡命神謀鬼謀出入千古旁觀駭汗而竟以成功若於先師有默解者繼自今督我同遊暨於來學駿奔詠歌務盡齋明盛服之實其望也若跂其至也若休將三千三百盎然仁體罔俾支離闕漏雜之以古所稱忠信篤敬參前倚衡鑾貊無異於州里省刑薄斂親上死長持挺於秦楚是發先師未展之秘達爲赤舄隱爲陋巷俾　聖代中和位育之休熙光天化日之中是

謂仰止之真

三十五年丙辰二月提學御史趙鏜修建復初書院祀先生

書院在廣德州治初鄒守益謫判廣德創建書院置贍田以延四方來學率其徒濮漢施天爵過越見師而還復初之會遂振不息後漢天爵出宦遊是會與復不常者二十年至洪鐵主水西會往來廣德諸生張槐黃中李天秩等邀會五十人過必與停驂信宿是年漢天爵致政歸知州莊士元州判何光裕申鏜復大修書院設師位以歲修祀事

五月湖廣兵備僉事沈寵建仰止祠於崇正書院祀先生

書院在蘄州麒麟山寵與州守同門谷鍾秀建書院以合州之選士講授師學是年與鄉大夫顧問顧闕迎洪於水西諸生鍾沂史修等一百十人有奇合會於立誠堂寵率州守首舉祀事屬洪撰仰止祠記其略曰二三子爾知天下有不因世而異不以地而隔不爲形而拘者非良知之謂乎夫子於諸生世異地隔形疎而願祠而祀之尸而祝之非以良知潛通於

其間乎昔舜文之交也世之相後千有餘歲地之相去千有餘里揆其道則若合符節者何也爲其良知同也若求其同豈惟舜文爲然哉赤子之心與大人同夫婦之愚不肖與聖人同蒸民之不識不知與帝則同故考諸往聖而非古也俟諸百世而非今也無弗同也無弗足也故歷千載如一日焉地不得而間也通千萬人如一心焉形不得而拘也三代而降世衰道微而良知眞體炯然不滅故夫子一發其端而吾人一觸其幾怳然如出幽谷而覩天日故諸生得之易而信之篤者爲良知同也雖然諸生今日得之若易信之若篤矣亦尙思其難而擬其信之若未至乎昔者夫子之始倡是學也天下非笑詆訾幾不免于陷穽者屢矣夫子憫人心之不覺也忘其身之危困積以誠心稽以實得見之行事故天下之同好者共起而以身承之以政明之故諸生之有今日噫亦難矣諸生今日之得若火燃泉達能繼是無間必信其燎原達海以及于無窮斯爲眞信也已是在二三子圖之

四十二年癸亥四月先師年譜成

師既沒同門薛侃歐陽德黃弘綱何性之王畿張元沖謀成年譜使各分年分地搜集成藁總裁於鄒守益越十九年庚戌同志未及合併洪分年得師始生至謫龍場寓史際嘉義書院具稿以復守益又越十年守益遺書曰同志注念師譜者今多為隔世人矣後死者寧無懼乎譜接龍場以續其後修飾之役吾其任之洪復寓嘉義書院具稿得三之二壬戌十月至洪都而聞守益訃遂與巡撫胡松弔安福訪羅洪先于松原洪先開關有悟讀年譜若有先得者乃大悅遂相與考訂促洪登懷玉越四月而譜成

八月提學御史耿定向知府羅汝芳建志學書院于宣城祀先生

洪畿初赴水西會過寧國府諸生周怡貢安國梅守德沈寵佘珊徐大行等二百人有奇延至景德寺講會相繼不輟是年畿至定向汝芳規寺隙地建祠立祀于今講會益盛後知府鍾一元扁為昭代真儒遵聖諭也

四十三年甲子少師徐階撰先生像記

記曰陽明先生像一幅水墨寫嘉靖己亥予督學江西就士人家摹得先生燕居像二朝衣冠像一明年庚子夏以燕居之一贈呂生此幅是也先生在正德間以都御史巡撫南贛督兵敗宸濠平定大亂拜南京兵部尙書封新建伯其後以論學爲世所忌竟奪爵予往來吉贛問其父老云濠之未叛也先生奉命按事福州乞歸省其親乘單舸下南昌至豐城聞變將走還幕府爲討賊計而吉安太守松月伍公議適合郡又有積穀可養士因留吉安徵諸郡兵與濠戰湖中敗擒之其事皆有日月可按覆而忌者謂先生始赴濠之約后持兩端遁歸爲伍所強會濠攻安慶不克乘其沮喪幸成功夫人茍有約其敗徵未見必不遁凡攻討之事勝則侯不勝則族茍持兩端雖強之必不留　武皇帝之在御也政由嬖倖濠悉與結納至或許爲內應方其崛起天下皆不敢意其遽亡先生引兵而西留其家吉安之公署聚薪環之戒守者曰兵敗即縱火毋爲賊辱嗚呼此其功

豈可謂倖成而其心事豈不皦然如日月哉忌者不與其功足矣又舉其心事誣之甚矣小人之不樂成人善也自古君子爲小人所誣者多矣要其終必自暴白乃予所深慨者今世士大夫高者談玄理其次爲柔愿下者直以貪黷奔競謀自利其身有一人焉出死力爲國家平定大亂而以忌厚誣之其勢不盡驅士類入於三者之途不止凡爲治不患無事功患無賞罰議論者賞罰所從出也今天下漸以多事庶幾得人焉馳驅其間而平時所議論者如此雖在上智不以賞罰爲勸懲彼其激勵中才之具不已疎乎此予所深慨也濠之亂孫許二公死于前先生平定之于後其迹不同同有功於名教江西會城孫許皆廟食而先生無祠予督學之二年始祀先生于後圃未幾被召因摹像以歸將示同志者而首以贈呂生予嘗見人言此像于先生極似以今觀之貌殊不武然獨以武功顯於此見儒者之作用矣呂生誠有慕乎尚於其學求之

巡按江西監察御史成守節重修洪都王公仰止祠

大學士李春芳作碑記記曰陽明先生祠少師存翁徐公督學江右時所創建也公二十及第宏詞博學煒然稱首詞林一時詞林宿學皆自以爲不及而公則曰學豈文詞已也日與文莊歐陽公窮究心學聞陽明先生良知之說而深契焉江右爲陽明先生過化公旣闡明其學以訓諸生而又爲崇祀無所不足以繫衆志乃於省城營建祠宇肖先生像祀之遴選諸生之儁茂者樂羣其中名曰龍沙會公課藝暇每以心得開示諸生而一時諸生多所興起云旣公召還洊躋綸閣爲
上所親信蓋去江右幾二十年矣有告以祠宇傾圮者公則愀然動心捐賜金九十屬新建錢令修葺之侍御甘齋成君聞之曰此予責也遂身任其事鳩工拓材飾其所已敝增其所未備堂宇齋舍煥然改觀不惟妥神允稱而諸生之與起者益勃勃不可禦矣噫公當樞筦之任受心膂之寄無論幾務叢委卽宸翰咨答日三四至而猶之不可以已也夫致知學發自孔門而孟子良知之說則又發所未發陽明先生合而言之曰致良知則

好善惡惡之意誠推其極家國天下可坐而理矣公篤信先生之學而曰以體之身心施之政事秉鈞之初即發私餽屏貪墨示以好惡四海嚮風不數年而人心吏治翕然丕變此豈有異術哉好善惡惡之意誠於中也故學非不明之患患不誠耳知善知惡良知具存譬之大明當天無微不照當好當惡當賞當罰當進當退錙銖不爽各當天則循其則而應之則平平蕩蕩無有作好無有作惡而天下平矣故誠而自慊則好人所好惡人所惡而爲仁不誠而自欺則好人所惡惡人所好而爲不仁苟爲不仁生於其心害於其事蠹治戕民有不可勝言者矣公爲此懼又舉明道定性識仁二書發明其義以示海內學者而致知之學益明以切諸生能心惟其義而體諸身則於陽明先生之學幾矣業新舍者其尙體公之意而殫力於誠以爲他日致用之地哉

四十五年丙寅刻先生文錄續編成

師文錄久刻行于世同志又以所遺見寄彙錄得爲卷者六嘉興府知府

徐必進見之曰此於師門學術皆有關切不可不遍行同志董生啓子徵少師存齋公序命工入梓名曰文錄續編幷家乘三卷行於世云

今

上皇帝隆慶元年丁卯五月　詔贈新建侯謚文成

丁卯正月詔病故大臣有應得恤典贈謚而未得者許部院科道官議奏定奪於是給事中辛自修岑用賓等御史王好問耿定向等上疏原任新建伯兵部尙書兼都察院左都御史王守仁功勳道德宜膺殊恤下吏禮二部會議得王守仁具文武之全才闡聖賢之絶學筮官郎署而抗疏以犯中璫甘受炎荒之謫建臺江右而提兵以平巨逆親收社稷之功偉節奇勳久見推於輿論封盟錫典豈宜遽奪於身終疏上詔贈新建侯謚文成

制曰竭忠盡瘁固人臣職分之常崇德報功實國家激勸之典矧通侯班爵崇亞上公而節惠易名榮逾華袞事必待乎論定恩豈容以久虛爾故原

任新建伯南京兵部尚書兼都察院左都御史王守仁維岳降靈自天佑
命爰從弱冠屹爲宇宙人豪甫拜省郎獨奮乾坤正論身瀕危而志愈壯
道處困而造彌深紹堯孔之心傳微言式闡倡周程之道術來學攸宗蘊
蓄既宏猷爲丕著遺艱投大隨試皆宜戡亂解紛無施勿效閩粵之箐巢
盡掃而擒縱如神東南之黎庶舉安而文武足憲爰及逆藩稱亂尤資仗
鉞淵謀旋凱奏功速於吳楚之三月出奇決勝邁彼淮蔡之中宵是嘉社
稷之偉勳申盟帶礪之異數既復撫夷兩廣旋至格苗七旬謗起功高賞
移罰重爰遵遺　詔兼采公評續相國之生封時肅旌伐追曲江之殊卹
庶以酬勞茲特贈爲新建侯謚文成錫之
誥命於戲鐘鼎勒銘嗣美東征之烈券綸昭錫世登南國之功永爲一代之宗
臣實耀千年之史冊冥靈不昧寵命其承六月十七日遣行人司行人
賜造墳域遣浙江布政使司堂上正官參政　與祭七壇
二年戊辰六月先生嗣子正億襲伯爵

元年三月給事中辛自修岑用賓等爲開讀事上疏請復伯爵吏部尚書

楊博奉

旨移咨江西巡撫都御史任士憑會同巡按御史蘇朝宗查覆征藩實跡及

浙江巡撫都御史趙孔昭巡按御史王得春奏應復爵廕相同于是吏部

奉欽依會同成國公朱希忠戶部尚書馬森等議得本爵一聞逆濠之變

不以非其職守急還吉安倡義勤王未踰旬朔而元兇授首立消東南尾

大之憂不動聲色而奸宄蕩平坐貽宗社磐石之固較之開國佐命

時雖不同擬之靖遠咸寧其功尤偉委應補給

誥券容其子孫承襲以彰與國咸休永世無窮之報議上詔遵

先帝原封伯爵與世襲至三年五月御史傅寵奏議爵廕吏部復請欽依

會同成國公朱希忠戶部尚書劉體乾議得誠意伯劉基食糧七百石乃

太祖欽定靖遠伯王驥一千石新建伯王守仁一千石係累朝欽定多寡不

同夫封爵之典論功有六曰開國曰靖難曰禦胡曰平番曰征蠻曰擒反

而守臣死綏兵樞宣猷督府勦寇咸不與焉蓋六功者關
社稷之重輕係四方之安危自非茅土之封不足以報之至于死綏宣猷勦
寇則皆一身一時之事錫以錦衣之廕則可概欲剖符則未可也竊照新
建伯王守仁乃正德十四年親捕反賊宸濠之功南昌南贛等府雖同邦
域分土分民各有專責提募兵而平隣賊不可不謂之倡義南康九江等
處首罹荼毒且進且攻人心搖動以藩府而叛
朝廷不可不謂之勁敵出其不意故俘獻于旬月之間若稍懷遲疑則賊謀
益審將不知其所終攻其必救故績收乎萬全之略若少有疎虞則賊黨
益繁自難保其必濟膚功本自無前奇計可以範後靖遠咸寧姑置不論
即如寧夏安化之變比之江西難易逈絕遊擊仇鉞于時得封咸寧伯人
無閒言同一藩服捕反何獨于新建伯而疑之乎所據南京各道御史欲
要改廕錦衣衛于報功之典未盡激勸攸關難以輕擬合無將王守仁男
襲新建伯正億不必改議以後子孫仍照臣等先次會題

明旨許其世襲

詔從之准照舊世襲

王文成公全書卷之三十五

附錄五　年譜附錄五

增訂年譜刻成啓原檢舊譜得爲序者五得論年譜書者二十乃作而歎曰譜之成也非苟然哉陽明夫子身明其道於天下緒山念菴諸先生心闡斯道於後世上以承百世正學之宗下以啓百世後聖之矩讀是譜者可忽易哉乃取敍書彙而錄之以附譜後使後之志師學者知諸先生爲道之心身斯譜其無窮乎

陽明先生年譜序

門人錢德洪

嘉靖癸亥夏五月陽明先生年譜成門人錢德洪稽首敘言曰昔堯舜禹開示學端以相授受曰允執厥中四海困窮天祿永終噫此三言者萬世聖學之宗與執中不離乎四海也中也者人心之靈同體萬物之仁也執中而離乎四海則天地萬物失其體矣故堯稱峻德以自親九族以至和萬邦舜稱玄德必自定父子以化天下堯舜之爲帝禹湯文武之爲王所以致唐虞之

隆成三代之盛治者謂其能明是學也後世聖學不明人失其宗紛紛役役疲極四海不知中爲何物伯術與假借聖人之似以持世而不知逐乎外者遺乎內也佛老出窮索聖人之隱微以全生而不知養乎中者遺乎外也教衰行弛喪亂無日天祿亦與之而永終噫夫豈無自而然哉寥寥數千百年道不在位孔子出祖述堯舜顏曾思孟濂溪明道繼之以推明三聖之旨斯道燦燦然復明於世惜其空言無徵百姓不見三代之治每一傳而復晦寥寥又數百年吾師陽明先生出少有志於聖人之學求之宋儒不得窮思物理卒遇危疾乃築室陽明洞天爲養生之術靜攝既久恍若有悟蟬脫塵坌有飄飄遐舉之意焉然卽之於心若未安也復出而用世謫居龍場衡困拂鬱萬死一生乃大悟良知之旨始知昔之所求未極性真宜其疲神而無得也蓋吾心之靈徹顯微忘內外通極四海而無閒卽三聖所謂中也本至簡也而求之繁至易也而求之難不其謬乎征藩以來再遭張許之難呼吸生死百鍊千摩而精光煥發益信此知之良神變妙應而不流於蕩淵澄靜寂

而不墮於空微之千聖莫或紕繆雖百氏異流咸於是乎取證焉噫亦已微矣始教學者悟從靜入恐其或病於枯也揭明德親民之旨使加誠意格物之功至是而特揭致良知三字一語之下洞見全體使人人各得其中由是以昧入者以明出以塞入者以通出以憂憤入者以自得出四方學者翕然來宗之噫亦云兆矣天不慭遺野死遐荒不得終見三代之續豈非千古一痛恨也哉師既沒吾黨學未得止各執所聞以立教儀範隔而真意薄微言隱而口說騰且喜為新奇譎祕之說淩獵超頓之見而不知日遠於倫物甚者認知見為本體樂疏簡為超脫隱幾智於權宜蔑禮教於任性未及一傳而淆言亂衆甚為吾黨憂邇年以來亟圖合併以宣明師訓漸有合異統同之端謂非良知昭晰師言之尚足徵乎譜之作所以徵師言耳始謀於薛尚謙顧三紀未就同志日且凋落鄒子謙之遺書督之洪亦大懼湮沒假館於史恭甫嘉義書院越五月草半就趨謙之而中途聞訃矣偕撫君胡汝茂往哭之返見羅達夫閉關方嚴及讀譜則喟然歎曰先生之學得之患難幽獨

中蓋三變以至於道今之談良知者何易易也遂相與刋正越明年正月成于懷玉書院以復逹夫比歸復與王汝中張叔謙王新甫陳子大賓黃子國卿王子健互精校閱曰庶其無背師說乎命壽之梓然其事則核之奏牘其文則稟之師言罔或有所增損若夫力學之次立教之方雖因年不同其旨則一洪竊有取而三致意焉噫後之讀譜者尚其志逆神會自得於微言之表則斯道庶乎其不絕矣僭爲之序

陽明先生年譜考訂序

後學羅洪先

嘉靖戊申先生門人錢洪甫聚青原言年譜僉以先生事業多在江右而直筆不阿莫洪先君遂舉丁丑以後五年相屬又十六年洪甫攜年譜稿二三冊來謂之曰戊申青原之聚今幾人哉洪甫懼始堅懷玉之留明年四月年譜編次成書求踐約會滁陽胡汝茂巡撫江右擢少司馬且行刻期入梓敬以旬日畢事已而即工稍緩復留月餘自始至卒手自更正凡八百數十條其見聞可據者刪而書之歲月有稽務盡情實微涉揚詡不敢存一字大意

貴在傳信以俟將來於是年譜可觀洪先因訂年譜反覆先生之學如適途者顛仆沈迷泥淖中東起西陷亦既困矣然卒不爲休也久之得小蹊徑免於沾途視昔之險道有異焉在他人宜若可以已矣然卒不爲休也久之得大康莊視昔之蹊徑又有異焉在他人宜若可以已矣乃其意則以爲出於險道而一旦至是不可謂非過幸彼其才力足以特立而困爲我者固尚衆也則又極力呼號冀其偕來以共此樂而顛迷愈久呼號愈切其安焉而弗之悟者顧視其呶呶至老死不休而翻以爲笑不知先生蓋有大不得已者惻於中嗚呼豈不尤異也乎故善學者竭才爲上解悟次之聽言爲下蓋有密證殊資嘿持妙契而不知反躬自求實際以至不副夙期者多矣固未有歷涉諸難深入真境而觸之弗靈發之弗瑩必有俟於明師面臨至語私授而後信久遠也洪先談學三年而先生卒未嘗一日得及門然於三者之辨今已審矣學先生之學者視此何哉無亦曰是必有得乎其人而年譜者固其影也

刻陽明先生年譜序

門人王畿

年譜者何纂述始生之年自幼而壯以至於終稽其終始之行實而譜焉者也其事則倣於孔子家語而表其宗傳所以示訓也家語出于漢儒之臆說附會假借鮮稽其實致使聖人之學黯而弗明偏而弗備駁而弗純君子病焉求其善言德行不失其宗者莫要於中庸蓋子思子憂道學之失傳發此以詔後世其言明備而純不務臆說其大旨則在未發之中一言即虞廷道心之微也本諸心之性情致謹於隱微顯見之幾推諸中和位育之化極之乎無聲無臭而後爲至蓋家學之秘藏也孟某氏受業子思之門自附於私淑以致願學之誠於尹夷惠則以爲不同道於諸子則以爲姑舍是自生民以來莫盛於孔子毅然以見而知之爲己任差等百世之上若觀諸掌中是豈無自而然哉所不同者何道所舍者何物所願學者何事端緒毫釐之間必有能辯之者矣漢儒不知聖人之學本諸性情屑屑然取證於商羊萍實防風之骨肅慎之矢之迹以徧物爲知必假知識聞見助而發之使世之學

者不能自信其心倀倀然求知於其外漸染積習其流之弊歷千百年而未
已也我陽明先師崛起絕學之後生而穎異神靈自幼即有志於聖人之學
蓋嘗泛濫於辭章馳騁於才能漸漬於老釋已乃折衷於羣儒之言參互演
繹求之有年而未得其要及居夷三載動忍增益始超然有悟於良知之旨
無內外無精粗一體渾然是即所謂未發之中也其說雖出於孟某氏而端
緒實原於孔子其曰吾有知乎哉無知也蓋有不知而作我無是也言良知
無知而無不知也而知識聞見不與焉此學脈也師以一人超悟之見呶呶
其間欲以挽回千百年之染習蓋亦難矣寖幽寖昌寖微寖著風動雷行使
天下靡然而從之非其有得於人心之同然安能舍彼取此確然自信而不
惑也哉雖然道一而已學一而已良知不由知識聞見而有而知識聞見莫
非良知之用文辭者道之華才能者道之幹虛寂者道之原羣儒之言道之
委也皆所謂良知之用也有舍有取是內外精粗之見未忘猶有二也無聲
無臭散爲萬有神奇臭腐隨化屢遷有無相乘之機不可得而泥也是故溺

於文辭則爲陋矣道心之所達良知未嘗無文章也役於才藝則爲鄙矣天之所降百姓之所與良知未嘗無才能也老佛之沈守虛寂則爲異端無思無爲以通天下之故良知未嘗無虛寂也世儒之循守典常則爲拘方有物有則以適天下之變良知未嘗無典要也蓋得其要則臭腐化爲神奇不得其要則神奇化爲臭腐非天下之至一何足以與於此夫儒者之學務於經世但患於不得其要耳昔人謂以至道治身以土苴治天下是猶泥於內外精粗之二見也動而天游握其機以達中和之化非有二也功著社稷而不尸其有澤究生民而不宰其能教彰士類而不居其德周流變動無爲而成莫非良知之妙用所謂渾然一體者也如運斗極如轉戶樞列宿萬象經緯闔闢推盪出入於大化之中莫知其然而然信乎儒者有用之學良知之不爲空言也師之纘承絕學接孔孟之傳以上窺姚姒所謂聞而知之者非耶友人錢洪甫氏與吾黨二三小子慮學脈之無傳而失其宗也相與稽其行實終始之詳纂述爲譜以示將來其於師門之祕未敢謂盡有所發而假借

附會則不敢自誣以滋臆說之病善讀者以意逆之得於言銓之外聖學之明庶將有賴而是譜不為徒作也已故曰所以示訓也

又

後學胡松

人有恆言真才固難而全才尤難也若陽明先生豈不亶哉其人乎方先生抗議忤權投荒萬里處約居貧困心衡慮縈然道人爾及稍遷令尹漸露鋒穎矣未幾內遷進南太僕若鴻臚官曹簡暇日與門人學子講德問業尚友千古人皆譁之為禪後擢僉副都御史至封拜亦日與門人學子論學不輟而山賊逆藩之變一鼓殲之於是人始服先生之才之美矣雖服先生之才而猶疑先生之學誠不知其何也松嘗謂先生之學與其教人大抵無慮三變始患學者之心紛擾而難定也則教人靜坐反觀專事收斂學者執一而廢百也偏於靜而遺事物甚至厭世惡事合眼習觀而幾於禪矣則揭言知行合一以省之其言曰知者行之始行者知之成又曰知為行主意行為知工夫而要於去人欲而存天理其後又恐學者之泥於言詮而終不得其本

心也則專以致良知爲作聖爲賢之要矣不知者與未信者則又病良知之不足以盡道而羣然吠焉豈知良知卽良心之別名是知也維天高明維地廣博雖無聲臭萬物皆備古今千聖萬賢天下百慮萬事誰能外此知者而致之爲言則篤行固執允迪實際服膺弗失而無所弗用其極並舉之矣豈專守靈明用知而自私耶專守靈明用智自私而不能流通著察於倫物云爲之感而或牽引轉移於情染伎倆之私雖名無不周徧而實難與研慮雖稱莫之信果而實近於蕩恣甚至藐兢業而病防檢私徒與而挾悻嫉廢人道而羣鳥獸此則禪之所以病道者爾先生之學則豈其然乎故其當大事決大疑夷大難不動聲色不喪匕鬯而措斯民於衽席之安皆其良知之推致而無不足而非有所襲取於外他日讀書竊疑孔子之言而曰我戰則克祭則受福夫聖非誇也未嘗習爲戰與鬭也又非有祝詛厭勝之術也而云必克與福得無殆於誣歟是未知天人之心之理之一也夫君子齊戒以養心恐懼而慎事則與天合德而聰明睿知文理密察溥博淵泉而時出之矣

則何禘之不獲何戰之弗克而又奚疑焉不然傳何以曰明乎郊社之禮禘嘗之義治國其如視諸掌乎夫郊社禘嘗之禮則何與於治國之事也夫道一而已矣通則皆通塞則皆塞文豈爲文武豈爲武蓋尙父之鷹揚本於敬義而周公之東征破斧實哀其人而存之彼依託之徒呼喝叱詫豪蕩弗檢自諉爲道與學而欲舉天下之大事祇見其勞而敝矣緒山錢子先生高第弟子也編有先生年譜舊矣而猶弗自信泝錢塘踰懷玉道臨川過洪都適吉安就正於念菴諸君子念菴子爲之刪繁舉要潤飾是正而補其闕軼信乎其文則省其事則增矣計爲書七卷既成則謂予曰君滁人先生蓋嘗過化而今繼居其官且與討論君宜敘而刻之余謝不敢而又弗克辭也則以竊所聞於諸有道者論次如左俾後世知先生之才之全蓋出於其學如此必就其學而學焉庶幾可以弗畔矣夫

後學王宗沐

又

昔者孔子自序其平生得學之年自十五以至七十然後能從心所欲不踰

矩其間大都詣入之深如浚井者必欲極底裏以成而修持之漸如歷階者不容躐一級而進至哉粹乎千古學脈之的也然宗沐嘗仰而思之使孔子不至七十而沒豈其終不至於從心耶若再引而未沒也則七十而後將無復可庸之功耶嗟乎此孔子所謂苦心吾恐及門之徒自顏曾而下有不得而聞者矣夫矩心之體而物之則也心無定體以物為體方其應於物也而體適呈焉烱然煥然無起無作不以一毫智識意解參於其間是謂動以天也而自適於則加之則涉於安排減之則闕而不貫毫釐幾微瞬目萬里途轍倚着轉與則背此非有如聖人之志畢餘生之力精研一守以至於忘體忘物獨用全真則固未有能湊泊其藩者而況於橫心之所欲而望其自然不踰於矩哉此聖學所以別於異端斃而後已不知老之將至者也不踰矩由不惑出而不惑者吾心之精明本體所謂知也自宋儒濂溪明道之沒而此學不傳我

朝陽明王先生蓋學聖人之學者其事功文章與夫歷涉發跡頗為世所奇而

爭傳之以爲怪年幾六十而沒而其晚歲始專揭致良知爲聖學大端良有功於聖門予嘗覽鏡其行事而參讀其書見其每更患難則愈精明負重難則愈堅定然後知先生英挺之稟雖異於人而所以能邃於此學而發揮於作用者亦不能不待於歷歲踐悟之漸而世顧奇其發跡與夫事業文章之餘夫亦未知所本也與先生高弟餘姚錢洪甫氏以親受業乃能譜先生履歷始終編年爲書凡世所語奇事不載而於先生之學前後悟入語次猶詳書成而俾予爲之序

論年譜書　鄒守益

浮峯公歸浙託書促聚復真以了先師年譜竟不獲報烏泉歸審去歲兄在燕峯館修年譜以大水乃旋今計可脫稿爲之少慰同門羣公如中離靜庵善山洛村南野皆勤勤在念又作隔世人矣努力一來了此公案師門固不藉此然後死者之責將誰執其咎佇望佇望歸自武夷勞與暑幷靜養寡出始漸就瘉老年精力更須愛惜願及時勵之風便早示瑤音以快懸跂

論年譜書凡九首

羅洪先

數年一晤千里而來人生幾何幾聚散遂已矣可不悲哉信宿相對受益不淺正通書爐峯問行蹤書扇至矣好心指摘感骨肉愛兒輩何知辱誨真語且波其父兩世銜戢如何爲報計南浦尙有數月留稍暇裁謝也年譜自別後即爲冊事奪去自朝至暮不得暇竟無頃刻相對期須於歲晚圖之幸無汲汲所欲語諸公者面時當不忘別後見諸友幸語收靜之功居今之世百務紛紛中更不回首寧有生意不患其不發揚患不枯槁耳會語教兒輩者可以語諸友也如何

天寒歲暮孤舟漾漾不知何日始抵南浦此心念之忽思年譜非細事兄亦非閑人一番出遊一番歲月亦無許多閑光陰須爲決計久留僻地一二月方可成功前所言省城內外終屬諠囂是非之場斷非著書立言之地又不過終日揖讓飲宴而已何益於久處哉今爲兄計歲晚可過魯江公連山堂靜處且須謝絕城中士友勿復往來可久則春中始發不然初正仍鼓懷玉之棹閑居數

月日間會友皆立常規如此更覺穩便即使柏泉公有扳留意亦勿依違如此方有定向不至優游廢事矣弟欲寄語幷譜草亦當覓便風不長遠也深思爲畫此策萬萬俯聽不惑人言至懇至懇

玉峽人來得手書知兄拳拳譜草前遇便曾附一劄爲公畫了譜之計極周悉幸俯聽且近時人之好尚不同訛言誚謗極能敗人與味縱不之顧恐於侍坐之愆不免犯瞽之戒知公必不忍也附此不盡

倏焉改歲區區者年六十矣七十古稀亦止十年間十年月日可成何事前此只轉瞬耳可不懼哉前連二書望留兄了譜事只留魯江兄宅上百凡皆便有朋友相聚者令寄食於隣如此賓主安矣不然柏泉公有館轂之令則處懷玉爲極當好景好人好日月最是難得如不肖弟者已不得從可輕視哉省中萬不可留毋爲人言所誑再囑再囑年譜一卷反覆三日稍有更正前欲書者乃合登日事而觀綱上言學心若未安今已入目於目中諸書揭標令人觸目亦是提醒人處入梓日以白黑地别之二卷三卷如舉良知之說皆可揭標於目

中矣望增入不識兄今何在便風示知之

正月遣使如吳江迎沈君會附年譜稿并小簡上想已即達龍光之聚言之使人與勤弟謬以不肖所講言之諸兄是執事說假譬以興發之在諸君或有自得在不肖聞之愧耳供張不煩有司甚善只恐往來酬應亦費時日兼彼此不便則何如諸君之意方專誠不知何以為去留也年譜續修者望寄示柏泉公為之序極善俟人至當促之來簡精詣力究四字真吾輩猛省處千載聖人不數數只為欠此四字近讀轝壤之集亦覺此老收手太早若是孔子直是停脚不得也願共勉之

承別簡數百言反覆於僕之稱謂謂僕心師陽明先生稱後學不稱門人與童時初志不副稱門人於沒後有雙江公故事可援且謬加許可以為不辱先生門牆此皆愛僕太過特為假借推引耳在僕固有所不敢竊意古人之稱謂皆據實不苟焉以著誠也昔之願學孔子者莫如孟子孟子嘗曰予未得為孔子徒也蓋歎之也彼其歎之云者謂未得親炙見而知之以庶幾於速肖焉耳固

未始即其願學而遂自謂之徒也夫得及門雖互鄉童子亦與其進不得及門
雖孟子不敢自比於三千後之師法者宜如何哉此僕之所以不敢也雖然僕
於先生之學病其未有得耳如得其門稱謂之門不門何足輕重是爲僕謀者
在願學不在及門也今之稱後學者恆不易易必其人有足師焉然後書之如
是則僕之稱謂實與名應宜不可易若故江公與僕兩人一則嘗侍坐一則未
納贄事體自別不得引以爲例且使僕有不得及門之歎將日俛焉孳而及之
亦足以爲私淑之助未爲戚也惟兄　言

廿六日吐泄大作醫云內有感冒五日後方云無事在五六日中自分與兄永
訣方見門前光景未能深入究意亦無奈何惟此自知耳雖父子間不能一語
接也初四日復見正月廿日書始知廿四之期決不可留人爲悵悵蓋兄在南
浦一日未安則弟不能安松原一日今離去太遠此心如何此心如何見兄論
夜坐詩中閒指先天之病非謂先天也謂學也記得白沙夜坐有云些兒若問
天根處亥子中間得最真又云吾儒自有中和在誰會求之未發前是白沙無

心於言也信口拈來自與道合白沙雖欲靳之有不可得者也不肖正欲反其意而言不自達爲之媿媿然不敢妄言乃遵兄終身之惠不敢不敬承病戒多言復此喋喋不任惶恐附此再呈不次

前病中承示行期卽力疾具復未幾王使來復辱惠以年譜卽日命筆裁請緣其中有當二三人細心商量者而執事得先生真傳面對口語不容不才億度比別樣敘作用不同故須再請於執事務細心端凝曲盡當時口授大義使他年無疑於執事可也自整不妨連下或至來年總寄來不肖不敢不盡其愚此千載之事非一時草草然舍今不爲後一輩人更不可望矣峽江胡君知事者書來託之斷不稽緩

八月十一日始得兄六月朔日書則知弟六月下旬所寄書未知何日至也柏泉公七月發年譜來日夕相對得盡寸長平生未嘗細覽文集今一一詳究始知先生此學進爲始末之序因之頗有警悟故於年譜中手自披校凡三四易稿於兄原本似失初制誠爲僭妄弟體兄虛心求益不復敢有彼我有限隔耳

如己卯十一日始自京口返江西遊匡廬庚辰正月赴召歸重遊匡廬二月九江還南昌又乙亥年自陳疏乃己亥年考察隨例進本不應復有納忠切諫之語亦遂舉據文集改正之其原本所載本稿不敢濫入豈當時先生有是稿未上歟愚意此稿只入集不應遂入年譜不及請正今已付新建君入梓惟兄善教之草草裁復不盡請正

得吳堯山公書知年譜已刻成承陸北川公分惠可以達鄙意矣綿竹共四十部此外寄奉龍溪兄十部伏惟鑒入雖然今所傳者公之影響耳至於此學精微則存乎人自得之固不在有與無多與少也弟去歲至今皆在病中無能復舊然爲學之意日夕懇懇始知垂老惟有此事緊要若得影響即可還造化無他欠事也兄別去一年此件自覺如何前輩凋落雙翁已歸士所賴倡明此學者卻在吾輩吾輩若不努力稍覺散漫即此已矣無復可望矣得罪千古非細事也悲哉悲哉千里寄言不盡縷縷

答論年譜書凡十首

錢德洪

承兄下榻信宿對默感教實多兄三年閉關焚舟破釜一戰成功天下之太宇定矣斯道屬兄後學之慶也珍重珍重更得好心消盡生死毀譽之念忘則一體萬化之情顯盡乎仁矣如何如何師譜一經改削精彩逈別謝兄點鐵成金手也東去譜草有繼上乞賜留念外詩扇二柄寄令郎以昭併祈賜正詩曰我昔遊懷玉而翁方閉關數年論睽合豈泥形迹間今日下翁榻相對無怍顏月魄入簾白松標當戶閑我默鏡黯黯翁言玉珊珊劍神不費解調古無庸彈喜爾侍翁側傾聽疑如山見影思立圭植根貴刪繁遠求憂得門況乃生宮闈毋恃守成易俛惟創業艱又書會語一首程門學善靜坐何也曰其憫人心之不自覺乎聲利百好擾擾外馳不知自性之靈炯然在獨也稍離奔騖默悟真百感紛紜而真體常寂此極深研幾之學也入聖之幾庶其得於斯乎

奉讀手詔感惓惓別後之懷心同道同不忘爾我一語不遺共徹心髓真所謂同心之言其臭如蘭也感惕如之何年來同志彫落慨師門情事未終此身悵悵無依今見兄誕登道岸此理在天地間已得人主張吾身生死短長烏足爲

世多寡不覺脫然無係矣此番相別夫豈苟然哉宜兄之臨教益切也師譜得兄改後謄清再上尙祈必盡兄意無容遺憾乃可成書令郎美質望奮志以聖人爲己任斯不辜此好歲月耳鄉約成冊見兄仁覆一邑何以推之天下矣信在言前不動聲色天載之神也餘惟嗣上不備

別後沿途阻風舟弗能前至除夜始得到龍光寺諸友羣聚提兄丕顯待旦一語爲柄聽者莫不聳然反惕謂兄三年閉關即與老師居夷處困動忍熟仁之意同蓋慨古人之學必精詣力究深造獨得而後可以爲得誠非忽慢可承領也諸生於是日痛發此意兄雖在關示道標的後學得所趨矣喜幸喜幸城中王緝諸生夙辦柴米爲久留計供應不涉有司五日一講會餘時二人輪班代接賓客使生得靜處了譜見其志誠懇姑與維舟信宿以試之若果如衆計從之若終涉分心必難留矣二書承示周悉同體之愛也今雖久暫未定必行兄意不敢如前堅執硬主也柏泉公讀兄年譜深喜經手自別決無可疑促完其後昨乞作序冠首兄有書達幸督成之留稿乞付來人蓋欲付人謄真也

兄於師譜不稱門人而稱後學謂師存日未獲及門委贄也兄謂古今稱門人
其義止於及門委贄乎子貢謂得其門者或寡矣孔門之徒三千人非皆及門
委贄者乎今載籍姓名七十二人之外無聞焉豈非委贄而未聞其道者與未
及門者同乎韓子曰道之所在師之所在也夫道之所在吾從而師之師道也
非師其人也師之所在吾從而北面之北面道也非北面其人也兄嘗別周龍
岡其序曰予年十四時聞陽明先生講學於贛慨然有志就業父母憐恤不令
出戶庭然每見龍岡從贛回未嘗不憤憤也是知有志受業已在童時而不獲
通贄及門者非兄之心也父母愛護之過也今服膺其學既三紀矣匪徒得其
門且升其堂入其室矣而又奚歉於稱門人耶昔者方西樵叔賢與師同部曹
僚也及聞夫子之學非僚也師也遂執弟子禮焉黃久庵宗賢見師於京師友
也再聞師學於越師也非友也遂退執弟子禮聶雙江文蔚見先生於存日晚
生也師沒而刻二書於蘇曰吾昔未稱門生冀再見也今不可得矣時洪與汝
中遊蘇設香案告師稱門生引予二人以為證汪周潭尚寧始未信師學及提

督南贛親見師遺政乃頓悟師學悔未及門而形於夢遂謁師祠稱弟子遺書於洪汝中以爲證夫始未有聞僚也友也既得所聞從而師事之表所聞也始而未信師學於存日晚生也師沒而學明證於友形於夢稱弟子焉表所信也吾兄初擬吾黨承顏本體太易併疑吾師之教年來翕聚精神窮深極微且閉關三年而始信古人之學丕顯待旦通晝夜合顯微而無間試與里人定圖徭冊終日紛囂自謂無異密室乃見吾師進學次第每於憂患顛沛百鍊純鋼而自徵三年所得始洞然無疑夫始之疑吾師者非疑吾師也疑吾黨之語而未詳也今信吾師者非信吾師也自信所得而徵師之先得也則兄於吾師之門一啓關鑰宗廟百官皆故物矣稱入室弟子又何疑乎譜草承兄改削編述師學惟兄與同今譜中稱門人以表兄信心且從童時初志也其無辭

南浦之留見諸友相期懇切中亦有八九輩肯向裏求入可與共學矣亦見其中有一種異說爲不羈少年助其愚狂故願與有志者反覆論正指明師旨庶幾望其適道諸生留此約束頗嚴但無端應酬終不出兄所料已與柏泉公論

別決二十日發舟登懷玉矣兄第伍簡復至感一體相成之愛無窮已也仰謝仰謝精詣力究昨據兄獨得之功而言來簡揭出四字以示更覺反惕謂康節收手太早若在孔門自不容停脚矣實際之言真確有味聞者能無痛切乎別簡謂孟子不得爲孔子徒蓋歎已不得親炙以成速肖也誦言及此尤負慚恐親炙而不速肖此弟爲兄罪人也兄之所執自有定見敢不如教閑中讀兄夜坐十詩詞句清絕造悟精深珍味入口令人雋永比之宋儒感與諸作加一等矣幸教幸教然中有願正者與兄更詳之吾黨見得此意正宜藏蓄默修默證未宜輕以示人恐學者以知解承功未至而知先及本體作一景象非徒無益是障之也蓋古人立言皆爲學者設法非以自盡其得也故引而不發更覺意味深長然其所未發者亦已躍如何也至道非以言傳至德非以言入也故歷勘古訓凡爲愚夫愚婦立法者皆聖人之言也爲聖人說道妙發性真者皆賢人之言也與富家翁言惟聞創業之艱與富家子弟言惟聞享用之樂言享用之樂非不足以歆聽聞而起動作也然終不如創業者之言近而實也此聖賢

之辯也調息殺機亥子諸說知兄寓言然亦宜藏默蓋學貴精最忌駁道家說性命與聖人所間毫釐耳聖人於家國天下同為一體豈獨自遺其身哉彼所謂術皆吾修身中之實功特不以微軀係念輒起絕俗之想耳關尹子曰聖人知之而不為聖人既知矣又何不為耶但聖人為道至易至簡不必別立爐竈只致良知人己俱得矣知而不為者非不為也不必如此為也夫自吾師去後茫無印正今幸兄主張斯道慨同志彫落四方講會雖殷可與言者亦非不多但爐中火旺會見有融釋時毫釐滓化未盡火力一去滓復凝矣更望其成金足色永無變動難也而況庸一言之雜其耳乎兄為後學啟口容聲關係匪細立言之間不可不慎也故敢為兄妄言之幸詳述以進我情關血脈不避喋喋惟兄其諒之

前月二十五日舟發章江南昌諸友追送阻風樵舍五日入撫州弔明水兄又十日而始出其境舟中特喜無事得安靜搆思譜草有可了之期矣乏人抄寫先錄庚辰八月至癸未二月稿奉上亟祈改潤即付來手到廣信再續上出月

中旬計可脱稿也龍溪兄玉山遺書謂初以念菴兄之學偏於枯槁今極耐心無有厭煩可謂得手但恐不厭煩處落見略存一毫知解雖無知解略着一些影子尚須有針線可商量處兄以爲何如不肖復之曰吾黨學問特患不得手若真得手良知自能針線自能商量苟又依人商量而脱則恐又落商量知解終不若良知自照刷之爲真也云云昨接兄回書云好心指摘感骨肉愛只此一言知兄真得手矣真能盡性盡仁致踐履之實以務求於自慊矣滄海處下盡納百川而不自知其深也泰山盤旋淩出霄漢而不自知其高也良知得手更復奚疑故不肖不以龍溪之疑而復疑兄也兄幸教焉何如舟中諸生問如何是知解如何是影子洪應之曰念翁憫吉水徭賦不均窮民無告量己之智足與周旋而又得當道相知信在言前勢又足以完此故集一邑賢大夫賢士友開局以共成此事此誠出於萬物一體誠愛惻怛之至情非有一毫外念參於其中也若斯時有一毫是非毀譽利害人我相參於其中必不能自信之真而自爲之力矣此非盡性盡仁良知真自得手烏足與語此或有一毫影子曰

我閉關日久姑假此以自試卽是不倚靜知解終日與人紛紛而自覺無異密室此卽是不厭動知解謂我雖自信而同事者或未可以盡信不信在人於我無污此卽是不污其身之知解謂我之首事本以利民若不耐心是遺其害矣我之首事本以宜民若不耐心是不盡人情矣我之首事本承當道之託若不耐心無以慰知己此又落在不耐心之知解也良知自無是非毀譽利害人我之間自能動靜合一自能人我同過自能盡人之情慰知己之遇特不由外入起此知解毫釐影子與良知本體尙隔一塵一塵之隔千里之閒也諸生聞之俱覺惕然有警幷附以奉陳左右亦與局中同事諸君一照刷可以發一笑也

幸教幸教

連日與水洲兄共榻見其氣定神清眞肯全體脫落猛火爐煅有得手矣自是當無退轉也但中有一種宿惑信夢爲眞未易與破耳久之當望殊途同歸然窺其微終有師門遺意在也師門之學未有究極根柢者苟能一路精透始信聖人之道至廣大至精微儒佛老莊更無剩語矣世之學者逐逐世累固無足

與論有志者又不能純然歸一此適道之所以難也吾師開悟後學汲汲求人終未有與之敵體承領者臨別之時稍承剖悉但得老師一期望而已未嘗滿其心而去也數十年來因循歲月姑負此翁所幸吾兄得手今又得水洲共學師道尚有賴也但願簡易直截於人倫日用間無事揀擇便入神聖師門之囑也大學一書此是千古聖學宗要望兄更加詳究略涉疑議便易入躐等徑約之病也慎之慎之即日上懷玉期完譜尾以承批教歸日當卜出月終旬也

譜草苟完方自懷玉下七盤嶺忽接手教開緘宛如見兄於少華峯下清灑殊絕感賜深也四卷所批種種皆至意先師千百年精神同門逡巡數十年且日彫落不肖學非夙悟安敢輒承非兄極力主裁慨然舉筆許與同事不敢完也又非柏泉公極力主裁名山勝地深居廩食不能完也豈先師精神前此久未就者時有所待耶伸理冀元亨一段如兄數言簡而核後當俱如此下筆也聞老師遺冀行爲劉養正來致濠慇懃故冀有此行答其禮也兄所聞核幸即裁之鋪張二字最切病端此貧子見金而喜也平時稍有得每與師意會便起贊

歎稱羨富家子只作如常茶飯見金而起喜心者貧子態也此非老成持重如兄巨眼安能覷破兄卽任意盡削之不肖得兄舉筆無不快意決無護持疼痛也信之信之教學三變諸處俱如此例若不可改盡削去之其餘所批要收不可少處此弟之見正竊比於兄者自古聖賢未有不由憂勤惕勵而能成其德業今之學者只要說微妙玄通淩躐超頓在言語見解上轉殊不知老師與人爲善之心只要實地用功其言自謙遜卑抑大學誠意章惟不自欺者其心自謙非欲謙也心常不自足也兄所批教處正見近來實得與師意同也舒國裳在師門文錄無所見惟行福建市舶司取至軍門一牌傳習續錄則與陳維濬夏于中同時在坐問答語頗多且有一段持紙乞寫拱把桐梓一章欲時讀以省師寫至至於身而不知所以養之句因與座中諸友笑曰國裳中過狀元來豈尚不知所以養時讀以自警耶在座者聞之皆竦然汗背此東廓語也又丙午年遊安福復古書院諸友說張石盤初不信師學人有辯者張曰豈有好人及其門耶辯者曰及門皆好人也張曰東廓豈及門乎辯者曰已在贛及門矣

又曰舒國裳豈及門乎曰國裳在南昌及門矣張始默然俛首後亦及門是年石磐攜其子會復古其子舉人□□至今常在會未有及門之說昨南昌聞之諸友相傳因問律呂元聲乃心服而拜蓋其子姪輩敘其及門之端也昨見兄疑又檢中離續同志考舒芬名在列則其諸所相傳者不誣也如兄之教去前不欲一段存後問元聲語可矣徐珊嘗爲師刻居夷集蓋在癸未年及門則辛巳年九月非龍場時也繼後可商量處甚多兄有所見任舉筆裁之茲遣徐生時舉持全集面正門下弟心力已竭雖聞指教更不能再著思矣惟兄愛諒之不肖五月季旬到舍下又踰月十日始接兄二月四日峽江書一隔千里片紙之通遂難若此感慨又何深也玉體久平復在懷玉已得之柏泉兄茲讀來諭更覺相警之情也深入究竟雖父子之間不能一語接誠然誠然此可與千古相感而不可與對面相傳在有志者自究自竟之耳天根亥子白沙詩中亦泄此意達性命之微者信口拈來自與道合但我陽明先師全部文集無非此意特無一言攙入者爲聖學立大防也兄之明教究悉然於此處幸再詳之兄臥

處卑溼早晚亦須開關徑行登眺以舒泄蔽鬱之氣此亦去病之一端也徐時舉來師譜當已出稿乞早遣發遠仰遠仰

春來與王敬所爲赤城會歸天真始接兄峽江書兼讀師譜考訂感一體相成之心慶師教之有傳也中間題綱整潔增錄數語皆師門精義匪徒慶師教之有傳亦以驗兄閉關所得默與師契不疑其所行也去年歸自懷玉黃滄溪讀譜草與見吾省溪二公互相校正亟謀梓行未幾滄溪物故見吾閩去刻將半矣六卷已後尙得證兄考訂然前刻已定不得盡如所擬俟番刻當以兄考訂本爲正也中間增采文錄外集傳習續錄數十條第前不及錄者是有說願兄詳之先師始學求之宋儒不得入因學養生而沈酣於二氏恍若得所入焉至龍場再經憂患而始豁然大悟良知之旨自是出與學者言皆發誠意格物之教病學者未易得所入也每談二氏猶若津津有味蓋將假前日之所入以爲學者入門路徑辛巳以後經寧藩之變則獨信良知單頭直入雖百家異術無不具足自是指發道要不必假途傍引無不曲暢旁通故不省刻文錄取其指

發道要者爲正錄其涉假借者則釐爲外集譜中所載無非此意葢欲學者志專歸一而不疑其所往也師在越時同門有用功懇切而泥於舊見鬱而不化者時出一險語以激之如水投石於烈焰之中一擊盡碎纖滓不留亦千古一大快也聽者於此等處多好傳誦而不究其發言之端譬之用藥對症雖芒硝大黃立見奇效若不得症未有不因藥殺人者故聖人立教只指揭學問大端使人自證自悟不欲以峻言隱語立偏勝之劑以快一時聽聞防其後之足以殺人也師沒後吾黨之教日多岐矣洪居吳時見吾黨喜爲高論立異說以爲親得師傳而不本其言之有自不得已因其所舉而指示立言之端私錄數條未敢示人不意爲好事者竊錄甲午主試廣東其錄已入嶺表故歸而删正刻傳習續錄於水西實以破傳者之疑非好爲多述以聳學者之聽也故譜中俱不欲采入而兄今節取而增述焉然删刻苦心亦不敢不謂兄一論破也願更詳之室遠書劄往復甚難何時合併再圖面證以了未盡之私德教在思寤寐如見惟不惜遐音仰切仰切是書復去念菴隨以計報竟不及一見痛哉痛哉

王文成公全書卷之三十六

附錄六　世德紀

傳

王性常先生傳

張壹民撰

王綱字性常一字德常弟秉常敬常並以文學知名性常尤善識鑒有文武長才少與永嘉高則誠族人元章相友善往來山水閒時人莫測也元末嘗奉母避兵五洩山中有道士夜投宿性常異其氣貌禮敬之曰君必有道者願聞姓字道士曰吾終南隱士趙緣督也與語達旦因授以筮法且爲性常筮之曰公後當有名世者矣然公不克終牖下今能從吾出遊乎性常以母老有難色道士笑曰公俗緣未斷吾固知之遂去誠意伯劉伯溫微時常造焉性常謂之曰子真王佐才然貌微不稱其心宜厚施而薄受之老夫性在邱壑異時得志幸勿以世緣見累則善矣後伯溫竟薦性常於　朝洪武四年以文學徵至京師

時性常年已七十而齒髮精神如少壯　上聞而異之親策治道嘉悅其對拜兵部郎中未幾潮民弗靖遂擢廣東參議往督兵糧謂所親曰吾命盡茲行乎致書與家人訣攜其子彥達以行至則單舸往諭潮民感悅咸扣首服罪威信大張回至增城遇海寇曹真竊發鼓譟突至截舟羅拜願得性常爲帥性常諭以逆順禍福不從則厲聲叱罵之遂共扶舁之而去賊爲壇坐性常曰羅拜請不已性常亦罵不絕聲遂遇害時彥達亦隨入賊中從傍哭罵求死賊欲幷殺之其酋曰父忠而子孝殺之不祥與之食不顧賊憫其誠孝容令綴羊革裹尸負之而出得歸葬禾山洪武二十四年御史郭純始備上其事得立廟死所錄用彥達彥達痛父以忠死躬耕養母麤衣惡食終身不仕性常之歿彥達時年十六云

遯石先生傳

祭酒胡儼撰

翁姓王氏諱與準字公度浙之餘姚人晉右軍將軍羲之之裔也父彥達有隱

操祖廣東參議性常以忠死難　朝廷旌錄彥達而彥達痛父之死終身不仕悉取其先世所遺書付翁曰但毋廢先業而已不以仕進望爾也翁閉門力學盡讀所遺書鄉里後進或來從學者輒辭曰吾無師承不足相授因去從四明趙先生學易趙先生奇其志節妻以族妹而勸之仕翁曰昨聞先生遯世無悶之誨與準請終身事斯語矣趙先生媿謝之先世嘗得筮書於異人翁暇試取而究其術爲人筮無不奇中遠近輻輳縣令亦遣人來邀筮後益數數曰或二三至翁厭苦之取其書對使者焚之曰王與準不能爲術士終日奔走公門談禍福令大銜之翁因逃入四明山石室中不歸者年餘時　朝廷督有司訪求遺逸甚嚴部使者至縣欲起翁令因言曰王與準以其先世嘗死忠　朝廷待之薄遂父子誓不出仕有怨望之心使者怒拘翁三子使人督押入山求之翁聞益深遯墜崖傷足求者得之以出部使見翁創甚且視其言貌坦直無他翁亦備言其焚書逃遯之故使者悟始釋翁見翁次子世傑之賢因謂翁曰足下不仕終恐及罪寧能以子代行乎不得已遂補世傑邑庠弟子員而翁竟以足

疾得免翁謂人曰吾非惡富貴而樂貧賤顧吾命甚薄且先人之志不忍渝也又曰吾非傷於石將不能遂棲遯之計石有德於吾不敢忘也因自號遯石翁云翁偉貌修髯精究禮易著易微數千言嘗筮居祕圖湖陰遇大有之震謂其子曰吾先世盛極而衰今衰極當復矣然必吾後再世而始興乎興必盛且久至是翁沒且十年而世傑以名儒宿學膺貢來遊南雍大司成陳公一見待以友禮使毋就弟子列命六堂之士咸師資之儼忝與同舍受世傑教益爲最多而相知爲最深因得備聞翁之隱德乃私爲志之若此昔人有言公侯子孫必復其始王氏自漢吉祥至祥覽皆以令德孝友垂裕江左聯緜數百祀門第之盛天下莫敢望中微百餘年天道未爲無意也元末時其先世嘗遇異人謂其後必有名世者出而翁亦嘗再世而興之筮今世傑於翁亦再世矣充世傑之道真足以弘濟天下而能澹然爵祿不入其心古所謂富貴不能淫貧賤不能移威武不能屈者吾誠於世傑見之異時求當天下之大任者非世傑而誰乎則異人之言與翁之筮於是始可驗矣

槐里先生傳

編修戚瀾撰

先生姓王名傑字世傑居祕圖湖之後其先世嘗植三槐於門自號槐里子學者因稱曰槐里先生始祖爲晉右將軍羲之曾祖綱性常與其弟秉常敬常俱以文學顯名國初而性常以廣東參議死於苗之難祖祕湖漁隱彥達父遯石翁與準皆以德學爲世隱儒先生自爲童子卽有志聖賢之學年十四盡通四書五經及宋諸大儒之說時　朝廷方督有司求遺逸部使者聞遯石翁之名及門迫起之不可得見先生奇焉謂遯石翁曰足下不屑就罪且及身寧能以子代行乎不得已乃遣先生備邑庠弟子員時教諭程晶負才倨傲奴視諸生見先生輒敬服語人曰此今之黃叔度也歲當大比邑有司首以先生應薦比入試衆皆散髮袒衣先生歎曰吾寧曳履衡門矣遂歸不復應試宣德閒　詔中外舉異才堪風憲者破常調任使之時先生次當貢邑令黃維雅重先生爲之具行李戒僕從強之應　詔先生固以親老辭乃讓其友汪生叔昂旣而遯

石翁歿又當貢復以母老辭讓其友李生文昭而躬耕受徒以養其母饔飧不繼休如也母且歿謂先生曰爾貧日益甚吾死爾必仕毋忘吾言已終喪先生乃應貢入南雍祭酒陳公敬宗聞先生至待以友禮使毋就弟子列明年薦先生於　朝未報而先生歿先生儀觀玉立秀目修髯望之以爲神人無賢愚咸疏皆知敬而愛之言行一以古聖賢爲法嘗謂其門人曰學者能見得曾點意思將灑然無入而不自得爵祿之無動於中不足言也先生與先君泠川先生友先君每稱先生所著易春秋說周禮考正以爲近世儒者皆所不及與人論人物必以先生爲稱首瀾時爲童子竊志之然從先君宦遊於外無因及門也今茲之歸先生歿已久矣就其家求所著述僅存槐里雜稿數卷而所謂易春秋說周禮考正者則先生之歿於南雍其二子皆不在侍爲其同舍生所取已盡亡之矣嗚呼惜哉先君幼時嘗聞鄉父老相傳謂王氏自東晉來盛江左中微且百數年元時有隱士善筮者與其先世遊嘗言其後當有大儒名世者出意其在先生而先生亦竟不及用豈尚在其子孫耶

竹軒先生傳

布政魏瀚撰

先生名倫字天敘以字行性愛竹所居軒外環植之日嘯詠其間視紛華勢利泊如也客有造竹所者輒指告之曰此吾直諒多聞之友何可一日相舍耶學者因稱曰竹軒先生早承厥考槐里先生庭訓德業夙成甫冠浙東西大家爭延聘爲子弟師凡及門經指授者德業率多可觀槐里先生蚤世環堵蕭然所遺惟書史數篋先生每啓篋輒揮涕曰此吾先世之所殖也我後人不殖則將落矣乃窮年口誦心惟於書無所不讀而尤好觀儀禮左氏傳司馬遷史雅善鼓琴每風月清朗則焚香操弄數曲弄罷復歌古詩詞而使子弟和之識者謂其胸次灑落方之陶靖節林和靖無不及焉居貧躬授徒以養母母性素嚴重而於外家諸孤弟妹憐愛甚切至先生每先意承志解衣推食惟恐弗及而於妻孥之寒餒弗遑恤焉弟粲幼孤爲母所鍾愛先生少則教之於家塾長則挈之遊江湖有無欣戚罔不與居逮子華官翰林請於　朝分祿以爲先生養先

生復推其半以贍弟鄉人有萁豆相煎者聞先生風多愧悔更爲敦睦之行先生容貌環偉細目美髯與人交際和樂之氣藹然可掬而對門人弟子則矩範嚴肅凜乎不可犯爲文章好簡古而厭浮靡賦詩援筆立就若不介意而亦未嘗逸於法律之外所著有竹軒稿及江湖雜稿若干卷藏于家先生與先君菊莊翁訂盟吟社有莫逆好瀚自致政歸每月旦亦獲陪先生杖履遊且辱知於先生仲子龍山學士學士之子守仁又與吾兒朝端同舉於鄉累世通家知先生之深者固莫如瀚因節其行之大者於此以備大史氏之採擇焉

海日先生墓誌銘

大學士楊一清撰

正德己卯寧濠稱亂江西鳩集羣盜發數千艘而東遠近震動巡撫南贛都御史王守仁伯安傳檄鄰境舉兵討賊時其父南京吏部尚書王公致仕居會稽有傳伯安遇害者人謂公曰盍避諸公曰吾兒方舉大義吾避安之或曰伯安既仇賊賊必陰使人行不利於公避之是也公笑曰吾兒能棄家討賊吾何可

先去以爲民望　祖宗功澤在天下賊行且自斃吾爲　國大臣恨老不能荷戈首敵卽有不幸猶將與鄉里子弟共死此城耳因使人趣郡縣宜急調兵糧爲備禁訛言勿令動搖人心鄉人竊視公晏然如常時衆志亦稍稍定蓋不旬月而伯安之捷報至矣初賊濠東下將趨南都伯安引兵入南昌奪其巢賊聞大恐急旋舟伯安帥吉安知府今都憲伍君文定等大戰於鄱陽湖賊兵風靡遂擒濠幷其黨與數千人獻俘於　闕嗚呼自古奸雄構亂雖有忠臣義士必假以歲月乃能削平禍難伯安奮戈一呼以身臨不測之淵呼吸之閒地方大定公聞變從容羣囂衆惑屹然不爲動伯安得直前徇　國不嬰懷回顧以成懋績公之雅量伯安之忠義求之載籍可多見哉及是　武廟南巡權奸妒功構飛語陷伯安跡甚危衆慮禍且及家公寂若無聞辛巳今　皇帝入嗣大統始下　詔表揚伯安之功　召還京師因得便道歸省尋論功封奉　天翊運推誠宣力守正文臣特進光祿大夫柱國新建伯又以廷推兼南京兵部尚書參贊機務錫之誥券封公勳階爵邑如子俾子孫世其爵適公誕辰伯安捧觴

爲壽公蹙然曰吾父子乃得復相見邪賊濠之亂皆以汝爲死矣而不死以爲事難猝平而平之然此仗　宗社神靈　朝廷威德豈汝一書生所能辦比讒構橫行禍機四發賴　武廟英明保全今　國是既定吾父子之榮極矣然福者禍之基能無懼乎古云知足不辱知止不殆吾老矣得父子相保牖下孰與犯盈滿之戒覆成功而毀令名者邪伯安跪曰謹受教公自是日與姻黨置酒晏樂歲暮舊疾作嘉靖壬午春二月十二日終于正寢得年七十有七未屬纊時使者以部咨將新命至公尚能言趣諸子曰不可以吾疾廢禮宜急出迎旣成禮偃然而逝訃　聞　上賜諭祭命有司治葬事伯安偕諸弟卜以卒之明年秋八月某日葬公郡東天柱峯之南之原具書戒使者詣鎭江請予銘公墓予曩官外制官太常接公班行不鄙謂予以知言見待予還南京太常辱贈以文公校文南畿道舊故甚洽正德丁卯取嫉權奸歸致仕予亦避讒構謝病歸杜門不接賓客公直造內室慰語久之伯安又予掌銓時首引置曹屬號知己公銘當予屬顧以江西之變關繫公父子大節特先書之乃按公門人國子司

業陸君深所著狀摘而敘之曰公姓王氏諱華字德輝號實菴晚號海日翁嘗讀書龍泉山中學者稱爲龍山先生上世自琅琊徙居會稽之山陰又自山陰徙餘姚四世祖諱性常有文武才　國初爲誠意伯所薦仕至廣東參議峒苗爲亂死之高祖諱彥達號祕湖漁隱年十六裹父屍自苗壤歸葬痛父死忠布蔬終其身人稱孝子曾祖諱與準號遯石翁學精於易嘗筮得震之大有謂其子曰吾後再世其興與其久乎祖諱世傑號槐里子以明經貢爲太學生卒父諱天敘號竹軒初以公貴封修撰後與槐里公俱贈嘉議大夫禮部右侍郎今以伯安功俱追封新建伯祖妣孟氏封淑人妣岑氏累封太淑人進封太夫人公生正統丙寅九月孟淑人夢其姑抱緋衣玉帶一童子授之曰婦事吾孝孫婦亦事汝孝吾與若祖丐於上帝以此孫畀汝世世榮華無替故公生以今名名長兄以榮名符夢也公生而警敏始能言槐里公口授以詩歌經耳輒成誦稍長讀書過目不忘六歲與羣兒戲水濱見一客來濯足已大醉去遺其所提囊取視之數十金也公度其醒必復來恐人持去以投水中坐守之少頃其人

果號而至公迎謂曰求爾金邪為指其處其人喜以一錠為謝卻不受年十一
從里師授業日異而月不同歲終里師無所施其教年十四嘗與諸子弟讀書
龍泉山寺寺故有妖物為祟解傷人寺僧復張皇其事諸生皆喪氣走歸公獨
留居妖亦寖滅僧以為異假妖勢恐且試之百方不色動僧謝曰君天人也異
時福德何可量弱冠提學張公時敏試其文與少傅木齋謝先生相甲乙並以
狀元及第奇之名遂起故家世族爭禮聘為子弟師浙江方伯祁陽甯君良擇
師與張公張公曰必欲學行兼優無如王某者甯親造其館賓禮之請為子師
延至祁陽湖湘之士聞而來從者踵相接居甯之梅莊別墅墅中積書數千卷
日夕諷誦其間學益進祁俗好妓飲公峻絕之三年如一日祁士有化服者歸
連舉不利成化庚子發解浙江第二人明年辛丑　廷試第一甲第一人授翰
林院修撰甲辰充廷試彌封官丁未同考會試弘治改元戊申與修憲廟實錄
充　經筵官己酉滿九載以竹軒公憂去癸丑服闋還右春坊右諭德丙辰命
為日講官賜金帶四品服公　講筵音吐明暢詞多切直每以勤聖學戒逸豫

親仁賢遠邪佞爲勸　孝廟嘉納焉內侍李廣方貴幸嘗講大學衍義至唐李輔國結張后表裏用事衆以事頗涉嫌欲諱之公朗然誦說無少避忌左右皆縮頸吐舌　上樂聞之不厭罷講　遣中官賜尚食　皇太子出閣　詔選正人輔導用端國本公卿多薦公自是日侍東宮講讀　眷賜加隆戊午　命主順天鄉試辛酉再主鄉試應天得士爲多壬戌遷翰林院學士食從四品祿命授庶吉士業修　大明會典爲纂修官書成還詹事府少詹事兼學士掌院事與編纂通鑑纂要是歲遷禮部右侍郎仍兼日講　武廟嗣位遣祭江淮諸神乞便道歸省以岑太夫人年高乞歸便養不　允明年改元丙寅瑾賊竊柄士夫側足立爭奔走其門求免禍公獨不往瑾銜之時伯安爲兵部主事疏瑾罪惡瑾矯詔執之幾斃　廷杖竄南荒以去瑾復移怒於公尋知爲微時所聞名士意稍解冀公一見且將柄用焉公竟不往瑾益怒丁卯還南京吏部尚書猶以舊故慰言冀必往謝公復不行遂推尋禮部舊事與公本不相涉者勒令致仕既歸有以其同年友事誣毁之者人謂公當速白不然且及罪公曰是焉

能浼我我何忍許吾友後伯安復官京師聞士夫論及此將疏辨於　朝公馳
書止之曰汝將重吾過邪公性至孝初竹軒公病報至當道以不受當遷官宜
出受新命公臥家不出日憂懼不知所爲踰月訃始至慟絕幾喪生襄葬穴湖
山遂廬墓下墓故虎穴虎時羣至不爲害久且益馴人謂孝感比致仕岑太夫
人年近百歲公壽逾七十猶朝夕爲童子嬉戲以悅親左右扶掖不忍斯須去
側太夫人卒塊苫擗踊過毀致疾及葬徒跣數十里疾益甚竟以是不起處諸
昆弟篤友愛祿食贏餘恆與共之視其子若己出氣質醇厚坦坦自信不立邊
幅議論風生由衷而發廣廷之論入對妻孥無異語人有片善亟稱之有急惻
然赴之至人有過惡則盡言規斥不少回曲坐是多遭嫉忌然人諒其無他則
亦無深怨之者識宏而守固百務紛沓應之如流至臨危疑震蕩衆披靡惶惑
獨卓立毅然不爲變若是蓋有人不及知者矣公之學一出于正書非正不讀
客有以仙家長生之術來說者則峻拒之曰修身以俟命吾儒家法長生奚爲
儉素自持貨利得喪不屑爲意樓居厄于火貲積一空親朋來救焚者款語如

常爲詩文取達意不以雕刻爲工而自合程度所著有龍山稿垣南草堂稿禮經大義諸書雜錄進講餘抄等稿共四十六卷藏于家初配贈夫人鄭氏淵靜孝慈與公起微寒同貧苦躬紡績以奉舅姑既貴恭儉不衰壽四十一先公三十六年卒繼室趙氏封夫人側室楊氏子男四長即伯安守仁名別號陽明子其學邃於理性中外士爭師之稱陽明先生次守儉太學生次守文郡庠生次守章女一適南京工部都水郎中同邑徐愛初鄭夫人祔葬穴湖已而改殯郡南石泉山石泉近有水患乃卜今地葬公云惟古賢人君子未遇之時每以天下國家爲己任出而登仕其所遭際不同而其志有遂有不遂非人之所能爲也公少負奇氣壯強志存用世顧其職業恆在文字間而未能達之於政際遇孝宗講筵啓沃　聖心簡在柄用有期不幸　龍馭上賓弗究厥用晚登八座旋見沮於權奸偃蹇而歸豈非天哉然有子如伯安所建立宏偉卓犖凡公之所欲爲噤而不得施用者皆於其子之身而顯施大發之公又親及見之較之峻登大受既久且專而泯然無聞於世者其高下榮辱宜何如也王氏之先

有植槐於庭蔭後三公者遯石翁大有之占其類是乎銘曰

孰不有母孰如公母壽七十之叟傞傞拜舞百歲而終歸得其所孰不有子公子天下士亶其忠勤以事其事不有其身惟徇之義是子是父允文允武勳在冊府　帝錫之爵土其生不負而歿不朽銘以要諸久

海日先生行狀

國子司業門人陸深譔

先生姓王氏諱華字德輝別號實菴晚復號海日翁嘗讀書龍泉山中學者又稱爲龍山先生其先出自晉光祿大夫覽之曾孫右軍將軍羲之由琅琊徙居會稽之山陰後二十三代孫迪功壽又自山陰徙餘姚至先生之四世祖廣東參議性常又五世矣參議博學善識鑑有文武長才與永嘉高則誠族人元章相友善往來山水閒時人莫測也誠意伯劉伯溫微時嘗造焉參議謂曰子真王佐才然異時勿累老夫則善矣伯溫既貴遂薦以爲兵部郎中擢廣東參議卒死於苗難高祖諱彥達號秘湖漁隱漁隱年十六自苗中裹父尸歸葬朝夕

哭墓下痛父以忠死麄衣惡食終身不仕鄉里以孝稱之曾祖諱與準號遯石翁偉貌修髯精究禮易著易微數千言居祕湖陰嘗筮得大有之震謂其子曰吾先世盛極而衰今衰極當復矣然必吾後再世而始與乎與必盛且久爾雖不及顯身沒亦與有焉祖諱世傑號槐里子以明經貢爲太學生卒贈嘉議大夫禮部右侍郎祖妣孟氏贈淑人父諱天敘別號竹軒封翰林院修撰贈禮部右侍郎妣岑氏封太淑人正統丙寅九月甲午先生生先夕孟淑人夢其姑趙抱一童子緋衣玉帶授之曰新婦平日事吾孝今孫婦事汝亦孝吾與若祖丐於上帝以此孫畀汝子孫世世榮華無替故先生生而以今名名先生之長兄半岩先生以榮名夢故也先生生而警敏絕人始能言槐里先生抱弄之因口授以古詩歌經耳輒成誦稍長使讀書過目不忘六歲時與羣兒戲水濱見一客來濯足已大醉遺其所提囊而去取視之數十金也先生度其人酒醒必復來恐人持去投水中坐守之有頃其人果號泣而至先生迎謂曰求爾金邪爲指其處其人喜躍以一金謝先生笑卻之曰不取爾數十金乃取爾一金乎客

且慚且謝隨至先生家無少長咸遍拜而去岑太夫人嘗績窗下先生從旁坐讀書時邑中迎春里兒皆競呼出觀先生獨安讀書不輟太夫人謂曰若亦暫往觀乎先生曰大人誤矣觀春何若觀書太夫人喜曰兒是也吾言誤矣年十一從里師錢希寵學初習對句月餘習詩又兩月餘請習文數月之後學中諸生盡出其下錢公嘆異之曰歲終吾無以教爾矣縣令呵從到塾同學皆廢業擁觀先生據案朗誦若無睹錢奇之戲謂曰爾獨不顧令即謂爾倨傲呵責及爾且柰何先生曰令亦人耳視之奚爲若誦書不輟彼亦便柰呵責也錢因語竹軒公曰公子德器如是斷非凡兒十四歲時嘗與親朋數人讀書龍泉山寺寺舊有妖爲祟數人者皆富家子素豪俠自負莫之信又多侵侮寺僧僧甚苦之信宿妖作數人果有傷者寺僧因復張皇其事衆皆失氣狼狽走歸先生獨留居如常妖亦遂止僧咸以爲異每夜分輒衆登屋號笑或瓦石撼臥榻或乘風雨雷電之夕奮擊門障僧從壁隙中窺先生方正襟危坐神氣自若輒又私相嘆異然益多方試之技殫因從容問曰向妖爲祟諸人皆被傷君能獨無恐

乎先生曰吾何恐僧曰諸人去後君更有所見乎先生曰吾何見僧曰此妖但觸犯之無得遂己者君安得獨無所見乎先生笑曰吾見數沙彌爲祟耳諸僧相顧色動疑先生已覺其事因佯謂曰此豈吾寺中亡過諸師兄爲祟邪先生笑曰非亡過諸師兄乃見在諸師弟耳僧曰君豈親見吾儕爲之但臆說耳先生曰吾雖非親見若非爾輩親爲何以知吾之必有見邪寺僧因具言其情且嘆且謝曰吾儕實欲以此試君耳君天人也異時福德何可量至今寺僧猶傳其事天順壬午先生年十七以三禮投試邑中邑令奇其文後數日復特試之題下一揮而就令疑其偶遇宿構連三命題其應益捷因大奇賞謂曰吾子異日必大魁天下遠邇爭禮聘爲子弟師提學松江張公時敏考校姚士以先生與木齋謝公爲首並稱之曰二子皆當狀元及第福德不可量也方伯祁陽甯公良擇師於張公張曰但求舉業高等則如某某者皆可必欲學行兼優惟王某耳時先生甫踰弱冠甯親至館舍講賓主禮請爲其子師延至家湖湘之士翕然來從者以數十在祁居梅莊別墅墅中積書數千卷先生晝夜諷誦其間

不入城市者三年永士有陳姓者聞先生篤學特至梅莊請益閱取所積書叩之先生皆默誦如流陳嘆曰昔聞五經笥今乃見之祁俗好妓飲先生峻絕之比告歸祁士以先生客居三年矣乃祕兩妓於水次因餞先生於亭上宿焉客散妓從祕中出先生呼舟不得撤門爲桴而渡衆始嘆服其難始先生在梅莊嘗一夕夢迎春歸其家前後鼓吹旛節中導白土牛其後一人輿以從則方伯杜公謙也既覺先生以竹軒公岑太夫人皆生於辛丑謂白爲凶色心惡之遂語諸生欲歸諸生堅留之甯生曰以紘占是夢先生且大魁天下矣夫牛丑屬也謂之一元大武辛金屬其色白春者一歲之首也世以狀元爲春元先生之登其在辛丑乎故事送狀元歸第者京兆尹也其時杜公殆爲京兆乎先生以親故遂力辭而歸舟過洞庭阻風君山祠下因入祠謁祝者迎問曰公豈王狀元邪先生曰何從知之祝者曰疇昔之夕夢山神曰後日薄暮有王狀元來吾以是知之先生異其言與梅莊之夢適相協因備紀其事自是先生連舉不利至成化庚子始以第二人發解明年辛丑果狀元及第杜公爲京兆悉如其占

云是歲授官翰林院修撰甲辰　廷試進士爲彌封官丁未充會試同考官弘治改元與脩憲廟實錄充　經筵官己酉秩滿九載當遷聞竹軒疾卽移病不出當道使人來趣親友亦交勸之且出還官若凶聞果至不出未晚也先生曰親有疾己不能匍匐歸侍湯藥又逐逐奔走爲遷官之圖須家信至幸而無恙出豈晚乎竟不出庚戌正月下旬竹軒之訃始至號慟屢絕卽日南奔葬竹軒於穴湖山遂廬墓下墓故虎穴虎時時羣至先生晝夜哭其傍若無睹者久之益馴或傍廬臥人畜一不犯人以爲異癸丑服滿陞右春坊右諭德充　經筵講官嘗進勸學疏其略謂貴緝熙于光明今每歲　經筵不過三四御而日講之設或閱旬月而始一二行則緝熙之功無亦有閒斷雖　聖德天健自能乾乾不息而宋儒程頤所謂涵養本原薰陶德性者必接賢士大夫之時多而後可免於一暴十寒之患也　上然其言御講日數丙辰三月　特命爲日講官賜金帶四品服四月以選正人端國本公卿會推爲　東宮輔導戊午三月又命兼　東宮講讀眷賜日隆是歲奉　命主順天府鄉試辛酉又奉　命主

應天鄉試壬戌陞翰林院學士從四品俸尋 命教庶吉士魯鐸等繼又 命
與纂修 大明會典踰年書成陞詹事府少詹事兼翰林院學士五月復 命
與編通鑑纂要六月陞禮部右侍郎仍兼日講 上以先生講釋明贍故特久
任是歲冬 命祭江淮諸神乞便道歸省還 朝以岑太夫人年邁屢疏乞休
以便色養不 允尋陞禮部左侍郎明年 武宗皇帝改元賊瑾用事呼吸成
禍福士大夫奔走其門者如市先生獨不之顧時先生元子今封新建伯方爲
兵部主事上疏論瑾罪惡瑾大怒既逐新建復移怒於先生然瑾微時嘗從先
生鄉人方正習書史備聞先生平日處家孝友忠信之詳心敬慕之先生蓋不
知也瑾後知爲先生怒稍解嘗語陰使人謂於先生有舊若一見可立躋相位
先生不可瑾意漸拂丁卯陞南京吏部尚書瑾猶以舊故使人慰之曰不久將
大召冀必往謝先生又不行瑾復大怒然先生乃無可加之罪遂推尋禮部時
舊事與先生無干者傳 旨令致仕先生聞 命忻然束裝而歸曰吾自此可
免於禍矣既而有以同年友事誣毀先生於 朝者人咸勸先生一白先生曰

某吾同年友若白之是我許其友矣是焉能浼我哉竟不辨後新建復官京師聞士夫之論具本奏辨先生聞之卽馳書止之曰是以爲吾平生之大恥乎吾本無可恥今迺無故而攻發其友之陰私是反爲吾求一大恥矣人謂汝智於吾吾不信也迺不復辨歷事　三朝惟　孝廟最知末年尤加眷注屢因進講勸　上勤聖學戒逸豫親仁賢遠邪佞　上皆虛心嘉納故事講官數人當直者必先期演習至　上前猶或蹔張失措先生未嘗豫習及進講又甚條暢一日　上已幸講筵直講者忽風眩仆地衆皆惶遽共推先生代先生從容就案展卷敷析尤極整暇衆咸服其器度內侍李廣者方貴幸嘗於　文華殿講大學衍義至唐李輔國與張后表裏用事諸學士欲諱不敢言先生特誦說朗然開諷明切左右聞者皆縮頸吐舌而　上樂聞不厭明日罷講　命中官賜食中官密語先生云連日先生講書明白　聖心甚喜甚加眷念先生自慶知遇益用剴切　上亦精勤彌勵詎意　孝廟升遐先生志未及行亦偃蹇而歸矣天道如斯嗚呼悲夫先生氣質醇厚平生無矯言飾行仁恕坦直不立邊幅與

人無衆寡大小待之如一談笑言議由衷而發廣庭之論入對妻孥曾無兩語人有片善稱之不容口有急難來控者惻然若身陷於溝穽忘己拯救之雖以此招謗取嫌亦不恤然於人有過惡亦直言規切不肯少回曲以是往往反遭嫉忌然人亦知其實心無他則亦無有深怨之者先生才識宏達無所不可而操持堅的屹不可動百務紛沓應之沛然未嘗見其有難處之事至臨危疑震蕩衆多披靡惶惑而先生毅然卓立然未嘗以此自表見故人之知者罕矣爲詩文皆信筆立就不事雕刻但取詞達而止所著有龍山稿垣南草堂稿禮經大義諸書雜錄進講餘抄等稿共四十六卷先生孝友出于天性祿食盈餘皆與諸昆弟共之視諸昆弟之子不啻己出竹軒公及岑太夫人色愛之養無所不至太夫人已百歲先生亦壽踰七十矣朝夕爲童子色嬉戲左右撫摩扶掖未嘗少離或時爲親朋山水之邀乘舟蹔出忽念太夫人卽蹙然反棹及太夫人之歿寢苫蔬食哀毀踰節因以得疾逮葬跣足隨號行數十里於是疾勢愈增病臥踰年始漸瘳然自是氣益衰先生素聞甯濠之惡疑其亂嘗私謂所親

曰異時天下之禍必自茲人始矣令家人卜地於上虞之龍溪使其族人之居溪傍者買田築室潛爲棲遯之計至是正德己卯甯濠果發兵爲變遠近傳聞駭愕且謂新建公亦以遇害盡室驚惶請徙龍溪先生曰吾往歲爲龍溪之卜以有老母在耳今老母已入土使吾兒果不幸遇害吾何所逃於天地乎飭家人勿輕語動已而新建起兵之檄至親朋皆來賀益勸先生宜速逃龍溪咸謂新建既與濠爲敵其勢必陰使奸人來不利於公先生笑曰吾兒能棄家殺賊吾乃獨先去以爲民望乎　祖宗德澤在天下必不使殘賊覆亂宗國行見其敗也吾爲　國大臣恨已老不能荷戈首敵倘不幸勝負之算不可期猶將與鄉里子弟共死此城耳因使趣郡縣宜急調兵糧且禁訛言勿令搖動鄉人來竊覘先生方晏然如平居亦皆稍稍復定不旬月新建捷至果如先生所料親朋皆攜酒交慶先生曰此　祖宗深仁厚澤漸漬人心紀綱法度維持周密
朝廷威靈震懾四海蒼生不當罹此荼毒故旬月之間罪人斯得皆天意也豈吾一書生所能辦此哉然吾以垂盡之年幸免委填溝壑家門無夷僇之慘鄉

里子弟又皆得免於征輸調發吾兒幸全首領父子相見有日凡此皆足以稍慰目前者也諸親友咸喜極飲盡歡而罷已而　武廟南巡奸黨害新建之功飛語搆陷危疑洶洶旦夕不可測羣小偵伺旁午於道或來先生家私籍其產宇丁畜若將抄沒之爲姻族皆震撼莫知所出先生寂若無聞日休田野閒惟戒家人謹出入愼言語而已辛巳　今上龍飛始下　詔宣白新建之功　召還京師新建因得便道歸省尋進南京兵部尚書封新建伯遣行人齎白金文綺慰勞新建遂下　温旨存問先生於家兼有羊酒之賜適先生誕辰親朋咸集新建捧觴爲壽先生蹙然曰吾父子不相見者幾年矣始汝平寇南贛日夜勞瘁吾雖憂汝之疾然臣職宜爾不敢爲汝憂也甯濠之變皆以汝爲死矣而不死皆以事爲難平矣而卒平吾雖幸汝之成然此實天意非人力可及吾不敢爲汝幸也讒搆朋與禍機四發前後二年岌乎知不免矣人皆爲汝危吾能無危乎然於此時惟有致命遂志動心忍性不爲無益雖爲汝危又復爲汝喜也　天開日月顯忠遂良穹官高爵濫冒封賞父子復相見於一堂人皆以爲

榮吾謂非榮乎然盛者衰之始福者禍之基雖以爲榮復以爲懼也夫知足不辱知止不殆吾老矣得父子相保於牖下孰與犯盈滿之戒覆成功而毀令名者邪新建洗而跽曰大人之教兒所日夜切心者也聞者皆嘆息感動於是會其鄉黨親友置酒燕樂者月餘歲且暮疾復作新建率其諸弟日夜侍湯藥壬午正月勢轉劇二月十二日己丑終於正寢享年七十有七臨絶神識精明略無昏憒時　朝廷推論新建之功進封先生及竹軒槐里皆爲新建伯是日部咨適至屬疾且革先生聞使者已在門促新建及諸弟曰雖倉遽烏可以廢禮爾輩必皆出迎聞已成禮然後偃然瞑目而逝先生始致政歸客有以神仙之術來說者先生謝之曰人所以樂生於天地之間以內有父母昆弟妻子宗族之親外有君臣朋友姻戚之懿從遊聚樂無相離也今皆去此而槁然獨往於深山絶谷此與死者何異夫清心寡欲以怡神定志此聖賢之學所自有吾但安樂委順聽盡於天而已奚以長生爲乎客謝曰神仙之學正謂世人悅生惡死故其所欲而漸次導之今公已無惡死悅生之心固以默契神仙之妙吾術

無所用矣先生於異道外術一切奇詭之說廓然皆無所入惟岑太夫人稍崇佛教則又時時曲意順從之亦復不以爲累也先生既歸即息意邱園或時與田夫野老同遊共談笑蕭然形迹之外人有勸之宜且閉門養威重者先生笑曰汝豈欲我更求作好官邪性喜節儉然於貨利得喪曾不以介意嘗構樓居十數楹甫成而火貲積爲之一蕩親友來救焚者先生皆一一從容款接談笑衎衎如平時略不見有倉遽之色人以是咸嘆服其德量云先生元配贈夫人鄭氏淵靖孝慈與先生共甘貧苦起微寒躬操井臼勤紡績以奉舅姑既貴而恭儉益至壽四十九先先生三十六年卒繼室趙氏封夫人側室楊氏子四人長守仁鄭出南京兵部尙書封新建伯次守儉楊出太學生次守文趙出郡庠生次守章楊出一女趙出適南京工部都水郎中同邑徐愛始鄭夫人殯郡南之石泉山已而有水患乃卜地於天柱峯之陽而葬先生焉深先生南畿所錄士也曁於登朝獲從班行之末受教最深又辱與新建公游處出入門牆最久每當侍側講道之際觀法者多矣正德壬申秋以使事之餘迂道拜先生於龍

山里第扁舟載酒相與遊南鎮諸山乃休於陽明洞天之下執手命之曰此吾兒之志也大業日遠子必勉之臨望而別嗚呼深鄙陋無狀不足以窺見高深然不敢謂之不知先生也謹按王君琥所錄行實泣而敘之將以上于史官告於當世之司文柄者伏惟採擇焉

陽明先生墓誌銘

甘泉湛若水撰

甘泉子挈家閉關於西樵煙霞之洞故友新建伯陽明王先生之子正億以其岳舅禮部尚書久菴黃公之狀及書來請墓銘曰公知陽明公者也非公莫能銘甘泉子曰吾又何辭焉公知陽明公者也非公莫能狀公狀之吾銘之公狀其詳吾銘其大吾又何義之辭焉乃發狀而謹按之讀世系狀云云曰公出於龍山狀元大宗伯公華大宗伯公出於贈禮部侍郎竹軒公天敘竹軒公出於太學生贈禮部侍郎槐里公傑槐里公出於遯石公與準厥有禮易之傳遯石公出於祕湖漁隱公彥達祕湖出於性常公綱有文武長才與括蒼劉伯温友

善仕爲廣東參議死難也推其華胄遙遙遠派於晉高士羲之光祿大夫覽焉曰公其有所本之矣夫水土之積也厚其生物必蕃有以也夫讀誕生狀云云曰祖妣岑太淑人有赤子乘雲下昇天樂導之之夢公乃誕焉是名曰雲蓋徵之矣神僧言之遂改今名曰然則陽明公殆神授歟其異人矣六年乃言十一年有金山之詩十七年聞一齋聖人可學之語曰其有所啓之矣讀學術狀云云曰初溺於任俠之習再溺於騎射之習三溺於辭章之習四溺於神仙之習五溺於佛氏之習正德丙寅始歸正于聖賢之學會甘泉子於京師語人曰守仁從宦三十年未見此人甘泉子語人亦曰若水泛觀於四方未見此人遂相與定交講學一宗程氏仁者渾然與天地萬物同體之指故陽明公初主格物之說後主良知之說甘泉子一主隨準體認天理之說然皆聖賢宗指也而人或舍其精義各滯執於彼此言語蓋失之矣故甘泉子嘗爲之語曰良知必用天理天理莫非良知以言其交用則同也讀仕進狀云云曰初舉己未禮闈第一徐穆爭之落第二然益有聲登進士試工部差督造王威寧墳辭卻金幣獨

受軍中佩劍之贈適符少時夢蓋兆之矣疏邊務朝政之失有聲授刑部主事審囚淮甸有聲告病歸養起補兵部主事上疏乞宥南京所執諫官戴銑等毋使遠道致死朝廷有殺諫官之名劉瑾怒矯詔廷杖之不死謫貴州龍場驛萬里矣而公不少怵甘泉子贈之九章其七章云皇天常無私日月常盈虧聖人常無爲萬物常往來何名爲無爲自然無安排勿忘與勿助此中有天機其九章云天地我一體宇宙本同家與君心已通別離何怨嗟浮雲去不停游子路轉賒願言崇明德浩浩同無涯及居夷端居默坐而夷人化惡爲善有聲人或告曰陽明公至浙沈于江矣至福建始起矣登鼓山之詩曰海上曾爲滄水使山中又拜武夷君有徵矣甘泉子聞之笑曰此佯狂避世也故爲之作詩有云佯狂欲浮海說夢癡人前及後數年會于滁乃吐實彼誇虛執有以爲神奇者烏足以知公者哉復起尹廬陵臥治六月而百務具理有聲取入南京刑部主事留爲吏部驗封主事有聲陽明公謂甘泉子曰乃今可卜鄰矣遂就甘泉子長安灰廠右鄰居之時講于大興隆寺而久庵黃公宗賢會焉三人相懽語合

意久庵曰他日天台雁蕩當爲二公作兩草亭矣後合兩爲一焉明道一也明年甘泉子使安南後二年陽明公還貳南太僕聚徒講學有聲甘泉子還期會于滁陽之閒夜論儒釋之道又明年甘泉子丁憂扶母柩南歸陽明公時爲南大鴻臚逆弔于龍江關尋遷南贛都憲矣讀平贛之狀云云曰夫倡三廣夾攻之策收橫水左溪桶岡浰頭之功用兵如神矣甘泉子曰雖有大司馬王晉谿之知請授之便宜旗牌以備他用亦以陽明公素養銳士於營以待不時之出也迅雷呼吸之閒也又以身先士卒以作軍氣也讀平江西之狀云云曰甘泉子先是在憂致書於公幸因閩行之使以去也蓋公前有宰相之隙後有江西未萌之禍不去必爲楚人所鈐兩不報未幾有甯府之變公幾陷於虎口然而贛兵素振既足爲之牽制而倡義檄諸府縣與兵會豐城誓師分攻七門七門大開遂除留守之黨封府庫之財收刦取之印安脅從之民釋被報之因表死難之忠據省城絕其歸路直趣樵舍因成擒賊之功是水也以淺見測淵謀也然始而翕然稱爲掀天揭地之功矣既而大吏妬焉內幸爭功者附焉輾轉殫

力竭精矣僅乃得免或未嘗不思前慮也所以危而不死者內臣張永護之也於大吏門列不亦愧乎由是遂流爲先與後擒之言上下騰沸是不足辯也夫陽明逆知宸濠有異志劉養正來說必得公乃發公應之曰時非桀紂世無湯武臣有仗節死義耳其猶使冀生元亨往與之語者實欲誘其善不動干戈潛消莫大之禍也使陽明公而實許養正則宸濠殺孫都憲許副使必待陽明至乃發陽明未至而發者知絕意于陽明之與己矣使陽明實許之必乘風直抵南昌必不與豐城聞顧泌告變卽謀南奔以倡大義奪漁艇使如漁人然以奔吉安矣其宸濠兵校追公者非迎公也將脅公也且宸濠之上不能直趨中原以北中不能攻陷金陵以據者以陽明爲之制其尾兵威足以累之使不前也又取據省城絕其資重與歸路也功莫大焉者也若夫百年之後忌妬者盡死天理在人心者復明則公論定矣已而該部果題　賜敕錫勞封新建伯奉天翊衛推誠宣力守正文臣特進光祿大夫柱國兼南京兵部尚書參贊機務歲支米一千石于時天其將定矣而置之南者有人焉以參乎其間矣公丁父憂

而四方從學者日衆有迎忌者意致有僞學之劾者人其勝天乎或以浮語沮
公六年不召尋以論薦　命爲兩廣總制軍務平岑猛之亂或曰其且進且沮
使公不得入輔乎讀思田之狀云云曰公奏行勦之患十行撫之善十乃撤防
兵解戰甲諭威信受來降杖土目復岑後設流守而思田平夫陽明公不革岑
猛之後之土官以夷治夷也盧蘇等杖之百而釋之置流守以制焉仁義之術
也人知殺伐之爲功而不知神武不殺者功之上也仁義兩全之道也讀八寨
之狀云云曰檄參將會守巡命指揮馬文瑞永順宣慰彭明輔保靖宣慰彭九
霄分兵布哨擒斬賊酋黨與遂破諸巢移衛所制諸蠻貫八寨之中扼道路之
衝設縣治增城堡皆保治安民之要或曰八峒掩襲村落以爲功無破巢之功
也無功以爲有功也何則辯之曰夫陽明之貪功當取岑猛盧蘇之大功而不
取焉不宜捨其大者取其小者其亦不智不武也謂陽明公爲之乎夫宣慰諸
哨之兵可襲則襲出其不意兵法之奇不可預授者也而以病陽明焉將使爲
宋襄陳儒之愚已耶非馭戎不測之威矣事竣而請歸告病危矣不待報而遽

行且行且候　命其卒於南安途次而不及　命下亦命也江西輔臣進帖以讚公　上華之恤典人衆之勝天也亦命也百年之後天定將不勝人矣乎甘泉子始召入禮部面叩輔臣曰外人皆云陽明之事乃公爲之乎輔臣默然然亦不以作怒加禍猶爲有君子度量焉可尙也公卒之日兩廣江西之民相與弔于途曰哲人其萎矣士夫之知者相與語於朝曰忠良其逝矣四方同志者且與弔於家曰斯文其喪矣久庵公爲之狀六年而後就愼重也甘泉子曰吾志其大義銘諸墓將使觀厥詳於狀也銘曰

南鎭嶙嶙在浙之濱奇氣鬱積是生異人生而氣靈乘雲降精十一金山詩成鬼驚志學踰二廣信館次婁公一言聖學可至長而任俠未脫舊習馳馬試劍古人出入變化屢遷逃仙逃禪一變至道丙寅之年邂逅語契相期共詣天地爲體物莫非己抗疏　廷杖龍場煙瘴居夷何陋諸蠻歸向起尹廬陵臥治不庭六月之閒百廢具興入司驗封衆志皆通孚于同朝執經相從轉南太僕鴻臚太畜遂巡南贛乃展驥足浰頭桶岡三廣夾攻身先士卒屢收奇功蓄勇養

銳隱然有待云胡養正陰謀來說詐言尊師公明灼知冀子往化消變無爲閫道豐城及變未萌聞變遄返心事以明旌旗蔽空聲義下江尾兵累之北趨不從乃擒巨賊乃親獻馘爭功欲殺永也護翊彼同袍者反戈不怩隱之于心以莫不戚憂居六年起治思田撫而不戮夷情晏然武文兼資仁義並行神武不殺是稱天兵凡厥操縱聖學妙用一以貫之同靜異動

陽明先生行狀

門人黃綰撰

陽明先生王公諱守仁字伯安其先琅琊人晉光祿大夫覽之後覽曾孫羲之少隨父曠渡江家建康不樂徙會稽其後復徙剡之華塘自華塘徙石堰又徙達溪有曰壽者仕至迪功郎乃徙居餘姚六世祖諱綱字性常博學善識鑑有文武長才與永嘉高則誠宗人高元章括蒼劉伯温友善仕　國朝爲廣東參議死苗難五世祖諱彥達號祕湖漁隱有孝行高祖諱與準號遯石翁精究禮易著易微數千言曾祖諱傑號槐里子以明經貢爲太學生贈禮部右侍郎曾

祖妣孟氏贈淑人祖諱天敘號竹軒封翰林院編修贈禮部右侍郎祖妣岑氏封太淑人父諱華成化辛丑狀元及第仕至南京吏部尙書封新建伯妣鄭氏封孺人贈夫人繼母趙氏封夫人鄭氏孕十四月而生公誕夕岑太淑人夢天神抱一赤子乘雲而來導以鼓樂與岑岑寤而公生名曰雲六歲不言一日有僧過之摩其頂曰有此寧馨兒卻叫壞了龍山公悟改今名遂言頴異頓發年十一竹軒翁攜之上京過金山作詩曰金山一點大如拳打破維揚水底天醉倚妙高臺上月玉簫吹徹洞龍眠有相者謂塾師曰此子他日官至極品當立異等功名年十三侍龍山公爲考官入場評卷高下皆當性豪邁不羈喜任俠畿內石英王勇湖廣石和尚之亂爲書將獻于朝請往征之龍山公力止之年十七至江西成婚于外舅養和諸公官舍明年還廣信謁一齋婁先生異其質語以所當學而又期以聖人爲可學而至遂深契之領弘治壬子年鄉薦己未登進士觀政工部與太原喬宇廣信汪俊河南李夢陽何景明姑蘇顧璘徐禎卿山東邊貢諸公以才名爭馳騁學古詩文　欽差督造威寧伯王公墳于河

間馭役夫以十五之法暇卽演八陣圖識者已知其有遠志少日嘗夢威寧伯授以寶劍旣竣事威寧家以金幣爲謝辭不受乃出威寧軍中佩劍贈之適符其夢受焉時有慧星及韃虜猖獗上疏論邊務因言朝政之失辭極剴切明年授刑部主事差往淮甸審因多所平反復命日事案牘夜歸必燃鐙讀五經及先秦兩漢書爲文字益工龍山公恐過勞成疾禁家人不許置鐙書室俟龍山公寢復燃必至夜分因得嘔血疾養病歸越闢陽明書院究極仙經祕旨靜坐爲長生久視之道久能預知其友王思裕等四人欲訪公方出五雲門卽命僕要于路歷語其故四人驚以爲神甲子聘爲山東鄉試考官至今海內所稱重者皆所取士也改兵部武庫司主事明年白沙陳先生高第甘泉湛公若水一會而定交共明聖學明年丙寅正德改元宦官劉瑾竊國柄作威福差官校至南京拏給事中戴銑等下獄公上疏乞　宥之瑾怒矯詔廷杖五十斃而復甦謫貴州龍場驛丞瑾怒未釋公行至錢塘度或不免乃託爲投江潛入武夷山中決意遠遯夜至一山庵投宿不納行半里許見一古廟遂據香案臥黎明道

士特往視之方熟睡乃推醒曰此虎狼穴也何得無恙因詰公出處公乃吐實道士曰如公所志將來必有赤族之禍公問何以至此道士曰公旣有名朝野若果由此匿跡將來之徒假名以鼓舞人心　朝廷尋究汝家豈不致赤族之禍公深然其言嘗有詩云海上曾爲滄水使山中又拜武夷君遂由武夷至廣信沂彭蠡歷沅湘至龍場始至無屋可居茇于叢棘間遷于東峯就石穴而居夷俗于中土人至必蠱殺之及卜公于蠱神不協于是日來親附以所居陰溼乃相與伐木爲何陋軒君子亭賓陽堂玩易窩以居之三僕歷險冒瘴皆病公日夕躬爲湯糜調護之瑾欲害公之意未已公於一切得失榮辱皆能超脫惟生死一念尙不能遣于心乃爲石廓自誓曰吾今惟俟死而已他復何計日夜端居默坐澄心精慮以求諸靜一之中一夕忽大悟踴躍若狂者以所記憶五經之言證之一一相契獨與晦庵註疏若相抵牾恆往來於心因著五經臆說時元山席公官貴陽聞其言論謂爲聖學復睹公因取朱子大全閱之見其晚年論議自知其所學之非至有誑己誑人之說曰晦翁亦已自悔矣曰與學者

講究體察愈益精明而從游者衆時思州守遣人至龍場稍侮慢公諸役夫咸憤惋輒相與毆辱之守大怒曰憲副毛公科令公請謝且喻以禍福公致書于守遂釋然愈敬重公安宣慰聞公名使人餽米肉給使令辭不受既又重以金帛鞍馬復固辭不受及議減驛事則力折之且申說 朝廷威信令甲其議遂寢已而僮酋有阿賈阿札者摽掠爲地方患公復以書詆諷之安悚然操切所部民賴以寧庚午陞廬陵知縣比至稽 國初舊制愼選里正三老委以詞訟公坐視其成囹圄清虛是歲冬以朝 覲入京調南京刑部主事館于大興隆寺予時爲後軍都事少嘗有志聖學求之紫陽濂洛象山之書日事靜坐雖與公有通家之舊實未嘗深知其學執友柴墟儲公巏與予書曰近日士夫如王君伯安趨向正造詣深不專文字之學足下肯出與之游麗澤之益未必不多予因而慕公卽夕趨見適湛公共坐室中公出與語喜曰此學久絕子何所聞而遽至此也予曰雖粗有志實未用功公曰人惟患無志不患無功卽問曾識湛原明否來日請會以訂我三人終身共學之盟明日公令人邀予至公館中

會湛公共拜而盟又數日湛公與予語欲謀白巖喬公轉告冢宰邃庵楊公留公北曹楊公乃擢公爲吏部驗封主事予三人者自職事之外稍暇必會講飲食起居日必共之各相砥勵未幾陞文選員外郎陞考功郎中而學益不懈士大夫之有志者皆相率從游如此二年而湛公使安南予與公又居一年壬申冬予以疾告歸公爲文及詩送予且託予結廬天台雁蕩之間而共老焉湛公及欲買地蕭山湘湖之間結廬與予三人共之明年癸酉陞南京太僕寺少卿從游者日益衆甲戌陞南京鴻臚寺卿始專以良知之旨訓學者乙亥朝廷舉考察之典爲疏自劾乞休致以踐前言不允八月又上疏力以疾甚乞養病又不允明年丙子十月陞都察院左僉都御史撫鎮南贛汀漳等處先是南贛撫鎮屢用非人山谷兇民初爲攘竊漸至劫掠州縣肆無忌憚遠近視效凡在黔楚閩廣接壤山谷無非賊巢小大有司束手無策皆謂終不可除兵部尚書王公瓊獨知公特薦而用之又懇疏以辭亦不允督旨益嚴公遂受命既至南贛先嚴戰禦之法時龍南賊二千餘突至信豐又糾合廣東龍川浰頭諸

賊酋分隊以進勢甚猖獗公於未戰之先令兵備官調兵斷賊歸路又委官統領前後夾擊又曰此賊既離巢穴利在速戰又令乘險設伏厚集以待及各鄉村往來路徑多張疑兵使進無所獲退無所據不過旬日可以坐擒一違節制以軍法從事先時在官吏書門皂及在門軍民陰陽占卜皆與賊通日在官府左右詷覘不惟言出于口賊必先知凡意向顏色之閒賊亦知之公知其然在此則示以彼在彼則示以此每令陰陽擇日日者占卜或已吉而不用或欲用而中止每勵兵蓐食令俟期而發兵竟不出賊各依險自固四路設伏公潛令三省兵備官各率兵從徑道與賊交鋒前後大戰數合擒斬首俘獲無算餘黨奔聚象湖山拒守諭令佯言犒軍退師俟秋再舉密探虛實乘賊懈弛以護送廣東布政使邵蕡爲名選精兵一千五百當先重兵四千二百繼後夜半自率數十騎至密招前軍來令分三路各銜枚直趨象湖山擣其巢穴我兵奪據隘口賊猶不知賊雖失險其閒驍悍猶能淩絕谷超距如飛復據上層峻險四面飛打滾木礧石以死拒敵我兵奮勇鏖戰自辰至午三省所發奇兵復從閒道

鼓噪突登始驚潰大敗我兵乘勝追殺擒斬俘獲無算墜崖壑而死者不可勝計餘黨復入流恩山岡等巢與諸賊合勢明日復戰賊又不利遯入廣東界上黄蠟樟溪大山賊酋詹師富等恃居可塘洞山寨聚糧守險勢甚强固公命分兵五路攻擊與賊連戰令知府鍾湘破長富村等巢三十餘處擒斬俘獲益多其脅從餘黨悉願攜家以聽撫安公委官招撫復業者四千餘人又令僉事顧應祥等委官統領軍兵會同福建剋期進勦揚言班師出其不意從牛皮石嶺脚等處分爲三哨鼓噪並進賊瞻顧不暇望風瓦解攻破古村栢林白土村赤石巖等巢直搗箭灌及攻破水竹大重玩苦宅溪苦宅溪清泉溪曰羅南山等巢直搗洋竹洞三角湖等處前後大戰十餘俘獲四千人有奇牛馬貨物無算

嘗上疏申明賞罰以勵人心因請　勅便宜行事及請令旗令牌不報及是大庾商康上猶三縣峯賊虜掠居民廣東淛頭等處强池大鬓等三千餘徒突圍南康縣殺損官兵與湖廣桂陽廣東樂昌等巢相聯盤據流劫三省時兵備等官請調三省狼達等兵與官兵夾勦又上疏論狼兵所過不減於盜轉輸之苦

重困於民仍請便宜行事期于成功不限以時則兵衆既練號令既明人知激勸事無掣肘可以伸縮自由相機而動日翦月削可使澌盡復請添設清平縣治通鹽法以足兵食會湖廣巡撫都御史秦公金奏請夾勦疏下復上疏議處兵糧事宜六月召知府季敎縣丞舒富等密授方略領兵分勦生擒賊酋陳曰能等搗其巢俘獲賊黨無算又上疏論三省交勦方略先是屢請　勅便宜行事衆皆笑公爲迂惟尚書王公慨然曰　朝廷此等權柄不與此等人用又與誰用我必與之故因公疏覆議奉　旨改公提督南贛汀漳等處軍務　賜勅書及前所請旗牌便宜行事廷議以公前攻破長富村象湖山可塘洞諸處擒斬首從賊級數多降　勅獎勵陞俸一級賞銀二十兩紵絲二表裏時汀漳左溪賊酋藍天鳳與贛南上新穩下等硐賊酋雷鳴聰高文輝等相結盤據千里荼毒三省公與諸從事議曰諸巢爲患雖同事勢各異以湖廣言之則桶岡諸巢爲賊之咽喉而橫水左溪諸巢爲之腹心以江西言之則橫水左溪諸巢爲賊之腹心而桶岡諸巢爲之羽翼今不先去橫水左溪腹心之患而欲與湖廣

夾攻桶岡進兵兩寇之間腹背受敵勢必不利今我出其不意進兵速擊可以得志已破橫水左溪移兵而臨桶岡勢如破竹矣議既決令指揮郟文帥兵千餘自大庾縣義安入知府唐淳帥兵千餘自大庾縣聶都入知府季斆帥兵千餘自大庾縣穩下入縣丞舒富帥兵千餘自上猶縣金坑入親帥兵千餘自南康進屯至坪期直搗橫水與諸軍會命副使楊璋參議黃宏監督各營官兵往來給餉以促其後是月初七日各哨齊發初十日進兵至坪會間諜詗知各險隘皆設衮木礧石公度此時賊已據險勢未可近乃自率兵乘夜遂進未至賊巢三十里止舍使人伐木立柵開塹設堠示以久屯之形復遣官分帥鄉兵及樵豎善登山者四百人各與一旗齎銃砲鉤鐮使由間道攀崖壁而上分列遠近極高山頂以覘賊張立旗幟爇茅爲數千竈度我兵至險則舉砲燃火相應十二日黎明公進兵至十八面隘賊方據險迎敵驟聞遠近山頂砲聲如雷煙焰四起我兵復呼哨分逼銃箭齊發賊皆驚潰失措以爲官兵盡破其巢遂棄險退走公預遣千戶陳偉高睿分帥壯士數十緣崖上奪賊險盡發其衮木礧

石我兵乘勝驟進指揮謝景馬廷瑞兵由間道先入悉焚賊巢賊退無所據乃大敗奔潰橫水既破遂乘勝進攻左溪擒斬首級無算俘獲男婦牛馬什物不可勝算會霧雨連日公令休兵犒勞是月二十七日官兵乘勝進攻桶岡公復議桶岡天險四山壁立萬仞中盤百餘里連峯參天深林絶谷不覩日月因詢訪鄉導賊所由入惟鎖匙龍葫蘆洞茶坑十八磊新地五處皆假棧梯壑貪懸絶壁而上惟上章一路稍平然深入湖廣迂回取道半月始至令移屯近地休兵養銳振揚威聲使人諭以禍福彼必懼而請服其或不從乘其猶豫襲而擊之乃可以逞縱所獲桶岡賊鍾景縋入賊營期以翼日早使人於鎖匙龍受降賊方恐集衆會議又遣縣丞舒富帥數百人屯鎖匙龍促使出降遣知府邢珣入茶坑伍文定入西山界唐淳入十八磊知縣張戩入葫蘆洞皆于是月晦日乘夜各至分地遇大雨不得進明早冒雨疾登賊酋藍天鳳方就鎖匙龍聚議聞各兵已入險皆驚愕散亂猶驅其男婦千餘人據內隘絶險隔水爲陣以拒我兵渡水前擊復分部左右夾攻賊不能支且戰且卻及午雨霽各兵鼓奮而

前賊乃敗走桶岡諸巢悉平親行相視形勢據險之隘議以其地請建縣治控制三省諸徭斷其往來之路又進兵攻穩下朱坑等巢悉平又以湖廣二省之兵方合雖近境之賊悉以掃蕩而四遠奔突之虞難保必無乃留兵二千餘分屯茶寮諸隘餘兵令回近縣休息候二省夾攻盡絕然後班師驅卒不過萬餘用費不滿三萬兩月之間俘斬六千有奇破巢八十有四渠魁授首噍類無遺又疏請三縣適中之處立崇義縣移置小溪驛于大庾縣城內使督兵防遏浰頭賊酋池大鬢等聞橫水諸巢皆破始懼加兵乃遣其弟池仲安等率老弱二百餘徒赴軍門投降隨衆立效意在緩兵因窺虛實乘閒內應公逆知其謀乃陽許之及進攻桶岡使領其衆截路於上新地以遠其歸途十一月池大鬢等聞復破桶岡益懼爲戰守備公使人賜各酋長牛酒以察其變賊度不可隱詐稱龍川新民盧珂等將掩襲之是以密爲之防非虞官兵也亦陽信其言因復陽怒盧珂等擅兵仇殺移檄龍川使廉其實且趣伐木開道將回兵浰頭取道往征之賊聞之且喜且懼盧珂鄭志高陳英者皆龍川舊招新民有衆三千餘

爲池大鬢所脅而三人者獨深忌之乃來告變云池大鬢僭號設官及以僞授盧珂等金龍霸王官爵印信來首公先已諜知其事乃復陽怒不信遂械繫盧珂而使人密諭其意珂遂遣人歸集其衆待時而發又使人往諭池大鬢且密購其所親信頭目二十人陰說之同部下百八十人使自來投訴還贛乃張樂大享將士下令城中散兵使各歸農示不復用賊衆皆喜遂弛其備池大鬢等乃謂其衆曰若要伸先用屈贛州伎倆亦須親往勘破率其麾下四十人自詣贛公使人探知池大鬢已就道密遣人先行屬縣勒兵分哨候報而發又使人督集盧珂等兵俱至令所屬官寮以次設羊酒日犒池大鬢等以緩其歸會正旦之明日復設犒于庭先伏甲士引池大鬢入并其黨悉擒之出盧珂等所告狀訊鞫皆伏寘于獄斬之夜使人趨發屬縣兵期以初七日入巢諸哨兵皆從各徑道以入自率帳下官兵從龍南縣令水直搗下浰大巢與各哨兵會于三浰先是賊徒得池大鬢報謂贛州兵已罷歸皆已弛備散處各巢至是驟聞官兵四路並進皆驚懼分投出禦悉其精銳千餘據險設伏併勢迎敵于龍子嶺

我兵聚爲三衝犄角而前大戰良久賊敗復奮擊數十合遂克上中下三浰各哨官兵遙聞三浰大巢已破皆奮勇齊進各賊潰敗遂進攻九連山于是選精銳七百餘人皆衣所得賊衣佯若奔潰者乘暮直衝賊所據崖下澗道而過賊以爲各巢敗散之黨皆從崖下招呼我兵亦佯應之賊疑不敢擊已度險遂斷其後路次日賊始知爲我兵併勢衝敵我兵已據險從上下擊賊不能支公度其必潰預令各哨官兵四路設伏以待賊果潛遯邀擊而悉俘之前後擒斬首級無算俘獲男婦牛馬器仗什物不可勝計餘黨張仲全等二百餘人及遠近村寨一時爲賊所驅從惡未久者勢窮計迫聚于九連谷口呼號痛哭誠心投降遣邢珣驗實量加責治籍其名數悉安插於白沙相視險易經理立縣設隘可以久安長治之策留兵防守而歸贛人皆戴香遮道而迎爲立生祠又家肖其像而歲時祭禱上疏乞休致不允又以龍川諸處係山林險阻之所盜賊屯聚之鄉當四縣交界之際乃三省閏餘之地政教不及人迹罕到其閒接連閩廣反覆賊巢動以百數據而守之真足控諸賊之往來杜奸宄之潛匿遂疏請

于和平地方建設和平縣治以扼其要害又以大賊酋襲福全高仲仁李斌吳玑等邀路劫殺軍民攻掠郡縣命三省將官勦平上三省夾勦捷音疏　朝廷論功行賞陞右副都御史廕子一人錦衣衛世襲百戶寫勅獎勵懇疏辭免乞原職致仕　溫旨慰留因奏平定廣東韶州府樂昌縣等賊捷音查例加陞子本衛世襲副千戶在贛雖軍旅擾擾四方從游日衆而講學不廢褒崇象山陸子之後以扶正學贛人初與賊通俗多鄙野爲立保甲十家牌法於是作業出入皆有紀又行鄉約教勸禮讓又親書教誡四章使之家喻戶曉而贛俗丕變贛人多爲良善而問學君子亦多矣十四年正月再疏乞放歸田里當路忌公欲從其請王公瓊逆知宸濠必將爲變一日召其屬主事應典曰我寘王某于江西與之便宜行事者不但爲溪洞諸賊而已或有他變若無便宜行事勅書旗牌將何施用時福建有軍人進貢等之變王公曰此小事不足煩王某但假此以牽便宜勅書在彼手中以待他變爾可爲我做一題稿來看稿成具題降勅與公曰福州三衛軍人進貢等協衆謀反特命爾暫去彼處地方會同查

議處置參奏定奪時濠陰謀不軌亦已有年一日令安福舉人劉養正往說公云寧王尊師重道有湯武之資欲從公講明正學公笑曰殿下能舍去王爵否既而令門人冀元亨先往與濠講學以探其誠否元亨與語矛盾濠怒遣還密使人殺于途不果公以六月初九日自贛往福建勘事十五日至豐城縣界典史鄞人報濠反狀繼而知縣顧佖具言之公度單旅倉猝兵力未集難卽勤王亟欲遡流趨吉安南風方盛舟人聞宸濠發千餘人來劫公畏不敢發乃以逆流無風爲辭公密禱于舟中誓死報國無何北風大作舟人猶不肯行拔劍馘其耳遂發舟薄暮度勢不可前潛覓漁舟以微服行留麾下一人服己冠服在舟中濠兵果犯舟而公不在欲殺其代者一人曰何益遂捨之故追不及是夜至臨江知府戴德孺喜甚留公入城調度曰臨江居大江之濱與省城相近且當道路之衝莫若吉安爲宜又以三策籌之曰濠若出上策直趨京師出其不意則　宗社危矣若出中策則趨南都大江南北亦被其害若出下策但據江西省城則勤王之事尚易爲也行至中途恐其速出乃爲閒諜假奉　朝廷密

旨先知甯府將反行令兩廣湖襄都御史楊旦秦金及兩京兵部各命將出師暗伏要害地方以俟甯府兵至襲殺復取優人數輩各與數百金以全其家令至伏兵處所飛報竊發日期將公文各縫置袷衣絮中將發閉又捕捉僞太師李士實家屬至舟尾令其覘知公即佯怒牽之上岸處斬已而故縱之令其奔報宸濠邏獲優人果於袷衣絮中搜得公文遂疑不發十八日至吉安知府伍文定甚喜軍民皆遮道呼號公入城撫慰兩上疏告變請 命將征討以解東南倒懸奏至王公瓊揚言於 朝曰王某在南贛必能擒之不久當有捷報至但 朝廷不命將出師則無以壯其軍威時濠畜養死士二萬招誘四方盜賊渠魁亦萬數舉事之日復驅其護衛黨與并脇從之人又六七萬虐焰張熾公以百數從卒退保吉安遙爲牽制之圖遠近軍民劫于濠積威道路以目莫敢出聲公率知府伍文定戴德孺邢珣徐璉等調集軍民兵快召募四方報效義勇會計應解留錢糧支給糧賞造作軍器戰船奏留公差回任御史謝源伍希儒分職任事約會鄉官致仕右副都御史王懋忠養病編修鄒守益郎中曾直

評事羅僑丁憂御史張鼇山赴部調用僉事劉藍依親進士郭持平致仕副使劉遜參政黄繡閑住知府劉昭等相與激勸忠義曉諭禍福調度已定移檄遠近宣布　朝廷仁德暴濠罪惡濠始覺爲公所欺亟欲引兵而出公謂急衝其鋒攻其有備皆非計之得也始示以自守不出之形必俟其出然後尾而圖之先復省城以搗其巢穴彼聞必回兵來援我則出兵邀而擊之此全勝之策也濠果使人探公未出先發兵出攻南康九江自居省城以禦公七月初二日濠又使人探公兵果不出乃留兵萬餘屬其腹心　宗室及儀賓內官并僞都督都指揮等官使守省城自引兵向安慶公知其出遂急促各府兵期以本月十五日會于臨江樟樹鎮身督伍文定等兵徑下於是知府戴德孺引兵自臨江來知府徐璉引兵自袁州來知府邢珣引兵自贛州來通判胡堯元童琦引兵自瑞州來通判談儲推官王暐徐文英新淦知縣李美太和知縣李楫寧都知縣王天與萬安知縣王冕亦各以兵來赴十八日遂至豐城分布哨道使伍文定攻廣潤門邢珣攻順化門徐璉攻惠民門戴德孺攻永和門胡堯元童琦攻

章江門李美攻德勝門都指揮余恩攻進賢門談儲王暐李楫王天與王冕等各以其兵乘七門之釁從旁夾擊以佐其勢又探得濠伏兵千餘于新舊墳廠以備省城之援乃遣奉新知縣劉守緒典史徐誠領兵四百從閒道夜襲破之以搖城中十九日登市汊誓師且申布　朝廷之威再暴濠惡約諸將一鼓而附城再鼓而登城三鼓不克誅其伍四鼓不克斯其將誓已莫不切齒痛心踴躍激奮薄暮徐發二十日黎明各至信地城中爲備甚嚴滾木灰瓶火砲石弩機毒之械無不畢具及我兵已破新舊墳廠敗潰之卒皆奔告城中城中聞我師四面驟集莫不震駭我師呼噪並進梯絙而登城中倒戈而奔遂破擒其居守宜春王栱樤及僞太監萬銳等千餘人宮眷縱火自焚延燒居民房屋公令各官分道救火撫定居民釋其脅從封其府庫搜出原收大小衙門印信九十六顆其脅從布政使胡濂參政劉裴參議許效廉副使唐錦僉事賴鳳都指揮王玘皆自上江西捷音疏仍分兵四路追躡是時濠攻安慶未下親自督兵運土填塹期在必克及聞我兵至豐城大恐卽欲回舟李士實阻勸以爲必須徑

往南京既登大寶則江西自服濠不應次日遂解安慶之圍移兵泊阮子江會議歸援先是兵至豐城衆議安慶被圍宜引兵直趨安慶公以九江南康皆以爲賊所據而南昌城中數萬之衆精悍亦且萬餘食貨充積我兵若抵安慶賊必回軍死鬬安慶之兵僅僅自守必不能援我于湖中南昌之兵絕我糧道而九江南康之賊合勢撓躡而四方之援又不可望事難圖矣今我師驟集先聲所加城中必已震懾因而併力急攻其勢必下已破南昌賊先破膽奪氣失其本根勢必歸救則安慶之圍可解濠亦可以坐擒果如公料及議所以禦之之策衆謂宜斂兵入城堅壁自守以待四方援兵公獨謂宜先出銳卒乘其惰歸要迎掩擊一挫其鋒衆將不戰自潰所謂先人有奪人之氣攻瑕則堅者瑕矣是日撫州知府陳槐引兵亦至公遣伍文定邢珣徐璉戴德孺共領精兵五百分道並進擊其不意濠亦先使精悍千餘人從間道欲出公不意攻收省城偶遇于某處遂交戰我兵失利報至公怒甚欲以軍法斬取伍文定邢珣戴德孺徐璉等首乃自帥兵親戰或以敵鋒方交若即斬其首兵無統領而亂俟各奮

勵以圖後效明日各帥兵奮死以戰大敗之又遣余恩以兵四百往來湖上誘致賊兵陳槐胡堯元童琦談儲王暐徐文英李美李楫王冕王軾劉守緒劉源清等各領百餘四面張疑設伏候伍文定等兵交然後四起合擊分布既定大賑城中軍民慮　宗室郡王將軍或爲內應生變親慰諭之以安其心出給告示凡脅從皆不問雖嘗受賊官爵能逃歸者皆免死能斬賊徒歸降者皆給賞使內外居民及鄉導人等四路傳布以解散其黨二十三日濠先鋒已至樵舍風帆蔽江前後數十里公乃分督各兵乘夜趨進使伍文定以正兵當其前余恩繼其後邢珣引兵繞出賊背徐璉戴德孺張兩翼以分其勢二十四日早賊兵鼓譟乘風而前逼黃家渡其氣驕甚伍文定余恩之兵佯北以致之賊爭進趨利前後不相及邢珣之兵從後橫擊直貫其中賊敗走伍文定余恩督兵乘之徐璉戴德孺合勢夾攻呼譟並起賊不知所爲遂大潰奔走十餘里擒斬二千餘級落水死者以萬數賊勢大沮引兵退保八字腦衆稍遁散濠震懼身自激勵將士賞其當先者以千金被傷者銀百兩盡發九江南康守城之兵以益

師是日建昌知府曾璵引兵至公以九江不破則湖兵終不敢越九江以援我南康不復則我兵亦不能踰南康以躡賊乃遣知府陳槐領兵四百合饒州知府林城之兵乘閒以攻九江知府曾璵領兵四百合廣信知府周朝佐之兵乘閒以取南康二十五日賊復幷力盛氣挑戰時風勢不便我兵少卻死者數十人公急令人斬取先卻者知府伍文定等立於銃砲之間火燎其鬚不敢退奮督各兵殊死並進砲及寧王舟寧王退走遂大敗擒斬二千餘級溺水死者不計其數賊復退兵保樵舍連舟爲方陣盡出其金銀以賞士公乃夜督伍文定等爲火攻之具邢珣擊其左徐璉戴德孺出其右余恩等各官分兵四伏期火發而合二十六日寧王方朝羣臣拘集所執三司各官責其閒以不致死力坐觀成敗者將引出斬之爭論未決而我兵已奮擊四面而集火及寧王副舟衆遂奔散寧王與妃嬪泣別妃嬪宮人皆赴水死我兵遂執寧王幷其世子郡王將軍儀賓及僞太師國師李士實劉養正元帥參贊尚書都督指揮千百戶等官數百餘人被執脅從官太監王宏御史王金主事金山按察使楊璋僉事王

疇潘鵬參政程果布政使梁辰都指揮郟文馬驥白昂等擒斬賊黨三千餘級落水死者約三萬餘棄其衣甲器仗財物與浮尸積聚橫亘若洲餘賊數百艘四散逃潰公復遣官分路追勦毋令逸入他境爲患二十七日及之于樵舍大破之於吳城又破之擒斬復千餘級落水死者殆盡濠既擒衆執見公呼曰王先生我欲盡削護衞所有請降爲庶民可乎對曰有國法在遂令送至囚所公既擒濠欲令人獻俘慮有餘黨沿途竊發欲親解赴 闕因在吉安上疏乞命將出師 朝廷差安邊伯許泰爲總督軍務充總兵官平虜伯江彬爲提督等官左都督劉暈爲總兵官太監張忠爲提督軍務張永爲提督贊畫機密軍務并體勘濠反逆事情及查理庫藏宮眷等事太監魏彬爲提督等官兵部侍郎王憲爲督理糧餉往江西征討至中途聞捷報計欲奪功乃密請 上親征 上遂自稱爲總督軍務威武大將軍總兵官後軍都督府太師鎮國公往江西親征廷臣力諫不聽有被杖而死者江彬許泰劉暈張忠張永魏彬等先領兵由大江至入居城中人馬塡溢衢巷至不可行乃倡言誣公始同濠謀反因

見天兵倅臨征討始擒濠以脫罪欲并擒公爲己功公于官軍慰勞有加病者爲之醫藥死者爲之棺斂閑自行撫衆心皆悅初見彬輩皆設席于傍令公坐公乃佯爲不知遂坐上席轉傍席于下以坐彬輩彬輩銜之出語誚公公以常行交際事體諭之左右皆爲公解遂無言公非爭一坐也恐一受節制則事機皆將聽彼而不可爲矣又欲置濠湖中待 駕至列陣擒之然後奏凱論功公竟發南昌數遣人追至廣信不聽戴星趨玉山度草萍上疏力止以爲濠睥睨神器陰謀久蓄招納叛亡探輦轂之動靜日無停迹廣置奸細臣下之奏白百不一通發謀之始逆料大駕必將親征先於沿途伏有奸黨爲博浪荊軻之謀今逆不旋踵遂已成擒法宜解赴 闕下式昭天討欲付部下各官押解恐舊所潛布乘隙竊發或致意外之虞臣死有餘憾況平賊獻俘固 國家常典亦臣子職分臣謹于九月十一日親自量帶官軍將濠并宮眷逆賊情重人犯督解赴 闕行至廣信聞報疏上不聽既抵杭謂張永曰西民久遭濠毒經大亂繼旱災困苦既極必逃聚山谷爲亂奸黨羣應土崩之勢成矣然後興兵平之

不已難乎永深然之徐曰吾此出爲　君側羣小欲調護而默輔之非掩功也
但將順　天意猶可挽回萬一茍逆之徒激羣小之怒何救于大事公始深信
以濠付之復上捷音以爲宸濠不軌之謀已踰一紀今旬月之閒遂克堅城俘
擒元惡是皆　欽差總督威德指示方略所致以此歸功總督軍門以止　上
江西之行稱病淨慈寺張永在　上前備言公盡心爲國之忠之功及彬等欲
加害之意既而彬等果誣公無君欲叛　上不信又言此既不信試召之必不
來則可知其無君矣　上乃召公公卽奔南京龍江關將進見忠等皆失意又
從中阻之使不見公乃以綸巾野服入九華山永聞知又力言于　上曰王守
仁實忠臣今聞衆欲爭功欲幷棄其官入山修道由是　上益信公之忠公復
還江西視事西人皆家肖公像歲時報祀猶夫贛焉十五年閏八月四乞省葬
節奉　旨王守仁奉命巡視福建行至豐城一聞宸濠反叛忠憤激烈卽便倡
率所在官司起集義兵合謀勠殺氣節可嘉已有　旨著督兵討賊兼巡撫江
西地方所奏省親事情待賊平之日來說故復領巡撫事江西兵殘之餘宗室

人民凋敝之甚官府衙門居民房屋燒毀殆盡公爲之賑恤綏勞撫定奏免租稅又將城中沒官房屋及濠違制宮室與革毀一應衙門皆修改爲公廨濠占奪民閑田地山塘房屋遵奉　詔書給還原主管業其餘照依時估變賣價銀入官先儘撥補南新二縣兌軍淮安京軍折銀糧米及王府祿米餘羨收貯布政司用備緩急是年　月　上晏駕　今上皇帝登極特降璽書曰爾昔能勦平亂賊安靖地方　朝廷新政之初特茲召用勅至爾可馳驛來京毋或稽遲於二十日公馳驛起程爲輔臣所忌潛諷科道建言以爲　朝廷新政武宗國喪資費浩繁不宜行晏賞之事行至中途而返道經錢塘上疏懇乞便道歸省

制曰可陞南京兵部尚書參贊機務又具疏辭免慰　旨益勤本年十二月內該部題爲捷音事議封公伯爵給與誥券子孫世世承襲賜勅遣官獎勞慰諭錫以銀幣犒以羊酒乃封公新建伯奉天翊衛推誠宣力守正文臣特進光祿大夫柱國兼南京兵部尚書參贊機務歲支祿米一千石三代幷妻一體追封累疏辭免欲　朝廷普恩賞于報效諸臣又極言舉人冀元亨因說宸濠反

爲奸黨構陷獄中以忠受禍爲賊報仇抱冤齎恨願盡削己官移報元亨以贖此痛先是元亨在獄又爲移咨六部申理其冤及元亨死又爲移文湖廣兩司優恤其家屬元年丁父海日翁憂四方來游其門益衆科道官迎當路意以僞學舉劾服闋輔臣忌公才高望重六載不召御史石金等交章論薦禮部尚書席公書爲疏特薦公及石淙楊公曰生在臣前見一人曰楊一清生在臣後見一人曰王守仁皆不報丁亥田州土知府岑猛之亂提督都御史姚鏌不克成功張公孚敬拉桂公萼同薦桂公不得已勉從薦公得俞 旨兵部奉 欽依差官持檄授公總制軍務督同都御史姚鏌勘處彼中事情上疏辭免舉尚書胡世寧李承勛自代不允 上與楊公一清曰若姚鏌不去王守仁決不肯來遂令鏌致仕又降 旨督趨赴任 旨云卿識敏才高忠誠體國今兩廣多事方藉卿威望撫定地方用舒朕南顧之懷姚鏌已致仕了卿宜星夜前去節制諸司調度軍馬撫勦賊寇安戢兵民勿再遲疑推諉以負朕望還差官鋪馬裏齎文前去敦取赴任行事該部知道予時爲光祿寺少卿具疏論江西軍功及

薦公才德堪任輔弼　上喜親書御劄并疏付內閣議楊公一清忌公入閣與之同列乃與張公孚敬具揭帖對曰王守仁才固可用但好服古衣冠喜談新學人頗以此異之不宜入閣但可用爲兵部尚書桂公知遂大怒詈予潛進揭帖毀公　上意遂止公遂扶病蒞任沿途涉歷訪諸士夫詢諸行旅皆云岑猛父子固有可誅之罪然所以爲亂者皆當事諸人不能推誠撫安以致之上疏謝恩極言致亂之由平復之策十二月楊公一清與桂公萼謀恐事完回京復命見　上予與張公又薦之　上必留用又題命公兼理巡撫奉　聖旨王守仁暫令兼理巡撫兩廣等處地方寫勅與他咨到又力疏辭免舉致仕都御史伍文定刑部左侍郎梁才自代不允建議大約以爲進兵行剿之患十罷兵行撫之善十與夫二幸四毀之弊時布政使林富紀功御史石金皆以爲然至南寧府乃下令盡徹調集防守之兵數日之內解散而歸者數萬有餘湖兵數千道阻且遠不易卽歸仍使分留南寧賓州解甲休養待間而發初思田二府目民盧蘇王受等聞公來知無必殺之心皆有投生之念日夜懸望惟恐公至之

不速既至又見防守之兵盡撤投生之念益堅乃遣其頭目黃富等十餘人先赴軍門訴告公諭以　朝廷威信及開示更生之路明日蘇受等皆囚首自縛各與其頭目數百人投見號哀控訴公復諭以　朝廷恩德下蘇受于軍門各杖一百衆皆合辭扣首爲之請命乃解其縛曰今日宥爾一死者是　朝廷好生之仁杖爾一百者乃我等人臣執法之義於是衆皆扣首悅服公隨至其營撫定餘衆莫不感泣歡呼感恩誓以死報殺賊立功以贖前罪公復諭以　朝廷惟願生全爾等今爾方來投生豈忍又驅之兵刃之下爾等逃竄日久家業破蕩且宜速歸完爾室家及時耕種脩復生理至於各處盜賊軍門自有區處不須爾等勦除待爾等家事稍定徐當調發於是又皆感泣歡呼遂委布政林富總兵官張祐分投安插督令各歸復業既而上疏處置平復地方以圖久安宜仍立土官以順其情分土目以散其黨設流官以制其勢猶以爲土夷之心未必盡得而窮山僻壤或有隱情則又備歷田州思恩村落而經理其城堡因以所以處之之道詢諸其長目率皆以爲善又詢諸父老子弟又皆以爲善然

後信其可以久行而反覆其辭更互其說請田州仍立岑氏後爲土官知州以順土夷之情特設流官知府以制土官之勢分設土官巡檢以散各夷之黨又以田州既設流官宜更有府名爲田寧蓋取田石傾田州兵田石平田州寧之謠至于思恩則岑濬之後已絕不必復有土官之設矣又按視斷滕峽諸處猺賊上連八寨下通仙臺花相諸洞連絡數十餘巢盤亘三百餘里彼此犄角結聚憑險流刦郡縣檄參將張經會同守巡各官集議于是命潯州衛指揮馬文瑞永順統兵宣慰彭明輔男彭宗舜保靖統兵宣慰彭九霄辰州等衛指揮彭飛等分兵布哨以永順土兵進勦牛腸等賊巢保靖土兵進勦六寺等賊巢先是賊酋詷知公住劄南寧寂無征勦消息又不見調兵集糧遂皆怠弛不以爲意至是突遇官兵四面攻圍倉惶失錯擒斬賊酋及黨與頗多餘賊退敗復據仙女大山我兵追圍拔大緣崖仰攻復大破之乘勝攻破油碓石壁大陂等巢餘賊奔至斷藤峽橫石江邊我兵追急爭渡溺死者無算斬獲首從俘獲男婦牛畜器械等項不可勝計還兵潯州府住劄復進勦仙臺諸賊巢諸軍吏各率

永順保靖壯兵爭先陷陣賊又大敗奔入永安邊界立山將險結寨乃摘調指揮王良輔并目兵彭愷等分路並進四面仰攻賊敗散命林富張祐分投密調各目兵盧蘇王受等分道進勦前後生擒斬獲并俘獲男婦頭畜器械殆盡以八寨之地據其要害欲移設衛所控制諸蠻復於三里設縣迭相引帶親臨視思恩府基景定衛縣規則蓋南丹衛僻在廣西極邊之地非中土之人所可居者於是移築於周安堡當八寨之中以阻扼其道路之衝則柳慶諸賊不必征勦皆將效順服化思恩舊在寨城山內尚歷高山數十餘里令移于荒田地方四野寬衍之處開圖立里用漢法以治武緣之衆夷夏交和公私兩便移鳳化縣治於虞鄉爲立廨宇屬之思恩于宣化思龍地方添設流官縣治是皆保治安民之要增築守鎮城堡于五屯以壯威設險仍選取協守諸兵及附近土寨目兵智略忠勇官一員重任而專責之使之訓練撫摩令參將兵備等官時至其地經理而振作之則賊勢自摧將思田分設九土巡檢司各立土目衆所信服者管之節疏奏請定奪奉　旨王守仁受命提督軍務蒞任未久乃能開誠

宣恩處置得宜致令叛夷畏服率衆歸降罷兵息民奇功可加寫勅差行人齎去獎勵還賞銀五十兩紵絲四表裏布政司買辦羊酒送用九月八日行人馮恩齎至廣城是時公已臥病月餘扶病疏謝而病勢日篤猶力憊視事年十五歲時夢中嘗得句云卷甲歸來馬伏波早年兵法鬢毛皤莫知其謂至是舟至烏蠻灘舟人指曰此伏波廟前灘也公呀然登拜如夢中所見因誦夢中詩嘆人生行止之不偶云十月初十日復上疏乞骸骨就醫養病因薦林富自代又一月乃班師至大庾嶺謂布政使王公大用曰爾知孔明之所以付託姜維乎大用遂領兵擁護為敦匠事廿九日至南康縣將屬纊家童問何所囑公曰他無所念平生學問方纔見得數分未能與吾黨共成之為可恨耳遂逝舁至南安府公館而斂柩經南贛雖深山窮谷男女老弱皆縞素匍匐哀迎若喪考妣凡所過江西地方行道之人無不流涕者訃至桂公萼欲因公乞養病疏參駁害公令該司匿不舉乃參其擅離職役及處置廣西恩田八寨恩威倒置又詆其擒濠軍功冒濫乞　命多官會議先此張公孚敬見公所處岑猛諸子及盧

蘇王受得宜征勦八寨有方奏至甚喜極口稱嘆謂予知人之明又述在南京時與言惓惓欲公之意曰我今日方知王公之不可及卽薦于朝取來作輔共成天下之治桂公楊公聞之皆不樂乃嗾錦衣衞都指揮聶能遷誣奏公用金銀百萬託余送與張公故薦公于兩廣余疏辯其誣奉旨黄綰學行才識衆所共知王守仁功高望隆輿論推重聶能遷這廝揑詞妄奏傷害正類都察院便照前旨嚴加審問務要追究與他代做奏詞幷幫助奸惡人犯來說黄綰安心供職不必引嫌辭避下能遷于獄杖之死時予爲詹事桂公楊公計欲害公恐予在朝適南禮侍缺卽推予補之明年春上將出郊桂公密具揭帖奏云云上遂允命多官會議削公世襲伯爵幷朝廷常行卹典贈謚至今人以爲恨公生而天資絶倫讀書過目成誦少喜任俠長好詞章仙釋旣而以斯道爲己任以聖人爲必可學而至實心改過以去己之疵奮不顧身以當天下之難上欲以其學輔吾君下以其學淑吾民惓惓欲人同歸于善欲以仁覆天下蒼生人有宿怨深讐皆置不較雖處富貴常有煙霞物表之思視棄千

金猶如土芥藜羹珍鼎錦衣縕袍大廈窮廬視之如一真所謂天生豪傑挺然

特立于世求之近古誠所未有者也配諸氏參議養和公諱某女不育撫養族

子曰正憲諸氏卒繼張氏舉一子正億適予女僅二週而公卒遂鞠于余以恩

廕授國子生孫男　曰承勳承學□□□□孫女五所著有陽明集居夷集撫

夷節略五經臆說大學古本旁註及門人所記傳習錄所纂則言誦而習者可

知其造詣矣濠之變蓋非一日其烝淫奸暴腥穢彰聞賊殺善類剝害細民招

亡納叛誘致劇賊召募四方驍勇力能拔樹排關者萬有餘徒又使其黨王春

等分齎金銀數百萬造奇巧器玩賄結內外大小臣僚至有奏保其仁孝者有

復其護衞者有備其官僚者有爲潛布腹心於各鎭及畿內各要地復陰置奸

徒於滄州淮揚山東河南之閒起事之日號稱一十八萬從之東下者實八九

萬非公忠義智勇誓不與賊俱生奚旬月之閒遂得克復堅城俘擒元惡以成

宗社無疆之休哉不特此也南贛等處賊巢蟠居三省積數十年如池大釁

之傳皆勇力機智絕人者非先計除之則宸濠一呼風從烏合其爲天下禍當

何如也且八寨爲害積幾百年思田擾攘亦既數年一旦除而安之文武並用處置經畫皆久遠之圖惜當路忌之既深而南北言臣又皆承望風旨反肆彈劾雖平日雅好公者方公成功時亦心害其能考察之歲承輔臣意有功如邢珣徐璉陳槐謝源等皆黜之則　國典之所以議功議能者安在哉予以女許公之子蓋憫其孤而撫之汪公鋐因予諍張公大同之征當別其善惡不當玉石俱焚張公怒汪迎其意劾予回護屬官鄒守益雖居大臣調予邊方參政賴
聖明復職汪又爲疏論公僞學及指予皆爲黨邪不忠予又爲疏明諍大同之心又明公學術之忠國及予所以憫子許婚攜撫皆非得已疏上亦賴　聖明拔之竄穽因察公與守益之無辜於乎公既困屈沒齒尚尤不免則公與予平生所期何如而皆僅止此者豈非天與命也悲夫子正憲正億將以是年仲冬十一日奉公柩葬於洪溪之高村爲次其世行功爵及所以致謗者乞銘于宗工幸憐而屬筆焉以備他日太史氏之擇謹狀

祭文

親友祭文

石潭汪俊 禮部尚書

惟公豪傑之才經綸之業習坎心亨窮標峻揭勳名既懋德譽亦隆陽明之稱走卒兒童維吾兄弟投分最早坐或達旦何幽不討忽謫萬里執手贈言誓將結茅待予雲煙公茲東來曰予無樂樂見故人來踐舊約旗旐央央流水瀰瀰公私皇皇或臥或起乃重訂約其待予歸歸將從容山遨水嬉公既奏凱吾治吾館忽聞訃音乃以喪返嗚呼公有大勞 國史輝煌公有心學傳者四方公何以沒吾何以傷交情未竟公進此觴嗚呼哀哉

北原熊浹 吏部尚書 南昌人

於乎公有安危 朝廷重輕公有進退世道升降公有存亡聖學晦明公之生也士如寐覺民如醉醒吏振循良之化將知仁義之兵寇賊奸宄逆節不敢以復萌譬如祥麟威鳳一見於海嶽羣鳥百獸率快覩以飛鳴公之死也士迷嚮往民壞長城吏肆貪殘之虐將無紀律之馮不逞餘孽四方嘯聚而橫行譬如

山崩梁折物害民殃徒奔走而無寧在昔江藩不軌荷義舉兵談笑而清今幾何年元惡大憝已湮沒而無形曠恩厚德尙爾如生方公之歸也幸其鱣堂載啓木鐸揚聲斯文未喪庶幾有與其再出也意其入秉鈞衡輔成　聖德豈期仗鉞不得一日立乎　朝廷儵然長逝豈厭世濁之不可攖抑天不慭遺俾我民之失典刑雖然可盡者公五十七年之身其不可盡者與天地相爲終始之令名豫章爲公過化之地浹等遙瞻靈櫬匍匐往迎豈無昭假以慰微誠此又不得以天下哀而奪吾黨私公之情嗚呼哀哉

誠齋汪鋐 兵部尙書

惟公擅華國之文奮匡　君之節懷希聖之心彰伐叛之烈一代之英萬夫之傑追韓范以驅馳兼朱程而教設夫何梁木忽傾台星俄折章水咽而不流楚雲愁而四結豈物理之乘除有數抑造化之無常者不可以臆決鋐叨繼公後亦惟遵公之轍辱公深知大懼累公之哲不敢以公所不屑者而自屑也旅櫬搖搖瀛椒漿以薦潔陳詞未竟自貽無窮之咽

胡東皐　四川廉使

嗚呼哀哉公其可死乎母太夫人孰爲之養煢煢遺孤孰爲之撫而成之乎其大者　聖明堯舜方倚公爲皐夔四方未甚迪亂正倚公神武之功以鎭定之而公其忍死乎又其大者聖學不明幾千百年於茲賴公良知之學以昭揭之雖其妙契獨得亦天之有意於斯世斯人故屬公以先知先覺之責公之門人滿天下固不無如顏如閔如參如賜者出於其閫足以繼往開來承公之傳於不朽然公不及親見其道之大明大行於天下公其忍死矣乎嗚呼哀哉雖然功在社稷道在人心文章在遺書母老子幼而有二仲之賢爲可恃且死　王事公復何憾予又安得戚戚於生死之間乎獨相去萬里不得執手永訣親視含襚爲可恨耳茲以兵事就道臨風一奠以寄吾哀而萬一之私曷其有涯也邪

徐璽

嗚呼先生有汲長孺之直而辭不至於戇有張晉公之忠而謀不至於疏有朱

晦菴陸象山之讀書窮理頓悟直截而存心致知不至於偏廢方其夷江左之大難也浩然歸志自謂得所欲矣及聞百粵之亂也應　召而起履險若夷功以時建大彰德威中道而殞輿櫬以歸嗚呼先生而止於斯耶吾子曰愛受教門下先生愛重匪特親故先十年而卒先生哭之慟孰謂吾今之哭先生猶先生之哭吾子也嗚呼痛哉壽夭天也生順死安吾豈爲先生憾然　朝廷失重臣斯文失宗主幼子失所怙嗚呼痛哉敬陳薄奠聊寄痛哀魂兮耿耿鑒茲永懷

儲艮材　巡按御史

嗚呼先生勳業文章聲光榮遇夫人能知之亦能道之夫復何言客歲云暮柩臨南浦艮材等載奠載奔小大莫處想其道玉山歷草萍東望會稽先生故里也搖搖旅魂庶其寧止嗚呼異土之殞數也首丘之敦仁也數以任其適然仁以歸於至當君子也尚何言哉

儲艮材

嗚呼濂洛云逝斯道攸卬公啓絕學允協于中鑰敝發蒙我知孔艮允文允武綏我四方四方既同公歸江東童冠二三春風融融岑寇匪茹跳梁三紀維公來止載櫜弓矢南夷底績公既彌留人百其哀況我同儔小人靡悱君子曷宗嗟我黃流爲天下慟嗚呼哀哉

王堯封 右副都御史

嗚呼先生以純粹之資剛毅之氣通達之才雄渾之文心得之學今焉已哉方其抗逆豎也而奸黨息殲叛宗也而天下安化猺獞也而邊夷格 帝念厥勳爵位載錫聲光洋洋簪纓奕奕今焉已哉方今 聖明在上勵精唐虞之治天奚奪之速而顧不憖遺以共弼厥成耶嗚呼天宅茫茫至難諶也寒蛩唧唧於月砌鸞鳳淪沒於岑丘蕙蘭靡靡於蔓草蕭蓏蕃盛於道周慨物運之不齊於天道乎奚尤於乎先生其已焉哉堯封等竟陳詞兮酌醴靈彷彿兮淹留

王暐

嗚呼先生排奸觸忌忠則烈矣蒙難考貞節則甘矣戡亂靖戎功則懋矣修辭

立教文則崇矣撝謙下士德則允矣明誠合一道則章矣忠足以名世而孤忠諛簸弄之黨節足以名世而奪循資固寵之習功足以名世而基　社稷無疆之休文足以名世而洗杜譔鑿空之陋德足以名世而動凌高厲空之志道足以名世而破支離偏曲之學然則先生之生也雖謂其隨之以存先生之死也孰謂其隨之以滅如有作者其不可及已夫嗚呼先生

有司祭文

吉安府知府張漢等

於乎先生弘毅剛大履險涉崎忠孝文武爲學者師任崇正黜邪之責而功同孟氏合知行動靜之一而道傳子思問罪與思堂堂豫章之陣而懷來安輯正百粵之旗方南仲奏春風之凱而武侯星殞乃龍蛇遘康成之夢而學者與悲六經之迷途誰指明堂之梁棟誰支誰作萬里之長城誰窺一貫之藩籬豈非天奪　朝廷之楊綰與吾黨之濂溪漢等晚生末學敬仰光休矧廬陵望邑爲先生過化舊邦而流風餘韻爲先生之山斗門牆遡姚江而源流滾滾瞻五

嶺而雲樹蒼蒼訃聞螺浦悲傷旁皇徒使吾黨德釧道範之望付之於無何有之鄉有奠椒漿有淚淋浪臨風載拜先生其來嘗

南昌府儒學教授廖廷臣等

惟公以心會道倡學東南以義興師討平逆藩 天子曰都爰錫公爵四方景之泰山喬嶽公方東歸江漢龍飛蘽公憑翼道與時熙固天下之延頸實我公之優爲詎意百粵羣醜弄兵潢池僉曰平之匪公弗宜拜命南征蠻方丕敘經略彌年委身勞瘁連章乞歸公疾乃革天不憖遺斯文之厄嗚呼公之功業似若未竟公之道德曷繫存亡蓋功雖以存而建道不以死而弗彰公無憾矣

玉山知縣呂應陽

嗚呼哀哉銅柱標伏波之勳峴碑墮羊公之淚嗚呼哀哉明堂遺棟石之思稽山還英靈之氣嗚呼哀哉邊陲罷鎖鑰之防章縫奪蓍龜之恃殲我哲人豈其躬瘁應陽等竊嘗淑公緒論恨未登其庭也來吏茲土聞諸異時逆藩拂經丕曰是臏伊豪傑之奮義實夫子之先聲不然雖竭西江之水未足以洗數年之

兵是則公之澤在天下而西人再造于公世世德也靈輀何來載疑載驚今也號咷昔也懽迎我奠我奔願百其身公乘白雲厥鑒孔神而陽耿耿于平日者猶未能盡鳴也

門人祭文　顧應祥應良

嗚呼夫子天其憫俗學之卑陋而生此真儒耶何栽培之獨厚也其眷聖上之中興而生此賢佐耶又何遽奪而使之不壽也嗚呼夫子今不可作矣斯道斯民真不幸矣夫復何言夫復何言尤所私痛者妙道精義不可復聞霽月光風不可復見矣將使末學倀倀可受而不可傳邪嗚呼哀哉敬陳遠奠封寄潺湲盛德大業言莫能名至痛深悲辭莫能宣

黃宗明

自道術爲天下裂而人不知其有己忘內逐外誇多鬭靡搜羅訓詁立世赤幟孔孟既遠濂洛亦逝豈無豪傑如草廬氏覺彼暮年精力隨弊金溪之學爲世

大忌惟我夫子丰神凜異少也雄傑出入亦幾鬼神通思精識徑詣汛掃支離收功一致哀我人斯開關啓閉良知之說直截簡易無俟推求無不該具順我良知行罔或悖逆瑾扇惑言官盡繫公觸危機從容就理謫官蠻貊艱難困躓汀贛賊起公握兵符獷狡既殄老稚歌呼藩王稱亂海內憂虞夫子倡義一鼓獻俘岑氏構禍東南驛騷五六年閒財耗兵逃公撫循之鞭笞其豪事適機宜畏威懷德出其死力裹糧滅賊八寨奇功神武難名十年命將手提重兵人曰勞止馳驅靡寧先生再至寂無軍聲講學其閒朝夕靡停運籌決策賊以計平出入兩廣瘴癘傷生積成疾疢中道殞傾於乎痛哉夫子之教如揭日月人方瞻仰斯文遽絕夫子之忠功在社稷身死未幾讒謗交集世路險巇人言易訛命也如何憂患實多某自服膺十有餘年奔走畏途舊學就捐孤負教育誰執其愆今玆矢心昕日勉旃啓夕跽奠號呼昊天明發赴官敢附告焉嗚呼哀哉

魏良器

嗚呼先生遽止於斯邪振千年之絕學發吾人之良知靡用志以安排曷思索

而議擬自知柔而知剛自知顯而知微挽人心於根本洗末學之支離真韓子所謂功不在禹下障百川而東之使天假先生以年大明此道斯世殆將皡皡而熙熙於乎曾謂先生而遽止於斯耶壬癸甲乙之歲坐春風於會稽先生攜某於陽明之麓放舟於若耶之溪徘徊晨夕以砭其愚而指其迷已而已而今不可得而復矣嗚呼天果有意於斯道耶何奮我先生之期頤天果無意於斯道耶則二三子在焉苟不忘先生之教其傳猶或可期洋洋如在之靈尚其陰隲而默相之於乎章江之水其流湯湯既羞我殽爰薦我觴覿靈輀之既駕愴予衷之皇皇

應典

維公學承千聖之傳道闡諸儒之祕立言垂訓體本良知功歸格致修齊治平一言以蔽將刊末學之支離訂二教之同異總攝萬殊歸之一致進以覺夫當時退以淑諸來裔彼忠諫之動　朝廷勳業之銘鼎彝文章之被金石世之君子或以爲難在公則爲餘事耳方奉　命以南征爲朝野之毗倚胡天命之不

延乃一朝而云瘞典等受教有年卒業無恃慟候江干淚無從止嗚呼公雖已矣神其在天文未墜地庶幾有傳握椒蘭以薦心指江流而誓焉惟遜志以無負庶歆格乎斯筵

欒惠等

嗚呼乾坤孕秀哲人降生睿智閎出忠孝天成多材多藝天縱其能精一之學堯舜是承良知垂教如夢得醒四方風動豪傑奮興雲集魚貫日萃講庭豈其徒學爲　國柱石忠鯁立　朝不避權逆竄逐夷方優游自適世態浮華無能損益玉蘊山輝珠沈光溢宸濠倡亂人心虩虩禍自蕭牆誰敢爲敵惟師威武一鼓褫魄功業既著讒口交棘師乃休休退而自食榮辱毀譽弗留于臆惟道不明心焉則戚與二三子講學是力風月爲朋山水成癖點瑟回琴歌詠其側天王聖明旂常紀績西醜陸梁日費千倉凱功未奏　主憂寧忘奉　詔徂征應時翺翔既負重委文德丕揚先聲按撫弓矢斯張醜類來歸緝緝洋洋曰今已後弗復敢攘師乃諭曰兵加不軌不殺投降爾歸　王化我豈爾戕歸完

爾室幹乃農桑亦有八寨盜賊叢積一罹其毒朝不謀夕開國以來屢征弗獲選將用兵曾何休息貽禍非小實傷 國脈窺望竊發其機已迫師軫民憂不計失得詢謀僉同便宜行策神機應變旬日勦賊巢穴既空瘡痍蕩滌招撫流移復其田宅長慮永圖扶病區畫相彼夷方隨俗因革爰立土官分地授職犬牙相制世守疆域保甲既嚴部伍既飭統于流官庶無閒隙爰修文教俾肄儒籍變化夷族實爲美則似茲哲人邦其有光蒼生父母後學梯航宜膺福祉享壽無疆胡天不憫俾沒瘴鄉 王事忠矣遺孤誰將斯道之責孰能擔當嗚呼已矣朝野悲傷知夫子者和氣春陽昧夫子者如刺如鋩嗚呼道大難容古今之常爰有公論孰能泯藏惠等聞訃驚悼涕泣霑裳匪天喪師二三子殃百拜薦奠聊洩悲腸靈其不昧庶幾鑒嘗

王艮知

嗚呼已矣自夫子沒而乾坤無粹氣矣山嶽無英靈矣國家無柱石矣弟子無依歸矣嗚呼已矣詎謂廣南之役遂爲永訣矣乎夫子以道殉身以身殉 國

超然於壽夭之閒則亦何憾而二三子之悲傷則固無以自贖於今日也嗚呼

哀哉薄奠一觴擒詞伸忱神其不昧庶幾來歆

薛侃翁萬達

嗚呼世有一長一善皆足以自章明而吾夫子學繼往聖功在生民顧不能安于有位以大其與人爲善之心豈非淺近易知而精微難悟劣己者容而勝己者難爲讓耶且自精一之傳岐而爲二學者淪無滯有見小遺大茫無所入吾夫子發明良知之說真切簡易廣大悉備漫汗者疑其約而不知隨遇功成無施不可非枯寂也拘曲者疑其泛而不知方員無滯動出規矩非率略也襲古者疑其背經考之孔孟質諸周程蓋無一字一意之弗合倘同者疑其立異然即乎人情通乎物理未嘗有一事一言之或迂是大有功於世教聖門之宗旨也蓋其求之也備嘗艱難故其得之也資之深若淵泉之莫測應之妙若鬼神之不可知教之有序若時雨之施弗先弗後而言之易入若春風煦物一沾一長其平居收斂若山林之叟了無聞識其發大論臨大難斷大事則沛然若河

海之傾確然若蓍龜之信而莫知其以也世之議夫子者非晏嬰之知則彭更之疑非互鄉之惑則子路之不悅非沮溺荷蕢之譏則武叔淳于髡之詆用是紛紜非夫子之不幸世之不幸也已佩也不肖久立門牆而無聞頃年以來知切淬勵夫子逝矣慨依歸之無從慮身世之弗立鬱鬱如癡奄奄在告蓋一年于茲矣方將矢證同志期奉遺訓尚賴在天之靈昭鑒啓牖使斯道大明于天下傳之來世以悉芘於無窮是固夫子未盡之志也靈輀將駕薄奠一觴衷懷耿耿天高地長於乎哀哉

應大桂

嗚呼人知有先生之道而或未盡得先生之教人陰荷先生之功而或未盡白先生之忠己卯之變吾不知其何如也而謗固以隨交廣之難吾又不知其何如也而死竟以俱嗚呼外吾教者斯仇晦吾忠者斯妬豈瘴癘之足尤實氣運之不扶虎豹委于空山豺狼號于當路風雨嗟其何及家園慘而誰顧吾念先生之悟道也以良知爲局鑰其收功也以格致爲實際體常祕於玄默用實粲

於經濟桂等猶及見先生之面復密邇先生之居雖未稔于耳提口授之下或少得于神交契悟之餘方有待于卒業而先生竟以若斯痛先覺之早逝悵末學其何依幸門牆之無恙或斯文之在茲

劉魁

嗚呼夫子已矣後學失所宗矣生民失所望矣吾道一脈之傳將復付之誰矣雖然人心有覺德音未亡儼門牆之在望顧堂室之非遙去意見之私而必於嚮往掃安排之障而果於先登是在二三子後死者不得辭其責矣歸葬有日築室無期臨風遣使有淚漣洏嗟何及矣矢志靡他庶其慰矣

萬潮

嗚呼古所謂豪傑之才聖賢之學社稷之臣非先生其人耶曩哭先生之柩於錢塘之滸今拜先生之墓於蘭亭之陽吾道終天之慟其何能已耶潮早歲受知不徒文字循循善誘孔孟我師剖障決藩直指本體良知是致一以貫之謹服膺以周旋若飲渴而食飢悟大道之明簡信精一而無私顧雖有覺而即在

實惟念茲而在茲夙夜戰兢深懼無以奉揚先生之教惟先生在天之靈陰啓予而終成兮

張津等

惟我夫子德本誠明才兼文武以踐履爲實而厭俗學之支離以廣大爲心而陋專門之訓詁功夫啓易簡之規指授闢良知之戶惟所立之甚高故隨在而有補以之講道則化洽時雨之施以之立朝則儀漸鴻羽之楚以之承詔奏則右尹折招之詩以獻君謨則宣公獨對之語至於名振華夷勳邁今古季札觀魯方陳南籥之儀山甫徂齊復正東方之虜元惡之首既殲醜類之儔咸撫此則勇夫悍士猶以爲難而夫子獨談笑於指顧夫何中山之功甫就俄盈謗篋之書武侯之恨有餘輒動英雄之憮一老不遺萬民何憖天軸西馳江聲東吐草正芳兮鴂鳴日未斜兮鵩舞叫臺城兮雲悲撫鐘阜兮煙鎖吁嗟夫子兮固無所憾而辱倚門牆者不能不爲終身之苦學未傳心言徒在耳忍覩絶筆之銘式奠臨棺之祖悵吾道之已窮蓋不知涕灑長空之雨嗚呼哀哉

王時柯等

嗚呼天惟純佑材生文武學本誠明道宗鄒魯羽翼程朱頡頏申甫早掇巍科筮仕天部始謫龍場直言忤　主九死不回孤忠自許繼遷廬陵人思召父再擢鴻臚薦登樞府專閫分符衣繡持斧機密慮周戰勝攻取芟夷洞寇四民安堵蠢茲逆藩束身就虜勳在　王家爵封南浦猺獞相攻賴公柔撫煢獨無告賴公哺乳民昔干戈今豆且俎民昔呻吟今歌且舞式遏寇攘孰敢予侮憂無西顧殿有南土麗日祥雲和風甘雨山斗仰瞻鳳凰快覩厥德斯懋厥施斯普人懷至今公竟作古意公神靈翱翔天宇在帝左右為帝夾輔降為河嶽廟食簠簋柯等親炙至教恩沾肺腑憶昔請益期以振旅云胡背棄使我心苦敬奠一觴痛深談虎

鄒守益

聖學綿綿嘻其微矣貿然末俗紛交馳矣矧茲寡陋莫知所之矣謂考究遺經可自得矣旁搜遠勘亦孔之疲矣將摹彷而效千古可期矣外貌或似精神非

矣不遇□□孰醒我迷矣良知匪外鑠自秉彝矣戒慎恐懼通晝夜而知矣酬

酢萬化□□我規規矣聲應氣求四方其隨矣譬彼昏瞶慶□□矣霜霧忽乘之

衆安歸矣將民之無祿罹此菑矣百世之慟豈獨予私矣

葉溥

嗚呼先生乾坤閼氣嗚呼先生夷夏重名謂孔孟學必可成也謂周召功必可

立也故以心覺天下不罔以生也以身翰天下力盡而斃也竟虛　天子之注

日深吾黨之思將造物者忌功抑忌德也何遽止此而不究所志也嗚呼先生

繄誰無福

陽克愼

嗚呼天胡奪我先生之速耶有濂溪之學而能自強有武侯之忠而能自將有

子儀之功而能自忘有良平之智而能自藏真所謂文武兼資乾坤閼氣領袖

後學柱石明堂者也天胡奪之速耶撫靈輀兮涕泗淋浪泰山頹兮莫知嚮往

絮酒爲儀兮薦此衷腸神尚不昧兮來格洋洋

師服問

錢德洪

夫子既沒於南安寬畿奔喪廣信擬所服於竹峯邵子邵子曰昔者孔子沒子貢若喪父而無服制也寬畿曰然然則今日若有間也夫子沒於道路執喪者弗從寬也父母在麻衣布絰弗敢有加焉畿請服斬以從至越則釋麻衣布絰終葬則釋寬居越則絰歸姚則否何如邵子曰亦宜於是畿也服斬以行

訃告同門

去年季冬十九日寬畿西渡錢塘將北趨　殿對二十二日有人自廣來傳夫子以病告將還庚嶺聞之且喜且疑卽日舟迎至蘭溪傳言夫子已逝相顧駭怖不知所出且相慰曰天爲吾道必無此事兼程夜抵龍游驛吏曰信矣於十一月二十九日午時終于江西之南安聞之昏殞憒絶不知所答及旦反風且兩舟弗能前望南而哭天乎何至此極邪吾生如偃草棘薪何益於世胡不使我百身以贖而顧萎吾夫子邪日夜痛哭病不能興除夕至常山又相與自解

曰命也已矣天實爲之奈之何哉斯道晦冥幾千百年而昭明靈覺之體終古不磨至吾夫子始盡發其祕同志相承日孚以博乃有今日亦云兆矣　天子聖明注眷日殷在朝諸老又更相引汲使其得遂同心則其未盡之志當更展矣今若此天意若將何哉或者三代以降氣數薄蝕天道之祕既以其人而發泄之又旋而撲滅之乎遡觀孔孟已莫不然夫孔孟之不得身行其學者上無君也今有君矣而夫子又若此果何謂邪前年秋夫子將有廣行寬纔各以所見未一懼遠離之無正也因夜侍天泉橋而請質焉夫子兩是之且進之以相益之義冬初追送於嚴灘請益夫子又爲究極之說由是退與四方同志更相切磨一年之別頗得所省冀是見復得遂請益也何遽有是邪嗚呼別次嚴灘踰年而聞訃復於是焉云何一日判手遂爲終身永訣已乎夫子勤勞王家殉身以道古固有勤事而野死者則亦何憾特吾二三子不能以爲生耳向使吾人懵然無聞如夢如醉以生於世則亦已矣聞道及此而遽使我止此焉吾何以生爲哉人生不聞道猶不生也聞道而未見其止猶不聞也夫子教我發我

引我翼我循循拳拳而不倦者幾十年而吾所聞止此是夫子之沒亦吾沒也吾何以生爲哉嗚呼命也已矣天實爲之奈之何哉所幸四方同志信道日衆夫子遺書之存五經有刪正四書有傍註傳習有錄文有文錄詩有詩錄政事有政事錄亦足恃矣是夫子雖沒其心在宇宙其言在遺書百世以俟聖人斷斷乎知其不可易也明發踰玉山水陸兼程以尋吾夫子遊魂收其遺書歸襄大事於稽山之麓與其弟姪子姓及我書院同志築室於場相勉不懈以冀成吾夫子之志尙望我四方同志爰念根本之地勿爲遐遺乃大慰也昔者孔子之道不能身見於行沒乃光於萬世者亦以其門人子弟相守不變耳三年之外門人治任將歸入揖子貢相向失聲是非兒女之情也三年之聚亦以精其學也子貢反築室獨居三年則益粹於進矣凡我同志遠者仕者雖不必居三年其亦肯闊相一聚以庶幾相期於成乎踰月之外喪事少舒將遣人遍採夫子遺言及朋友私錄以續成書凡我同志幸於夫子片紙隻語備錄以示嗣是而後每三年則復遣人一以裒吾夫子之教言不至漫逸一以驗朋友之進足

為吾不肖者私淑也荒悖恍惚不知所云水陸茫茫預以陳告惟吾同志憐念

憐念

遇喪於貴溪書哀感

嘉靖戊子八月夫子既定思田賓潯之亂疾作二十六日旋師廣州十一月己亥疾亟乃疏請骸骨二十一日踰大庾嶺方伯王君大用密遣人備棺後載二十九日疾將革問侍者曰至南康幾何對曰距三郵曰恐不及矣侍者曰王方伯以壽木隨弗敢告夫子時尚衣冠倚童子危坐乃張目曰渠能是念邪須臾氣息次南安之青田實十一月二十九日丁卯午時也是日贛州兵備張君思聰太守王君世芳節推陸君府奔自贛節推周君積奔自南安皆弗及訣哭之慟明日張敦匠事飭附設披積請沐浴於南埜驛親進含玉陸同殮襚又明日南贛巡撫汪公鋐來蒞喪紀士民擁途哀號汪為之揮涕慰勞十二月二十日喪至南昌有司分道而迎巡按御史儲君良材提學副使趙君淵哭士民皆哭聲載於道乃挽喪留於南浦請改歲而行以盡士民之哀趙日至三踊哭有問

之曰吾豈爲乃公哀邪己丑改歲六日將發舟北風厲甚儲焚香虔祝於柩曰公弗行豈爲士民留邪公黨有子嗣門人亦望公久矣即時反風不四日直抵信州嗚呼夫子沒而諸大夫之周旋者至矣是固夫子盛德所感亦諸大夫好德之誠也二三子弗身承其勞聞其事能弗以爲恩乎詳述之用以告吾同門者

書稽山感別卷

人有異常之恩於我者君子感乎異常之恩不可恩也不可恩不可感也是故稽顙再拜頌言煩悉報之微也適館受飱左右以贐惠之微也其遭也無自其合也不媒其聚弗親其離弗違無致而至莫知其以此恩之至也感之極也今夫龍興而雲從雲非恩乎龍而從也噓吸爲變莫之致也計功量者孰爲恩孰爲感悉悉而數之則薄矣吾於贛城楊君竹溪之於夫子何以異吾固不能忘情於恩感固亦無以爲恩感也昔者夫子奉　命南征以不殺之仁綏思田之頑民維時荷戈持戟之士其孫謀吳略勇力拔衆者爲不少矣及成功之日乃

皆一時歸散環視諸庭依依不忍去若左廣之武和齋吉水之龍北山贛之劉易齋及君者乃皆退然若弗勝衣之士是四君者豈有意而相遭邪必其所存有以近吾夫子不殺之仁故不謀而自合至夫子待　命北巡忽爲南安之變也君皇皇然親含襚扶輿櫬行則與蒸徒共楫止則與二三同門麻衣布絰並就哭位是固何自而然哉夫仁人心也通幽明忘物我不以生而親不以死而忘無致而致雖四君亦莫之知也四君且莫之知吾又得而恩感乎哉故吾欲稽顙再拜頌言煩悉以報其情而其情終不可報吾欲適館受飱左右以矗以惠其去而其去終不可惠故相率歸於無言噫無言之感洞徹千古吾亦無如之何也已雖然君去而能益篤吾夫子不殺之仁則吾之無言者尚有無窮之言也因其去吾復能已於言乎是爲書

謝江廣諸當道書

冬暮寬戩渡錢塘將趨北上適廣中有人至報父師陽明先生以病告沿途待　命將踰庾嶺矣即具舟南迎至蘭溪忽聞南安之變慌怖三問三疑奔至龍

游傳果實矣天乎何至此極邪吾師以王事馳驅盡心亶力今果勤事而野死矣乎在吾師以身許國死復何憾獨不肖二三子哀恨之私有不能一日解諸懷耳夫自講學四十餘年從之遊者遍海內沒乃無一人親含襚殮手足以供二三子之職哀憫何堪寬畿北面有年矣教我撫我誘我翼我實有罔極之恩而今若此無涯之感誰則任之兼程至貴溪始得馮哭其棺閱乃詢之廝吏始知臨終之地長途空寂前後弗及幸我大人先生有預事之謀載棺相隨使永訣之晨得以時殮襚是雖子嗣門人親臨其事當無踰此誠死生而骨肉者也恩孰大焉夫吾師有罔極之恩而沒則貽我以無涯之感今賴大人得少慰焉是大人之恩於二三子實有無涯之感矣夫野死而無悔者夫子之忠也無歸而殯者大人之仁也斯二者固皆天下之公義而區區之恩感不與焉特吾二三子兒女之情至此皆不能已於無言耳剖心刻骨有言莫盡詩云中心藏之何日忘之荒悖布情不悉惟憐而終教之

再謝汪誠齋書

父師之喪頗德庇於二月四日奠於堂矣感公之私與日俱積乃弟乃子頗能承襲遺規弗至踰禮四方同門亦日來奔頗具執事是皆先生倡厚德於前故子弟門人知激勸於後不敢以薄自處重獲罪於大君子之門也所諭父師軍中羨餘銀兩責其官齎送嗣子是執事哀死之情推及遺孤此恩此德非特其子弟知感在門人小子佩刻亦殊深矣但父師嗣子方及四齡未有知識親弟守儉守文守章繼子正憲欲代之言顧其中有願言而不敢盡者生輩特在舊愛敢代爲之言惟執事其終聽焉父師兩廣事宜閒嘗詢之幕士矣頗有能悉其槩者謂奏凱之日禮有太平筵宴及慶賀贐送之儀水夫門子供具中有情不得卻與例不必卻者收貯賞功所謂之羨餘以作公賞之費成功之後將歸乃總其賞功正數所給公帑不過一萬餘兩皆發梧州矣正數之外有此羨餘仍命幷發梧州從者又以沿途待命恐遲留日久尚有不時之需姑攜附以行俟隨地遣發不意未至南安罹此凶變病革之晨親命僕隸檢遺書治行篋命賞功官勞其勤勞而歸羨餘于公此實父師之治命也當事者既匿其情不以

告夫先生而先生又切哀死之情篤遺孤之愛案官吏之請從合得之議謂大臣驅馳王事身殞邊陲痛有餘哀禮當厚報況物出羨餘受之不爲傷義故直以事斷而不疑其爲私其恩可謂厚矣特弟子登受之餘尙不免於惶惑蓋以父師既有成命前日之歸是則今日之受非矣苟不度義而私受之恐拂死者之情終無以白於地下也且子弟之事親平時一言罔敢踰越況軍旅之事易簣之言顧忍違忘而私受乎夫可以與者大人之賜可以無取者父師之心取之惟恐違死者之命而重生者之罪則又其子弟衷由之情用是不避呵叱謹勒手狀代爲先生布弁原銀五百三十二兩託參隨州判龍光原義男添貴送復臺下伏望驗發公帑使存歿之心可以質諸天地鬼神是則先生無窮之賜幽明共戴之恩也不勝冒犯殞悼之至

再謝儲谷泉書

寬纖不率弗祐於天遽奪我師之速黃髮乳口失所保哺皇皇然無所歸時聞凶訃又恨未及相隨以趨曳杖之歌天喪斯文後死者終弗與聞矣乎既而奔

喪貴溪馮哭之餘水漿不入於口奄奄氣息若無復可生於人世矣閒乃詢其後事乃知諸君子殫心瘁力送死無憾而先生左右維持之力居多愚以為相知之情至此亦云足矣及凡所經歷舟未入境而執事之戒命已先哭奠虔慤雖有司好德之同而激勸之機不無所自哀感何言僕且私告曰公慮吾主君家事也云云曰公慮吾主君勳業未著云云已而朋友又私相語曰公慟吾夫子者悼其教未明於天下也云云主輩矍然而起曰有是哉何公信愛之至有如此也噫天下之愛吾夫子者有矣嘆之而已矣信吾夫子者有矣感之而已矣孰有如吾執事精神心思周旋曲折實以見之行事者乎必其平日相孚默契有甚不得已者藏於其中是未可聲音笑貌為也吾儕小人自失所恃遽恐吾道終底於阨塞不知天下大君子有如先生者出於其閒斯道雖重主盟得人吾何以懼乎哉孟子曰然而無有乎爾則亦無有乎爾今茲有乎爾矣今茲有乎爾矣於是自衢以下順流而歸慷慨激亢無復為兒女之情是先生不言之教起我跛躄於顛躋之中吾當何以為報哉二月四日已妥靈於堂乃弟乃

子頗知自植四方同門又日來至喪事聊此議處不復敢遠嬰先生之懷矣蕭尙賢事略具汪公別紙幷奉請教小廝輩以小嫌搆辭致煩案牘在先生寛仁之下當必有處然是人亦無足過責者夫子用之所謂略其全體之陋以用其一肢之能故其報死之情亦如是而已矣今欲望之大過是又若以其一肢之得而復責其全體之失也難矣恃在推愛妄敢喋喋荒悖不恭萬罪萬罪

喪紀

程煇

我師緒山先生編次陽明夫子家乘成煇受而讀之作而嘆曰嗟乎天道報施善人抑何其不可測邪方夫子之生也苦心妙悟以續如綫之道脈矣乃僞學之謗不能弭倡義與師以殲謀畔之獨夫矣乃　君側之惡不能去開誠布公不煩一旅以格數百年負固之黨矣乃當軸之忌不能回使其身一日立乎朝廷之上何其與世之落落也及其沒也哭者盡哀祭者盡誠至今有弔其墓謁其祠拜其家廟爲之太息流涕而不置者又何其得衆之鼎鼎也竊惑焉先

生進而教之曰是不可以觀天人貞勝之機矣乎夫子之所不能者時之艱也人之勝也其所能者德之孚也天之定也而又何慼哉吾方裒祭文之不能盡錄者屬予以終事焉蓋文固有略者矣將人之祭于地與就其家而祭焉者皆其實德所感而人情之所不能已者顧可略而不書乎予其揭日月爲序凡顯而公卿微而庶人有舉必書庶乎定者可考而見且使我後之人知夫子有不待生而存不隨死而滅者艮在此而不在彼也煇避席曰敬聞命矣作喪紀

夫子以戊子仲冬之丁卯卒于南安府青龍鋪輿止南埜驛越四日爲季冬庚午門人廣東布政王大用推官周積舉人劉邦采寔敦後事副使張思聰率屬吏知府王世芳同知何瑤大庾知縣葉章府學訓導楊登玉王圭陳守道庠生張紱李節王輅王輔等哭奠乃殮殮已署上猶縣事經歷許同朝崇義知縣祝澍南康教諭管輔訓導劉森庠生劉爵等千戶劉環俞春周祥門人知府王鑾陽克慎鄉約王秉言各就位哭奠

壬申櫬抵贛州府水西驛提督都御史汪鋐同知何瑤推官陸府檢校唐本鄉

官宋元指揮錢堂知事郭鉞千百戶何湧江馬昂吳倫譚景受卜福嚴述王寧王憲潘鈺余洪畢祥楊守武昌千戶所指揮陳偉門人郎中劉寅都指揮同知余恩庠生易紹宣李喬崇李挺李憲何進隆何進德曾廷珂曾廷璉黃譜黎教王槐密王振朝劉鳳月劉天錫劉瞬彭遇貴謝天表謝天眷桂士元桂薰袁泰張鏜汪梅周蘭宋金雷銳雷兌應辰鍾振俞鶚湯偉杜相黃鏊各就位哭奠張思聰周積又各特舉焉

丁丑櫬抵吉安府螺川驛僉事陳璧知府張漢同知張烈通判蔣英林春澤推官周在廬陵知縣常序署泰和縣事知事汪仲縣丞劉綸主簿莊伯瑤典史李江教諭林文焯訓導金玥張旦吉水縣丞楊伯謙主簿辛仲實萬安主簿楊廷蘭信豐指揮同知林節鄉宦尚書羅欽順副使羅欽德副都御史羅欽忠門人御史王時柯庠生蕭寵蕭榮王舜鵬袁登應羅絅謝廷昭周文甫王惠迪劉德藍瑜龍潢龍漸幕吏龍光各就位哭奠

戊子櫬抵臨江府蒲灘驛同知宇賓通判林元推官俞振強靖江知縣陳府新

淦縣丞唐和主簿王綸教諭向欽訓導從介各就位哭奠
辛卯櫬抵南昌府南浦驛建安府鎮國將軍宸洪太監黎鏜御史儲㫬材參政
葉溥李緋參議鍾雲瑞副使趙淵僉事陳璧王暐吳瀚陳端甫都指揮僉事劉
璽王寧崔昂府學教授廖廷臣訓導范昌期張琚譚倬廖金新建縣學教諭劉
環訓導梁子鍾何樂南昌縣學訓導邢寬庠生崔嵩陶潮劉伯盛舒泰武進鄒
覛鄉官副都御史熊浹布政胡訓副使劉伯秀知府張元春御史涂相郎中張
欽主事張鏊進士熊汲檢校張默通判萬奎閔魯知縣余琪聶儀楊璋甘柏胡
大化舉人丁變門人裘衍張㫬才張召魏㫬器魏价萬世芳鄒賓齊昇周麟黃
鍾鍾文奎艾鐸安仁縣桂宸桂宮桂容桂軏孫鋹孫鈞吉安府曾偉器報效生
員陳文榮承差劉昂鄉民蕭華李延祥程玉石陳本道高顯彰劉鈺楊文嚴洪
徐檻杜秉文王欽各就位哭奠葉溥趙淵王暐張元春齊昇又各特舉焉
歲己丑正月庚子櫬發南昌府自儲大夫以下凡百有位越百姓里居市兒巷
婦哭而送者載道風迅不可帆又不可纜而前也儲大夫撫之曰先生豈有懷

邪越中子弟門人泣而迎者延首跂足而徯至者蓋有日矣須臾反風若或使之遂行丙午餘干縣主簿陳瑢教諭林秀訓導趙珊傳諮萬年縣主簿龍光相安仁和縣主簿鄒軿訓導周鐸黃選庠生桂輿蒲田縣廖大壁貴溪知縣方克主簿錢珊典史馮璁教諭謝烱庠生邱民節宋廷豸葉可久葉可大許文明鉛山主簿戚鏜鄉宦大學士費宏尚書汪俊各就位哭奠先是緒山龍溪二先生將赴 廷對聞先生將還逆之嚴灘忽得訃音相向慟哭疑于服制作師服問厥既成服兼程趨廣信訃告同門會先生嗣子正憲至自越至是同遇先生之櫬于貴溪哭之幾絕書遇喪哀感以寄懷云

癸丑櫬抵廣信府葛陽驛知府趙煒同知盧元愷通判曾大有龍綱舉人劉偉玉山知縣呂應陽教諭翟重庠生鄭世遷李材程松葉廷秀徐森常山縣丞殷學夔各就位哭奠儲良材又檄呂應陽而特舉焉夫子弟守儉守文門人欒惠黃洪李洪范引年柴鳳會櫬于玉山

辛酉櫬抵衢州府上杭驛同知楊文奎通判簡閱推官李翔西安知縣林鍾門

人欒惠黃眴何倫王修林文瓊徐霈蔣蘭金華府通判高鳳蘭溪縣主簿高禹
教諭朱驥訓導胡弈□輝門人應典嚴州府推官程淳桐廬縣主簿屠繼祖各
就位哭奠
丁卯櫬抵杭州府浙江驛布政潘旦劉節參政胡纘宗葉寬參議萬廷彩龐浩
按察使葉溥副使傅鑰萬潮党以平何鼇汪金僉事孫元巴思明梁世驃江艮
材林茂竹都指揮使劉宗偉都指揮僉事李節劉翺孫仁王佐杭州府推官劉
望之府學教授陶賀仁和縣主簿曹官富陽縣主簿李珍教諭黃寧訓導程大
有王裕莆人知縣黃銘介子黃中百戶施經各就位哭奠
庚午櫬抵越城奠于明堂御史陳世輔王化分守龐浩紹興知府洪珠同知孔
庭訓通判陸遠洪晳推官喻希禮府學訓導舒哲陳箴林文斌曾昇會稽知縣
王文儒教諭張槩訓導詹詔山陰知縣楊仁中教諭林斌訓導王昇廣西布政
李寅參政沈艮佐參議汪必東按察使錢宏副使李中翁素張擬伍箕僉事張
邦信王世爵都指揮僉事高松金華府同知劉業友人侍郎湛若水副都御史

劉節門人侍郎黄綰給事中毛憲員外郎王臣主事石簡陸澄按察使顧應祥副使郭持平蕭璆應艮知州王直劉魁訓導周桐周衢教授周衝陳烜陳焞陳煉李敬應佐監丞周仲周浩周甸辦印生錢君澤私淑門人知縣戚賢武林驛丞何圖贛州衞指揮同知劉鏜指揮僉事楊基廣州府右衞指揮僉事武鑾南昌衞指揮僉事趙昇廣州府前衞舍人孫紹英各就位哭奠洪珠欒惠又各特舉焉劉鏜楊基武鑾龍光咸以營護至越時將告歸緒山先生書稽山感別卷贈之因寓書江廣諸當道蓋德其虔于襄大事也

仲冬癸卯奉夫子櫬窆于越城南三十里之高村會葬者數千人副都御史王堯封御史端廷赦陳世輔梁尙德萬潮黄卿萬廷彩龐浩傅鑰党以平汪金區越梁世驃江艮材林茂竹王臣劉宗仁李節劉翺孫仁洪珠孔庭訓洪晢杭州知府婁世德同知楊文昇通判周忠劉坎濬推官劉望之運同錢瀾副使李信判官林同方禾錢塘知縣王橋會稽知縣王文儒山陰縣丞應佐餘姚主簿彭英典史劉文聰教諭徐銳訓導謝賢陳元廣東御史何鰲布政邵銳姻人大學

士謝遷尚書韓邦問編修周文燭御史毛鳳都御史胡東皐參政汪惇副使吳
便司馬公輊僉事汪克章沈欽司馬相韓明知府陸寧金椿運同徐冕知縣宋
溥金謐陶天祐劉瀚田惟立徐璽徐俊民吳昊葉信汪佀轂周大經周文燁胡
瀛陳廷華知縣王軾鄉生錢繼先王廷輔王文軒夏文琳何炫徐應周大賚高
隆友生尚書伍文定侍郎楊大章陳筐嚴毅楊霓楊礜知府吳敘廉使韓廉邵
賁徐彬鄒鵠員外郎張璿施信史伯敏王代于震朱粱晚生僉事汪應軫知府
朱袞李節郎中胡廷祿陳艮謨主事葉艮佩田汝成王度王漸逵王一和王文
訓王文翰王文輅王文轅艮直費思義門人大學士方獻夫侍郎黃綰編修歐
陽德給事中魏艮弼李逢行人薛侃應大桂郎中鄒守益員外郎藍渠主事潘
穎黃宗明翁萬達石簡胡經參政萬潮副使蕭鳴鳳參議王洙博士馬明衡監
丞趙顯榮助教王崑薛僑知縣薛宗鎧周桐孫瑛劉本劉樽諸訓諸陽諸守忠
舉人諸大綱楊汝榮金佩金克厚僉事韓柱主事顧敦復胡沖徐沂徐楷徐澔
葉鐺徐霈張津錢翀錢翺錢祚詔凌世華朱箎龔溥龔漸員外郎龔芝杜應彥

縣丞朱紱周應損秦輗章乾楊桂從弟王守第各就位哭奠嗚呼喪紀作則有孚惠我德者固美而必章而有孚惠我心者亦慼而必傳讀是編者毋但曰雷陽寇公之竹而已也

王文成公全書卷之三十七

附錄七

世德紀附錄一

辯忠讒以定國是疏

門人陸澄刑部主事時上

臣切見巡按江西監察御史程啓充戶科給事中毛玉各論劾丁憂新建伯王守仁似若心跡未明功罪未當者此論一倡一二嫉賢妒功之徒固有和者而在　朝在市寃憤不平臣係守仁門生知之最詳寃憤特甚敢昧死一言謹按守仁學本誠明才兼文武抗言時事致忤逆瑾杖之幾死謫居龍場居夷處困動心忍性獨悟道真荷　先帝收用屢遷至於巡撫其在南贛四征而福建湖廣廣東江西數十年之巨寇爲之蕩平因奉　敕勘事福建道由江西至於豐城適遇賊變拜天轉風舟返吉安倡義督兵不旬月而賊滅人但見其處變之從容而不知其忠誠之激切人但見其成功之迅速而不知其謀略之淵微人但見其遭非常之搆陷而禍莫能中而不知其守身無毫髮之可疵當時張銳

錢寧輩以不遂賣國之計而恨之張忠江彬輩以不遂冒功之私而恨之宸濠劉吉輩以不遂篡逆之謀而恨之凡可以殺其身而赤其族者誅求搜剔何所不至使守仁而初有交好之情中有猶豫之意後有貪冒之爲諸人其肯隱忍而不發乎迨　皇上龍飛而褒慰殊恩形於　詔旨天下方快　朝廷之清明不意功罪既白賞罰既定乃復有此怪僻顛倒之論欲以曖昧不明之事而掩其顯著不世之功天理人心安在哉論者之意大略有六一謂宸濠私書有王守仁亦好一語二謂守仁曾遣冀元亨往見宸濠三謂守仁亦因賀宸濠生辰而來四謂守仁起兵由於致仕都御史王懋中知府伍文定攀激五謂守仁破城之時縱兵焚掠而殺人太多六謂宸濠本無能爲一知縣之力可擒守仁之功不足多而其捷本所陳妝點過實然究其本心不過忌其功名而已宸濠私書王守仁亦好之說乃啓充得於湖口知縣章玄梅者切惟刑部節奉　欽依原搜簿籍既未送官封記收掌又事發日久別生事端委的真僞難辨無憑查究着原搜獲之人盡行燒毀欽此今玄梅之書從何而來使有之何足憑據且

出於宸濠之口尤其不足取信者夫豪傑用意類非尋常可測守仁雖有防宸濠而圖之之意使幾事不密則亦不過如孫燧許逵之一死以報國而已其何以成後功以貽皇上今日之安哉設使守仁略有交通宸濠之迹而卒以滅之其心事亦可以自白況可以不足憑信之迹遂疑其心而舍其討賊之大功哉其遣冀元亨往見者是守仁知宸濠素蓄逆謀而元亨素懷忠孝欲使啓其良心而因以探其密計爾元亨一見不合而歸使言合志投當留信宿何反逆之日反在千里之外乎今元亨之冤魂既伸而守仁之心事不白天理人心何在乎毛玉疑守仁因賀宸濠生辰而偶爾遇變殊不知守仁奉敕將往福建而瑞金會昌等縣瘴氣生發不敢經行故道出豐城且宸濠生日在十三而守仁十五方抵豐城若賀生辰何獨後期而至乎其謂守仁由王懋中等攀激起兵尤爲乖謬守仁近豐城五里而聞變卽刻僞寫兩廣都御史楊旦大兵將臨火牌於知縣顧佖接見之時令人詐爲驛夫入遞守仁佯喜以爲大兵既至賊必易圖當令顧佖傳牌入城以疑宸濠又令顧佖守城許與撥兵助守時有報

稱宸濠遣賊六百追虜王都者守仁回船而南風大逆乃慟哭告天而頃刻反風守仁又恐賊兵追至急乘漁舟脫身此時王懋中安在次日奔至蚶河遇臨江知府戴德孺即議起兵因不足恃又奔入新淦城欲與知縣李美集兵度不可居復奔至吉安見倉庫充實遂乃駐劄傳檄各處起調軍民一面榜募忠義之士方令伍文定以書請各鄉官王懋中等盟誓勤王而懋中又遲疑二日乃始同盟夫各府及萬之兵若非提督軍門以便宜起調其肯聽致仕鄉官而集乎今乃顛倒其說至謂守仁掩懋中之功天理人心安在乎至於破城之時焚者宮中自焚故內室毀而外宇存官兵但救而無焚也掠者伍文定之兵乘勝奪賊衣資衆兵不然也殺人者知縣劉守緒所領奉新之兵以守仁號令閉門者生迎敵者死故殺迎敵者百餘人及守仁至斬官兵殺掠者四十六人遂無犯者矣且省城之人各受宸濠銀二兩米一石與之拒守是賊也殺之何罪又宮爲賊巢財皆賊贓焚之掠之亦何罪哉今舍其大功而摘其小過幾何而不爲逆賊報仇乎且宸濠勢燄薰天觸者萬死人皆望風奔靡而已及守仁調兵

四集擣其巢穴散其黨與數敗之餘羽翼俱盡妻妾赴水乃窮寇爾夫然後知縣王冕得以近之今乃以爲一知縣可擒甚無據也果若所言則孫燧許逵何爲被殺而三司衆官何爲被縛耶楊銳張文錦何爲守之一月不敢出戰必待省城破而賊自解圍耶伍文定何以一敗而被殺者八百人其餘諸將又何以戰之三日而後擒滅耶至若捷本所陳若作僞牌以疑賊心行反間以解賊黨之類所不載者尤多而謂以無爲有可乎夫宸濠積謀有年一旦大發震撼兩京而守仁以一書生談笑平之於數日之內功亦奇矣使不卽滅而貽 先帝親征之勞臣不知賣國之徒計安出也使不卽滅 先帝崩臣又不知 聖駕之來能高枕無憂否也今建不世之功而遭不明之謗天理人心安在哉臣知守仁之心決非榮辱死生所能動者但恐公論不昭而忠臣義士解體爾此萬世忠義之寃而國是之大不定者宜乎天變之疊見也臣與守仁分係師生義均生死前之所辯天下公言伏願 聖明詳察乞降 綸音慰安守仁仍然戒飭言官勿爲異論庶幾國是以定而亦消天變之一端也臣干冒天威不勝戰

慄待罪之至

明軍功以勵忠勤疏　門人黃綰光祿寺少卿時作

臣聞賞罰者人主御天下之操柄也得其操柄死命可致天下可運之掌不得其操柄百事具廢欲治得乎故明主愼之至親不可移至讎不可奪有功必賞有罪必誅然必稱天以命之示非私也臣下視之不飾虛譽不結援黨不思賄託惟勉忠勤死不敢易欲不治得乎今或不然凡飾譽援黨賄託讒譏不及必獲顯擢無不如意凡盡忠勤職卽讒譏蝟集黜辱隨至無不失意以此操柄失御人皆以姦結巧避爲賢孰肯身任　國家事哉臣不能枚舉姑以　先朝末年　陛下初政一事論之如宸濠搆逆虐燄吞天藩郡震動　宗親懾憂　陛下嘗身見之矣腹心應援布滿中外鼎卿近倖賄賂交馳賣國姦臣待時發動兩京乏備四路無人方鎭遠近莫之如何握兵觀望滔滔皆是惟鎭守南贛都御史王守仁領　敕福建勘事道經南昌中途聞變指心籲天誓不與賊俱生赤身孤走設奇運謀乃遣優人齎諜假與　天兵約征方鎭會戰俾其邀獲

以示有備牽疑賊謀以俟四路設備中執叛臣家屬繆託腹心又示無爲以安其心然後激衆以義糾集烏合待兵成慮審發書罵賊使覺悔既出攝兵收復南昌按甲待之賊至安慶攻城方銳警聞使還算其歸途水陸邀擊大潰賊衆遂擒宸濠於樵舍兵法有先勝而後求戰者非此謂也成功之後江右瘡痍未復　武宗皇帝南巡姦權攘功嫉譖百端危疑莫測守仁恭勤曲致方靖地方僅獲身免守仁爲忠可謂艱貞竭盡者矣使時無守仁倡義統衆謀獲機宜戰取有方安慶卒破金陵不保長驅北上應援蜂起腹心陰助京師存亡未可知也雖畢竟　天命有在終必殲夷曠日持久士夫戮辱蒼生荼毒可勝言也守仁南贛鎭守地方之責初無所與今受責地方者遇事不敢擔當不過告變待命而已守仁家於浙之山陰浙乃江右通衢兵力素弱長驅或下父兄宗族有噍類乎此時守仁夫豈不思但忘私奉公以爲　社稷不幸或敗夷滅何悔守仁之志可謂精貫白日者矣幸而成功　宇內太平所謂徙薪曲突人不爲功亦不致思其忠又守仁於　武宗初年劉瑾爲姦人莫敢言守仁斥之觸恨

選杖毒決碎屍折胛死而復甦流竄瘴鄉久方　赦還始獲錄用乃者南贛之鎮谿谷兇民聚黨爲盜視效虐劫肆無忌憚凡在虔楚閩廣接壤山澤無非賊巢大小有司束手無策皆謂終不可理守仁鎮守未及三年兵威武略奇變如神以故茶寮桶岡諸寨大冒浰頭諸寨次第擒滅增縣置邏立明約遂爲治境視古名將何以過此江右之民爲立生祠歲時祝祭民心不忘亦可見矣曩者
陛下登極命取來京宴賞封之新建伯而陞南京兵部尚書言者又謂不當來京宴賞以致奢費夫　陛下大官之廚日用無紀較諸一飡之宴所費幾何猶煩論之北京豈無一職必欲置之南京此乃邪比蔽賢嫉功之所爲也守仁後丁父憂服滿遂不起用反時造言排論然雖蒙拜爵陞官鐵券未給祿米未頒　朝事無與跡比樵漁縱使有過何庸論之況有功無過哉其意尤可知矣不獨守仁凡其勤王大小臣工亦廢黜殆盡臣不能枚舉姑以一二論之彼時領兵知府惟伍文定得陞副都御史得廕一子千戶邢珣徐璉但陞布政即令閑住彼亦何過縱使有過入議惡在戴德孺雖陞布政即死於水皆無廕子副

使陳槐因勸宰臣進賢致怒讎人希意誣之獨黜爲民御史伍希儒謝源輒以考察去官且陳槐邢珣等皆抱用世之才秉捐軀之義因功廢黜深可太息然在今日　陛下操柄之失莫此爲甚他日無事則可萬一有事將誰効用哉況守仁學原性命德由忠恕才優經濟使之事君處物必能曲盡其誠尤足以當薰陶備　顧問以　陛下不世出明聖之資與之浹洽講明天下之治生民之福豈易言哉前者言官屢薦故尙書席書吳廷舉今侍郎張璁桂萼皆薦之曾蒙　簡命用爲兩廣總制臣謂總制寄止一方何若用之廟堂可以贊襄謀議轉移人心所濟天下矣伏惟　陛下念明良遭遇之難蚤　召守仁令與大學士楊一清等共圖至治另推才能爲兩廣總制仍　敕該部給與守仁應得鐵劵祿米將陳槐邢珣徐璉等起用伍希儒謝源等查酌軍功事例議錄戴德孺量與廕襲此實　陛下奉天所操之大柄不可毫髮移奪者宜早收之以爲使人宣忠効力之勸臣不勝懇悃之至

地方疏　霍韜

竊見新建伯南京兵部尚書兼都察院左都御史王守仁奉　命巡撫兩廣已
將田州思恩撫處停當隨復勦平八寨及斷藤峽等賊臣等皆廣東人與賊鄰
壤備知各賊爲患實跡嘗竊切齒蹙額而歎曰兩廣良民何其不幸生鄰惡境
妻子何日寧也又嘗竊計曰兩廣何日得一好官員勦平各賊俾良民各安其
生而頑民染患未深者亦得格心向化也乃今恭遇　聖明特起王守仁撫勦
田州思恩地方臣等竊謀曰兩廣自是有底寧之期也聖天子知人之澤也是
役也臣等爲王守仁計曰前巡撫動調三省兵若干萬梧州三府積年儲畜軍
餉費用不知若干萬復從廣東布政司支去庫銀若干萬米不知支去若干萬
殺死疫死狼兵鄉兵民壯打手不知若干萬僅得田州安靖五十日耳自是而
思恩叛矣弔叢賊出圍肇慶府矣殺數千家矣此賊並時同出蓋與田州思恩
東西相應和者也若王守仁者乘此大敗極敝之後仰承　聖明特擢之恩雖
合四省兵力再支庫銀百餘萬支米數百萬勦平田州報功級數萬人亦且曰
天下大功也然而守仁不役一卒不費斗糧只宣揚陛下聖德遂致思恩田州

兩府頑民稽首來服其奉揚　聖化以來遠人雖舜格有苗何以過此臣等是以歎服王守仁不惟能肅將　天威實能誕敷　天德也若八寨之賊斷藤峽之賊又非田州思恩可比也天下十二省俱多平壤惟廣西獨在萬山之叢其土險其水迅其山之高有猿猴不度飛鳥不越者故諺語曰廣西民三而賊七由山高土惡氣習兇悍雖良民至者亦化爲賊也八寨賊洪武年間所不能平斷藤峽成化八年都御史韓雍僅得討平及今五十餘年遺孽復熾故廣西賊巢柳州慶遠鬱林府江諸賊雖時出劫掠官兵亦屢　請征之若八寨賊則自
國初至今未有輕議征勦者蓋謂山水兇惡進兵無路消息少動賊已先知一夫控險萬兵莫敵故百六十年未有敢征八寨賊者也賊亦恃險肆惡時出攻圍城堡殺掠良民何啻萬計四方頑民犯罪脫逃投入八寨則有司不敢追攝矣鄰近流賊避兵追勦投入八寨則官兵不敢誰何矣是八寨者實四方寇賊淵藪也斷藤峽又八寨之羽翼也廣西有八寨諸賊猶人有心腹疾也八寨不平則兩廣無安枕期也今王守仁沈機不露掩賊不備一舉而平之百數十

年豺虎窟穴掃而清之如拂塵然非仰藉　聖人神武不殺之威何以致此臣等是以歎服王守仁能體　陛下之仁以懷綏田州思恩向化之民又能體陛下之義以討服八寨斷藤峽梗化之賊也仁義之用兩得之也謹按王守仁之成功有八善焉乘湖兵歸路之便則兵不調而自集一也因田州思恩效命之助則勞而不怨二也機出意外賊不及遯所誅者真積年渠惡非往年濫殺報功者比三也因歸師討逆賊無糧運之費四也不役民兵不募民馬一舉成功民不知擾五也平八寨平斷藤峽則極惡者先誅其細小巢穴可漸施德化使去賊從良得撫勦之宜六也八寨不平則西而柳慶東而羅旁綠水新寧恩平之賊合數千里共爲窟穴雖調兵數十萬費糧數百萬未易平伏今八寨平定則諸賊可以漸次撫勦兩廣良民可漸安生業紓　聖明南顧之憂七也韓雍雖平斷藤峽賊矣旋復有賊者實當爾時未及區畫其地爲經久圖俾餘賊復據爲巢穴故也今五十年生聚則賊復熾盛也亦宜若八寨乃百六十年所不能誅之劇賊山川天險尤難爲功今守仁既平其巢窟即徙建城邑以鎮定

之則惡賊失險後日固不能為變逋賊來歸不日且化為良民矣誅惡綏良得民父母之體八也或者議王守仁則曰所奉　命撫勦田州思恩也乃不勦田州則亦已矣遂勦八寨可乎臣則曰昔吳楚反攻梁景帝詔周亞夫救梁亞夫不奉詔而絕吳楚糧道遂破吳楚而平七國安漢社稷夫不奉詔大罪也景帝不以罪亞夫何也傳曰閫以內寡人制之閫以外將軍制之又曰大夫出疆有可以安國家利社稷專之可也古之道也是故周亞夫知制吳楚在絕其食道而不在於救梁也是故雖有詔命猶不受也惟明君則以為功若腐儒則以為罪今王守仁知田州思恩可以德懷也遂約其降而安定之知八寨諸賊百六十年未易服也遂因時仗義而討平之仁義之用達天德者也雖無　詔命先發後　聞可也況有便宜從事之　旨乎　或者又曰建置城邑大事也區處錢糧戶部職也不先奏　聞而輒興功可乎臣則曰古者帝王千里之內自治千里之外附之侯伯而已是豈堯舜湯武聖智反後世不如哉蓋慮輿圖既廣則智力不及與其役一己耳目之力而無益於事孰若以天下賢才理天下事

爲逸而有功也是故帝王之職在於知人而已旣知其人之賢而委任之矣則事之舉錯一以付之而責其成功若功效不孚乃制其罪可也今旣任之又從而牽制之則豪傑何所措手足乎是故王守仁之平八寨也所殺者賊之渠魁耳若逋逃者固未及殺也乘此時機建置城邑遂招逋逃之賊復業焉則積年之賊皆可化爲良民也失此機會撤兵而歸俟奏得　旨乃興版築則賊漸來歸又漸生聚據險結寨以抗我師雖欲築城亦不能矣昔者范仲淹之守西邊也欲築大順城慮敵人爭之乃先具版築然後巡邊急速興工一月成城西夏覺而爭之已不及矣爾時范仲淹若俟奏報豈不敗乃事哉王守仁於建置城邑之役蓋計之熟矣錢糧夫役固不仰足戶部而後有處也其以一肩而分
聖明南顧之憂可謂賢矣不以爲功反以爲過可乎先是正德十四年宸濠謀反江西兩司俛首從賊惟王守仁同御史伍希儒謝源誓心效忠不幸姦臣張忠許泰等欲掩王守仁之功以爲己有乃揚諸人曰王守仁初同賊謀及公論難掩乃又曰宸濠金帛俱王守仁伍希儒謝源滿載以去當時大學士楊廷和

尙書喬宇亦忌王守仁之功遂不與辯白而黜伍希儒謝源俾落仕籍王守仁不辯之謗至今未雪可謂黯啞之寃矣夫國家論功有二道焉有開國效功之臣焉有定亂拯危之臣焉開國之臣成則侯也敗則虜也雖勿計焉可也惟禍變倏起社稷安危凜乎一髮效忠定亂之臣則不忘也何也所以衛社稷也昔者王守仁之執宸濠也可謂定亂拯危之功矣姦人猶或忌之而謗其短夫如是則後有事變誰肯效忠乎甚矣小人忌功足以誤　國也臣等是以歎曰王守仁等江西之功不白無以勸勵忠之臣若廣西之功不白又無以勸策勳之臣是皆天下地方大慮也王守仁大臣也豈以功賞有無爲重輕哉第恐當時有功之人及土官立功之人視此解體則在外撫臣遂無所激勸以爲建功之地耳臣等廣人也目擊八寨之賊爲地方大患百數十年一旦仰賴　聖明任用守仁以底平定不勝慶忭今兵部功賞未見施行戶部覆　題又復再勘臣恐機會一失大功遂沮城堡不得修築逋賊復據巢穴地方不勝可慮也是故冒昧建言惟　聖明察焉乞早裁斷俾官僚早得激勸城寨早得修築逋賊早

得招安良民早得復業嶺海之外歌詠太平祝頌　聖德實臣等所以報　陛下知遇一節也亦臣等自爲地方大慮也不得已也爲此具奏

征宸濠反間遺事　　錢德洪

龍光云是年六月十五日公於豐城聞宸濠之變時參謀雷濟蕭禹在侍相與拜天誓死起兵討賊欲趨還吉安南風正急舟不能動又痛哭告天頃之得北風宸濠追兵將及潛入小漁船與濟等同載得脫免舟中計議恐宸濠徑襲南京遂犯北京兩京倉卒無備圖欲沮撓使遲留半月遠近聞知自然有備無患乃假寫兩廣都御史火牌云提督兩廣軍務都御史楊爲機密軍務事准兵部咨及都察院右副都御史顏咨俱爲前事本院帶領狼達官兵四十八萬齊往江西公幹的於五月初三日在廣州府起馬前進仰沿途軍衛有司等衙門即便照數預備糧草伺候官兵到日支應若臨期缺乏誤事定行照依軍法斬首等因意示　朝廷先差顏等勘事已密於兩廣各處起調兵馬潛來襲取宸濠使之恐懼遲疑觀望不敢輕進使濟等密遣乖覺人役持火牌設法打入省城

宸濠見火牌果生疑懼十八日回至吉安又令濟等假寫南雄南安贛州等府報帖日逐飛報府城打入省下一以動搖省城人心一以鼓勵吉安效義之士又與濟等謀假寫迎接京軍文書云提督軍務都御史王爲機密軍務事准兵部咨該本部題奉聖旨許泰卻永分領邊軍四萬從鳳陽等處陸路徑撲南昌劉暉桂勇分領京邊官軍四萬從徐州淮安等處水陸並進分襲南昌王守仁領兵二萬楊旦等領兵八萬秦金等領兵六萬各從信地分道並進刻期夾攻南昌務要遵照方略并心協謀依期速進毋得彼先此後致誤事機欽此等因咨到職除欽遵外照得本職先因奉敕前往福建公幹行至豐城地方卒遇寧王之變見已退住吉安府起兵今准前因遵奉敕旨候兩廣兵齊依期前進外看得兵部咨到緣由係奉　朝廷機密敕旨皆是掩其不備先發制人之謀其時必以寧王之兵尚未舉動今寧王之兵已出約亦有二三十萬若北來官兵不知的實消息未免有誤事機以本職計之若寧王堅守南昌擁兵不出京邊官軍遠來天時地利兩皆不便一時恐亦難圖須是按兵徐行或分兵先守南

都候寧王已離江西然後或遮其前或擊其後使之首尾不救破之必矣今寧王主謀李士實劉養正等各有書密寄本職其賊將淩十一閔廿四亦各密差心腹前來本職遞狀皆要反戈立功報效可見寧王已是衆叛親離之人其敗必不久矣今聞兩廣共起兵四十八萬其先鋒八萬係遵敕旨之數今已到贛州地方湖廣起兵二十萬其先鋒六萬係遵敕旨之數今聞已到黃州府地方本職起兵十萬遵照敕旨先領二萬屯吉安府地方各府知府等官各起兵快約亦不下一萬之數共計亦有十一二萬人馬儘已彀用但得寧王早離江西其中必有內變因而乘機夾攻爲力甚易爲此今用手本備開緣由前去煩請查照裁處酙將一應進止機宜計議停當選差乖覺曉事人員與同差去人役星夜回報施行須至手本者既已寫成手本令濟等選差慣能走遞家人重與盤費以前事機陽作實情備細密切說與令渠潛踪隱跡星夜前來南京及淮揚等處迎接官兵又令濟等尋訪素與宸濠交通之人厚加結納令渠密去報知寧府宸濠聞知大加賞賜差人四路跟捉既見手本愈加疑懼將差人備細

拷問詳悉當時殺死因此宸濠又疑李士實劉養正不信其謀又與龍光計議假寫回報李士實書內云承手教密示足見老先生精忠報國之本心始知近日之事迫於勢不得已而然身雖陷於羅網乃心罔不在王室也所喻密謀非老先生斷不能及此今又得子吉同心協力當萬萬無一失矣然幾事不密則害成務須乘時待機而發乃可不然恐無益於國而徒爲老先生與子吉之累又區區心所不忍也況今兵勢四路已合只待此公一出便可下手但恐未肯輕出耳昨淩閔諸將遣人密傳消息亦皆出於老先生與子吉開導激發而然但恐此三四人者皆是粗漢易有漏泄須戒令慎密又曲爲之防可也目畢即付丙丁知名不具與劉養正亦同兩書既就遣雷濟設法差遞李士實龍光設法差遞劉養正各差遞人皆被宸濠殺死宸濠由是愈疑劉李劉李亦各自相疑懼不肯出身任事以故上下人心互生疑懼兵勢日衰又遣素與劉養正交厚指揮高睿致書劉養正及遣雷濟蕭禹引誘內官萬銳等私寫書信與內官陳賢劉吉喻木等俱皆反間之謀又多寫告示及招降旗號開諭逆順禍福及

寫木牌等項動以千計分遣雷濟蕭禹龍光王佐等分役經行賊壘潛地將告示粘貼及旗號木牌四路標插又先張疑兵於豐城示以欲攻之勢又遣雷濟龍光將劉養正家屬在吉安者厚加看養陰遣其家人密至劉養正處傳遞消息亦皆反閒之謀初時宸濠謀定六月十七日出兵自己於二十二日在江西起馬徑趨南京謁　陵即位遂直犯北京因聞前項反閒疑沮之謀遂不敢輕出故十七等日先遣兵出攻南康九江而自留省城賊兵等候宸濠不出亦各疑懼退沮久駐江湖之上師老氣衰又見四路所貼告示及插旗號木牌人人解體日漸離散以故無心攻鬬其後宸濠探知四路無兵前項事機已失兵勢已阻人馬已散多有潛來投降者我師一候宸濠出城即統伍知府等官兵疾趨攻破省城度宸濠顧念根本之地勢必歸救遂預發兵迎擊於鄱陽湖大戰三日罪人斯得

　右反閒始末嘗聞諸吉水致仕縣丞龍光光謂德洪曰昔夫子寫楊公火牌將發時雷濟問曰寧王見此恐未必信曰不信可疑否對曰疑則不免夫子

笑曰得渠一疑彼之大事去矣既而歎曰宸濠素行無道殘害百姓今雖一時從逆者衆必非本心徒以威劫利誘苟一時之合耳縱使奮兵前去我以問罪之師徐躡其後順逆之勢既判勝負預可知也但賊兵早越一方遂破殘一方民命虎兕出柙收之遂難爲今之計只是遲留宸濠一日不出則天下實受一日之福光又言夫子捷疏慮繁文太多一切反間之計俱不言及亦以設謀用詭非君子得已之事不欲明言示人當時若使不行間計遲留寧王寧王必即時擁兵前進正所謂迅雷不及掩耳兩京各路何恃爲備所以破敗寧王使之坐失事機全是遲留寧王一着所以遲留寧王全是謀行反間一事今人讀奏冊所報皆是可書之功而不知書不能盡者十倍於奏冊又言寧藩事平之後京邊官軍南來失其姦計由是痛恨夫子百計搜尋羅織無所泄毒擠怒門人冀元亨與濟禹光等俱欲置之死地冀元亨被執光等四竄逃匿家破人亡妻子離散直伺官軍離卻省城方敢出身回家當時光等粘貼告示標插旗號木牌皆是半夜昏黑衝風冒雨涉險破浪出入

賊壘萬死中得一生所差行間人役被宸濠要殺者俱是親信家人今當事平之後議者不究始原弃將在冊功次亦盡削去此光等走役微勞雖皆臣子本分不足深惜但賞罰若此繼後天下倘或再有事變人皆以光等為鑒戒矣誰肯復效死力哉又言夫子應變之神真不可測時官兵方破省城忽傳令造免死木牌數十萬莫知所用及發兵迎擊宸濠於湖上取木牌順流放下時賊兵既聞省城已破脅從之衆俱欲逃竄無路見水浮木牌一時爭取散去不計其數二十五日賊勢尚銳值風不便我兵少挫夫子急令斬取先卻者頭知府伍文定等立於銳砲之間方奮督各兵殊死抵戰賊兵忽見一大牌書寧王已擒我軍毋得縱殺一時驚擾遂大潰次日賊兵既窮促宸濠思欲潛遯見一漁船隱在蘆葦之中宸濠大聲叫渡漁人移棹請渡竟送中軍諸將尚未知也其神運每如此又言嘗聞雷濟云夫子昔在豐城聞變南風正急拜受哭告曰天若憫恤百萬民命幸假我一帆風須臾風稍定頃之舟人讙譟回風濟禹取香煙試之舟上果然久之北風大作宸濠追兵將

及時夫人公子在舟夫子呼一小漁船自縛　敕令濟禹持米二斗𩻛魚五寸與夫人爲別將發問濟曰行備否濟禹對曰已備夫子笑曰還少一物濟禹思之不得夫子指船頭羅蓋曰到地方無此何以示信於是又取羅蓋以行明日至吉安城下城門方戒嚴舟不得泊岸濟禹揭羅蓋以示城中遂讙慶曰王爺爺還矣乃開門羅拜迎入於是濟禹心歎危迫之時暇裕乃如此

德洪昔在師門或問用兵有術否夫子曰用兵何術但學問純篤養得此心不動乃術爾凡人智能相去不甚遠勝負之決不待卜諸臨陣只在此心動與不動之間昔與寧王逆戰於湖上時南風轉急面命某某爲火攻之具是時前軍正挫卻某某對立矍視三四申告耳如弗聞此輩皆有大名於時者平時智術豈有不足臨事忙失若此智術將安所施又嘗聞鄒謙之曰昔先生與寧王交戰時與二三同志坐中軍講學諜者走報前軍失利坐中皆有怖色先生出見諜者退而就坐復接緒言神色自若頃之諜者走報賊兵大潰坐中皆有喜色先生出見諜者退而就坐復接緒言神色亦自若又嘗聞

陳惟濬曰惟濬嘗聞之尙謙矣尙謙言昔見有待於先生者自稱可與行師先生問之對曰某能不動心曰不動心可易言耶對曰某得制動之方先生笑曰此心當對敵時且要制動又誰與發謀出慮耶又問今人有不知學問者儘能履險不懼是亦可與行師否先生曰人之性氣剛者亦能履險不懼但其心必待強持而後能卽強持便是本體之蔽便不能宰割庶事孟施舍之所謂守氣者也若人眞肯在良知上用功時時精明不蔽於欲自能臨事不動不動眞體自能應變無言此曾子之所謂守約自反而縮雖千萬人吾往者也又嘗聞劉邦采曰昔有問人能養得此心不動卽可與行師否先生曰也須學過此是對刀殺人事豈意想可得必須身習其事斯節制漸明智慧漸周方可信行天下未有不履其事而能造其理者此後世格物之學所以爲謬也孔子自謂軍旅之事未之學此亦不是謙言但聖人得位行志自有消變未形之道不須用此後世論治根源上全不講及每事只在半中截做起故犯手脚若在根源上講求豈有必事殺人而後安得人之理某自征

贛以來　朝廷使我日以殺人爲事心豈割忍但事勢至此譬之既病之人且須治其外邪方可扶回元氣病後施藥猶勝立視其死故耳可惜平生精神俱用此等沒緊要事上去了昔者德洪事先生八年在侍同門每有問兵事者皆默而不答以故南贛寧藩始末俱不與聞先生沒後搜錄遺書七年而奏疏文移始集及查對月日而後五征始末具見獨於用間一事昔嘗槩聞奏疏文移俱無所見去年德洪主試廣東道經江西訪問龍光始獲間書間牌諸稿幷所聞於諸同門者歸以附錄云時嘉靖乙未八月書於姑蘇之郡學

陽明先生平浰頭記

大學士湖東費宏

惠之龍川北抵贛其山谷賊巢亡慮數百而浰頭最大浰之賊肆惡以毒吾民者亡慮數千而池仲容最著仲容之放兵四劫亡慮數十年而龍川翁源始興龍南信豐安遠會昌以邇巢受毒無數正德丁丑之春信豐復告急於巡撫都御史王公伯安召諸縣苦賊者數十人問何以攻之皆謂非多集狼兵弗濟又

謂狠兵亦嘗再用矣竟以招而後定公曰盜以招蔓此頃年大弊也吾方懲之且兵無常勢奚必狠而後濟耶若等能爲吾用獨非兵乎乃與巡按御史屠君安卿毛君鳴岡合疏以勦請又請重兵權肅軍法以一士心　詔加公提督軍務賜之旗牌聽以便宜區畫惟功之有成不限以時時橫水桶岡盜亦起而覘浰爲急公議先攻二峒乃會兵以圖浰凡軍中籌畫多諮之兵備副使楊君廷宜請募諸縣機兵而以其傭募新民之任戰者取贖金儲穀鹽課以餉之而兵與食足焉二峒之攻慮仲容乘虛以擾我也謀伐其交使辨士周祥等諭其黨黃金巢等得降者五百人籍以爲兵仲容獨憤不從冬初聞橫水破始懼使弟仲安率老弱三百人來圖緩兵且我覘之公陽許之使據上新地以遏桶岡之賊而實遲其歸圖閱月仲容聞桶岡破益懼爲備益嚴公使以牛酒詗之賊度不可隱則曰盧珂鄭志高陳英吾讎也恐其見襲而備之耳珂等皆龍川歸順之民有衆三千仲容脅之不可故深讎之公方欲以計生致仲容乃陽檄龍川盧珂等構兵之實若甚恐焉趣利刊木且假道以誅珂黨十二月望珂等各來

告仲容必反公復怒其誣構叱收之陰諭意向使遣人先歸集衆時兵還自稱岡公合樂大饗散之歸農示不復用使仲安亦領衆歸又遣指揮余恩諭仲容毋撤備以防珂黨仲容益喜前所辦士因說之親詣公謝且曰往則我公信爾無他而誅珂等必矣仲容然率四十人來見公聞其就道也密飭諸縣勒兵分哨又使千戶孟俊僞持一檄經浰巢宣言將拘珂黨實督集其兵也賊導俊出境不復疑閏十二月下弦仲容既至贛是夕釋珂等馳歸縻仲容令官屬以次饗犒明年正月癸卯朏公度諸兵已集引仲容入并其黨擒之出珂等所告訊鞫具狀亟使人約諸兵入巢越四日丁未同時並進其軍於龍川者惠州知府陳祥率通判徐璣從和平都入指揮姚璽率新民梅南春等從烏龍鎮入孟俊率珂等從平地水入軍於龍南者贛州知府邢珣率同知夏克義知縣王天與等從太平保入推官危壽率義民葉方等從南平入守備指揮郟文率義民孫洪舜等從冷水徑入余恩率百長王受等從高砂保入軍於信豐者南安知府季斆率訓導藍鐸等從黄田岡入縣丞舒富率義民趙志標等從烏徑入公自

率中堅督文撝下浰大巢副使君督餘哨會於三浰賊黨自仲容至贛備已弛矣至是聞官兵驟入皆驚失措乃分投出禦而悉其精銳千餘迎敵於龍子嶺我兵列爲三衝犄角而前恩以受兵首與賊戰卻之奮追里許賊伏四起擊受後壽乃以方兵鼓噪往援俊復以珂等兵從旁衝擊呼聲震山谷賊大敗而潰遂併上中二浰克之各哨兵乘勝奮擊是日遂破巢十一曰熱水曰五花障曰淡方曰石門曰上下陵曰芳竹湖曰白沙曰曲潭曰赤塘曰古坑曰三坑明日探賊所奔分道急擊己酉破巢凡六曰鐵石障曰羊角山曰黃田坳曰嶺岡曰塘舍岡曰溪尾庚戌破巢凡二曰大門山曰鎮里寨辛亥破巢凡九曰中村曰半徑曰都坑曰尺八嶺曰新田徑曰古地曰空背曰旗嶺曰頓岡癸丑破巢凡四曰狗脚坳曰水晶洞曰五洞曰藍州丙辰破巢凡二曰風盤曰茶山其奔者尚八百餘徒聚於九連山山峻而袤廣與龍門山後諸巢接公慮以兵進逼其勢必合合難制矣乃選銳士七百餘人衣所得賊衣若潰而奔取賊所據厓下澗道乘暮而入賊以爲其黨也從厓下招呼我兵亦佯與和應已度險扼其後

路明日賊始覺併力求敵我兵從高臨下擊敗之公度其必潰也預戒各哨設伏以待乙丑覆之於五花障於白沙於銀坑水丁卯覆之於烏龍鎮於中村於北山於風門奧分逃餘孽尚三百餘徒各哨乃會兵追之二月辛未復與戰於和平甲戌戰於上坪下坪丁丑戰於黃田坳辛巳戰於鐵障山癸未戰於乾村於黎樹乙酉戰於芳竹壬辰戰於百順於和峒乙未戰於水源於長吉於天堂寨諜報各巢之稔惡者蓋殲盡矣惟脅從二百餘徒聚九連谷山呼號乞降公遣珣往撫之籍其處之白沙公率副使君乃卽祥應和平相其險易經理立縣設隘庶幾永寧遂班師而歸蓋戊寅三月丁未也凡所搗賊巢三十八所擒斬賊酋二十九人中酋三十八人從賊三千六十八人俘賊屬男婦八百九十人鹵獲馬牛器仗稱是是役也以力則兵僅數千以時則旬僅六浹遂能滅此兇狡稽誅之虜以除三徼數十年之大患其功偉矣捷聞有　詔褒賞官公之子世錦衣百戶副使君加俸一秩於是邢侯夏侯危侯偕通判文侯運吳侯昌謂公茲舉足以威不軌而昭文德不可以無傳也使人自贛來請予書其事嗟乎

惟兵者不祥之器王公用儒者謀謨之業而乃躬擐甲冑率先將士下上山谷與死寇角勝爭利出於萬死而公平日豈習殺伐之事而貪取摧陷之功以爲快哉顧盜之於民不容並育譬則莠驕害稼而養之弗薅從虎狼之狂噬而聽孽牧之衰耗此不仁者所不忍爲而公亦必不以不仁自處也公之心予知之公之功則播之天下傳之後世何俟於予之書之也然而人知渠魁之坐縛兇孽之蕩平以爲成功如此其易而不知公之籌慮如此其密建請如此其忠上之所以委任如此其專副使君之所贊佐如此其勤文武將吏之所以奔走禦侮如此其勞而功之成所以如此其不易是則不可以不書也予故爲備書之以昭示贛人庶其無忘且有考焉

移置陽明先生石刻記

昔陽明王先生督兵於贛也與學士大夫切劘於聖賢之學自搢紳至於閭閻以及四方之過賓皆得受業問道蓋濂洛之傳至是復明而先生治兵料敵卒有以平姦宄者皆原於切劘之力於是深信人心本善無不可復其不然者由

倡之不力輔之不周而爲學之志未立故也旣以責志爲教肆其子弟復取大學中庸古本序其大端與濂溪太極圖說聯書不於鬱孤山之上使登覽而遊息於此者出埃𦉢之表動高明曠遠之志庶幾見所書而興起其志不使至於懈惰蓋所以爲倡而輔之之慮切也先生去贛二十餘年石爲風雨之所摧剝者日就缺壞而是山復爲公廨所拘觀者出入不便嘉靖壬寅憲副江陰薛君應登備兵之暇訪先生故迹覩斯石悲嘅焉旣移置於先生祠中復求榻本之善者補刻其缺壞而託記於予予嘗觀先生所書恨其學之不俱傳也自孔孟以後明其學者濂溪耳故圖說原天所以生人者本於無極而求復其原則以無欲爲主舍無欲而言中正仁義皆不可以合德而反終故大學言致知中庸言愼獨獨知之地欲所由辨求其寡而無焉此至易而難者也先生數百年之下處困而後自得恍然悔旣往之非真若脫溷淖而御冷風故旣自以切劘而尤不敢有隱於天下於是擇其辭書之石冀來者之自得猶夫已也今先生之言徧天下天下之人多易其言而不知其處困之功與責志之教故深於解悟

者每不屑於持守而意見所至卽皆自是而不疑嘵嘵然方且以議論相持競譬則石已缺壞而猶不蔽風雨顧以爲崇獲之嚴貿焉莫知其所出入豈不失哉夫欲之易熾速於風雨而志之難立有甚於石其積習之久非一日可移置也然使精神凝聚卽獨知之地以從事焉則又不易地不由人而足以自反譬則石之摧剝於風雨者復庇之以廈屋雖失於昔不猶可以保其終乎今石存則升先生之堂者宜有待矣薛君有志於學其完此石蓋亦輔世之意而余之困而不學則有愧於切劘之助也書之石陰亦以爲久要云

陽明王先生報功祠記

經世保民之道濟其變而後顯其功厚其施而後食其報傳曰太上有立德其次有立功時而至於立功則去太上遠矣士君子遭時遇主處常盡變不得已而立功固不望其報之久近人之思報自不能已故昌黎祀潮子厚祀柳張詠繪像而祀於蜀羊祜建碑而祀於襄陽其致一也贛之牙境萬山盤互羣盜縱橫土酋跳梁於東南逆藩窺伺於西北正德丙子春陽明王公以大中丞秉鉞

來鎮綱紀號令朝發夕新凡四省五道九府州六十九縣二十五衛所之奔命者皇皇汲汲恐干後至之誅又卓見大本廣集衆思張施操縱不出庭戶而遙制黠虜於江山數千里之外英聲義烈肅於雷霆今年平南靖明年平桶岡又明年平浰頭又明年平逆藩如虔如楚如閩如粵四郊力穡清夜絃歌而邊圉之患除如豫州如江州如桐城如淮甸千里肅清萬夫解甲而社稷之憂釋夫公以文儒之資生承平之世蹈疏逖之蹤當盤錯之會天樞全斗極之光地維掃豺狼之穴　璽書頻獎茅土加封一時遭際可以風勵羣工矣公之去贛久矣而人猶思之復建祠以祀之富者輸財貧者效力巧思者模像善計者糾工虛堂香火無替歲時報施之道不於其存而於其亡身後之事未定於天下而私於一方吾是以知贛人之重義也孔子曰斯民也三代之所以直道而行也茲非三代之遺民歟公繼其父龍山公之學且與孫忠烈同年同官忠烈死逆藩之難而公成靖難之功浩然之氣充塞兩間增光　皇國幸與不幸易地則皆然者然則公之立功雖有先後大小要皆以忠輸君以孝成親以信許友者

歟公諱守仁字伯安別號陽明龍山公諱華以大魁冢宰孫忠烈諱燧以中丞贈宗伯皆吾鄉先達也嗚呼望雷陽而思新竹按營壘而歎奇才高山仰止景行行止謹紀其實以備野史之拾遺云

田石平記

田江之濱有怪石焉狀若一龜臥於衍石之上長倍尋厚廣可尋之半境土寧靜則偃臥維平有眚則傾欹潛浮以離故處故俗傳有平寧傾兵之讖歲乙酉岑氏猛食采日殷恣橫構兵守臣方上疏議討一夕石忽浮去數百武猛懼乃使力士復之嚮夕殷祀之以潛弭其變明年大兵至猛竟失利以滅人益異焉猛黨盧王二酋脅衆連兵據思田以重煩我師 朝議特起今新建伯陽明王公來平比至集衆告曰蠢茲二酋豈憚一擒維瘡痍未瘳而重羅鋒刃爲可哀也即日下令解十萬之甲掣四省之兵推赤二酋俾自善計二酋憚公威德且知大信不殺遂率衆自縛泣降公如初令諭而遣之單車詣田經畫建制以訓奠有衆田父老望風觀德如堵如牆羅拜泣下曰大兵不加明公再生之賜也

田醜何以爲報維田始禍石實釁之具以怪狀聞且曰自王師未旋石靡有寧田人惴惴守之如嬰今則亡是恐矣願公毀此以寧我田公曰其然與若等往觀之既觀曰汝能怪乎吾不汝毀而與決取筆大書其上曰田石平田州寧千萬世鞏　皇明明年春公使匠氏鐫之遂以爲田鎮田人無遠近老穉咸謳歌於道以相慶焉嗟夫維石在阿賦性不邪孰使之行豈民之訛維妖維祥肇是興亡天實變幻而莫知其方維邪則洩維正則滅亦存乎其人而已矣公忠誠純正其靜一之學浩然之氣見於勤王靖難者可以格神明而貫金石天下已信之有弗靈於是石乎田人寶茲石文蓋不啻交人之纍銅柱也已公車將旋田人趨必東曰茲不可無述以告於世世作田石平記

陽明先生畫像記

少師徐階

陽明先生像一幅水墨寫嘉靖己亥予督學江西就士人家摹得先生燕居像二朝衣冠像一明年庚子夏以燕居之一贈呂生舒此幅是也先生在正德間以都御史巡撫南贛督兵敗宸濠平定大亂拜南京兵部尚書封新建伯其後

以論學爲世所忌竟奪爵予往來吉贛間問其父老云濠之未叛也先生奉命按事福州乞歸省其親乘單舸下南昌至豐城聞變將走還幕府爲討賊計而吉安太守松月伍公議適合郡又有積穀可養士因留吉安徵諸郡兵與濠戰湖中敗擒之其事皆有日月可按覆而忌者謂先生始赴濠之約後持兩端遁歸爲伍所強會濠攻安慶不克乘其沮喪幸成功夫人情苟有約其敗徵未見必不遁凡攻討之事勝則侯不勝則族苟持兩端雖強之必不留武皇帝之在御也政由嬖倖濠悉與結納至或許爲內應方其蝸起天下皆不敢意其遽亡先生引兵而西留其家吉安之公署聚薪環之戒守者曰兵敗即縱火毋爲賊辱嗚呼此其功豈可謂幸成而其心事豈不皦然如日月哉忌者不與其功足矣又舉其心事誣之甚矣小人之不樂成人善也自古君子爲小人所誣者多矣要其終必自暴白乃予所深慨者今世士大夫高者談玄理其次爲柔愿下者直以貪黷奔競謀自利其身有一人焉出死力爲國家平定大亂而以忌厚誣之其勢不盡驅士類入於三者之途不止凡爲治不患無事功患無賞罰

議論者賞罰所從出也今天下漸以多事庶幾得人焉馳驅其間而平時所謂議論者如此雖在上智不以賞罰爲勸懲彼其激勵中才之具不已疏乎此予所深慨也濠之亂孫許二公死於前先生平定之於後其迹不同同有功於名教江西會城孫許皆廟食而先生無祠予督學之二年始祀先生於射圃未幾被　召因募像以歸將示同志者而首以贈呂生予嘗見人言此像於先生極似以今觀之貌殊不武然獨以武功顯於此見儒者之作用矣呂生誠有慕乎尙於其學求之

重修陽明王先生祠記

大學士李春芳

陽明先生祠少師存翁徐公督學江右時所創建也公二十及第宏辭博學燁然稱首詞林一時詞林宿學皆自以爲不及而公則曰學豈文詞已也曰與文莊歐陽公窮究心學聞陽明先生良知之說而深契焉江右爲陽明先生過化地公既闡明其學以訓諸生而又謂崇祀無所不足以繫衆志乃於省城營建祠宇肖先生像祀之遴選諸生之儁茂者樂羣其中名曰龍沙會公課藝暇每

以心得開示諸生而一時諸生多所興起云既公　召還薦躋綸閣爲　上所親信蓋去江右幾三十年矣有告以祠宇傾圮者公則愀然動心捐賜金九十屬新建錢令修葺之侍御甘齋成君聞之曰此予責也遂身任其事鳩工庀材飾其所已敝增其所未備堂宇齋舍煥然改觀不惟妥祀允稱而諸生之興起者益勃勃不可禦矣噫公當樞筦之任受心膂之寄無論幾務叢委卽　宸翰咨答日三四至而猶惓惓於崇先哲與後學如此誠以學之不可以已也夫致知之學發自孔門而孟子良知之說則又發所未發陽明先生合而言之曰致良知則好善惡惡之意誠推其極家國天下可坐而理矣公篤信先生之學而日以體之身心施之政事秉鈞之初卽發私餽屏貪墨示以好惡四海嚮風不數年而人心吏治翕然丕變此豈有異術哉好善惡惡之意誠於中也故學非不明之患患不誠耳知善知惡良知具存譬之大明當天無微不照當好當惡當賞當罰當進當退錙銖不爽各當天則循其則而應之則平平蕩蕩無有作好無有作惡而天下平矣故誠而自慊則好人所好惡人所惡而爲仁不誠而

自欺則好人所惡惡人所好而爲不仁苟爲不仁生於其心害於其事蠹治戕民有不可勝言者矣公爲此懼又舉明道定性識仁二書發明其義以示海內學者而致知之學益明以切諸生能心推其義而體諸身則於陽明先生之學幾矣業斯舍者其尚體公之意而殫力於誠以爲他日致用之地哉成君守節曹州人癸丑進士按治江右飭紀布惠卓有賢聲蓋有志於學者

平寧藩事略

敬齋蔡文見任廉使

陽明先生道德功業冠絕古今無容議矣獨寧藩一事不理於讒口者有二曰始與寧府交通後知事不可成因人之力從而翦之以成厥功又曰寧府財寶山積兵入其宮悉取以歸此二者當時讒口嗷嗷至形諸章奏播諸遠近搢紳有識皆知其爲必無而莫悉其無之故皆知其絕無可疑而無以破人之疑余甚恨之足跡半天下訪之莫有知者迨移官入贛贛故先生開府之地當時故老尚有存者咨訪累月迺得其詳於是躍然以喜疾讒口之無根且知先生計慮之深規模之遠有非常情之所能測識也自古建非常之功必待非常之人

逆藩之積慮非一日矣當時所憚獨先生在耳殺之不得必欲致之事乃可成故致惓惓於先生而先生亦示不絕於彼者力有所爲機有所待峒酋葉芳等有衆萬人感不殺之恩樂爲我用先生推誠撫之間示以意芳叩首踴躍待報而發逆藩招集無賴亦屬意於葉芳嘗以厚貲啗之芳受不卻有以聞於先生者先生憮然有失久之搏案起曰吾今日視義當爲事之成敗身之禍福不計也會逆藩起遂部所屬民卒督知府邢珣伍文定等以行葉芳密使人告曰吾以款彼也今日之事生死惟命先生大喜卽攜以往鄱湖之戰逆藩覬望芳來芳乘之遂就擒大難之平芳與有力不然逆兵衆且強獨以民卒之脆弱渙散安能當其鋒哉兵入南昌先生召芳語之曰吾請於朝以官償若勞如何芳叩首曰芳土人不樂拘束願得金帛作富家翁耳遂入宮籍所有以獻餘以予芳滿其欲焉由前觀之先生所以陽示不絕於彼者陰欲有爲於此使當時積穀練兵寧不啓彼之疑而厚其毒法曰藏於九地之下奮於九天之上是也其後以貲委葉芳者則以夷治夷之法耳先生心事如青天白日用兵如風雨雷霆

本無可疑何疑者之紛紛也故表而出之

蔭子咨呈

正德十六年七月十八日奉到兵部鳳字二千八百八十號勘合內開一件捷音事准武選司付奉本部連送該本部題送准浙江布政司咨呈據紹興府申據餘姚縣申蒙本府紙牌仰縣速將都御史王　承蔭子姪應該之人取具無礙親供幷官吏里鄰人等不扶結狀繳報等因依蒙行據該隅里老呂時進等勘得右副都御史王　任江西南贛等處勦賊成功　欽承蔭子一人世襲錦衣衛百戶行縣取具里老幷本族親供今據前因合將繳到王冕等供狀一紙係本縣東北隅五里民籍有姪王守仁任江西南贛等處右副都御史爲勦賊成功　欽承蔭子王正憲世襲錦衣衛百戶行縣取具里老幷本族親供呈繳到部查得先該提督南贛都御史王　奏稱征勦江西南贛等處賊寇驅卒不過萬餘用費不滿三萬兩月之間俘斬六千有奇破巢八十有四渠魁授首噍類無遺該本部查議得都御史王　躬親督戰獲有軍功所當先錄伏望　聖

明俯照節年平寇陞蔭有功官員事例將王　照例陞職蔭子以酬其功等因
具題正德十三年四月十八日節該奉　聖旨是各官既勦賊成功地方有賴
陞右副都御史蔭子姪一人做錦衣衛世襲百戶欽此查無本官應襲子姪姓
名已經備行原籍官司查取去後又該提督南贛軍務右副都御史王　奏報
廣東韶州府樂昌等縣平賊捷音內開擒斬首從賊人首級共二千八百九名
顆俘獲賊屬幷奪回被擄男婦五百名口等因該本部查議得本官分兵設策
一旦勦平厥功非細本部議將王　量加陞級於先蔭子百戶上再加陞蔭以
酬其功伏蒙　欽依王守仁已因功陞職還賞銀四十兩紵絲二表裏臣等以
爲王守仁累建奇功各不相掩今止給賞似不足酬其功合無王守仁量陞俸
給於先蔭子百戶上量加陞蔭等因本年十二月初三日具題本月二十六日
奉　聖旨王守仁累有成功他男先蔭職事上還加陞一級欽此又經備行欽
遵訖今據前因久查陞級事例實授百戶上加一級該副千戶通查案呈到部
欲將都御史王　應蔭子王正憲查照先奉欽依加蔭子姪一人做錦衣衛世

襲百戶再加續奉欽依加陞一級與做副千戶塡註錦衣衛左所支俸緣係查錄恩蔭節奉欽依王守仁蔭子姪一人做錦衣衛世襲百戶及他男先蔭職上還加陞一級事理等因正德十五年三月初四日少師兼太子太師本部尙書王　等具題次年四月二十五日奉聖旨是欽此欽遵擬合通行爲此合行浙江布政司轉行紹興府餘姚縣著落當該官吏照依本部題奉欽依內事理卽便查取王正憲作速起程前來赴任仍將本官起程日期繳報施行

處分家務題冊

門人黃宗明書

先師陽明先生夫人諸氏諸無出先生立從姪正憲爲繼嘉靖丙戌繼室張氏生子名正聰未及一歲輒有兩廣之命當將大小家務處分詳明託人經理歿幾一載家衆童僕不能遵守在他日能保無悔乎宗明等因送先生葬回太夫人及親疏宗族子弟四方門人俱在將先生一應所遺家務逐一稟請太夫人與衆人從長計處分析區畫以爲閑家正始防微杜漸之原寫立一樣五本請於按察司僉事王紹與府知府洪用印鈐記一本留府一本留太夫人正憲

正聽各留一本同志一本永爲照守先生功在社稷澤被生民道在宇宙人所瞻仰其遺孤娶室識與不識無不哀痛況骨肉親戚門生故舊何忍棄之負之哉凡我同事自今處分之後如有異議人得舉正毋或輕貸

同門輪年撫孤題單

門人薛侃書

先師陽明先生同祖兄弟五人伯父之子曰守義守智叔父之子曰守禮守信守恭同父兄弟四人長爲先師次守儉守文守章先師年逾四十未有嗣子擇守信第五男正憲爲嗣撫育婚娶嘉靖丙戌生子正聰明年奉命之廣身入瘴鄉削平反亂遂嬰奇疾卒於江西之南安凡百家務維預處分而家衆欺正聽年幼不知遵守吾儕自千里會葬痛思先師平生憂　君體國拳拳與人爲善之心今日之事宜以保孤安寡爲先區區田業非其所重若後人不體見小失大甚非所以承先志也乃稟太夫人及宗族同門戚里僉事汪克章太守朱袞酌之情禮參以律令恤遺孤以弘本嚴內外以別嫌分爨食以防微一應所有會衆分析具有成議日後倘復恩典承襲亦有成法正聽年幼家事立親人管

理每年輪取同志二人兼同扶助諸叔姪不得參撓爲兄者務以總家愛弟爲心以副恩育付託之重爲弟者務以嗣宗愛兄爲心以盡繼志述事之美爲旁親者亦願公心扶植孤寡以爲家門之光則先師在天之靈庶乎其少慰矣倘有疎虞執此聞官輪年之友亦具報四方同門咸爲轉達明有憲典幽有師靈尙冀不爽所有條宜開具於後

請恤典贈謚疏

禮科等科都給事中等官辛自脩等題爲 開讀事伏覩 詔書內一款近年病故大臣有應得恤典而未得亦有不應得而得者科道官舉奏定奪欽此臣等公同面議舉得大學士楊廷和蔣冕石瑤尙書王守仁王廷相毛澄汪俊喬宇梁材湛若水喻茂堅劉訒聶豹侍郎呂柟周廣江曉程文德少詹事王偉祭酒王雲鳳魏校鄒守益二十一人奇勳大節茂著於生前令望高風愈隆於身後俱應得恤典而未得者中間如呂柟有祭葬而無謚石瑤有謚而不足以盡其平生俱應改擬補 賜又訪得文臣中如曾銑楊守謙商大節程鵬朱方張

漢王杲孫繼魯八人或志在立功身遭重辟或事存體國罪累流亡至今無問知與不知皆痛惜之臣等仰惟恩詔既恤得罪之臣復舉原終之典而諸臣獨以一時負罪遂不得沾被　洪慈人心咸爲憫惻似應查復原官量加優恤以示褒答等因奉　聖旨禮部看議來說欽此

浙江等道監察御史王　等題爲開讀事伏覩詔書內一款近年病故大臣有應得恤典而未得亦有不應得而得者科道官舉奏定奪欽此欽遵臣等備行禮部祠祭司查取節年給過大臣　恤典并有　請未給緣由隨行浙江等道各公舉所知以奉　明詔續行祠祭司及各道手本開具各臣前來臣等逐一會同詳議舉得原任大學士楊廷和蔣冕石瑤尚書王守仁王廷相湛若水毛澄汪俊喬宇梁材喻茂堅劉訒聶豹侍郎呂柟周廣江曉程文德少詹事黃佐祭酒魏校王雲鳳鄒守益等卽其立朝則大節不虧遡其居身則制行無議公是在人不容泯沒俱應得　恤典而未得者也中間如呂柟雖有　恤典而未得贈諡石瑤已有贈諡而未盡其人似應得補　賜改擬者也又查得節年

給過　卹典如尚書邵元節陶仲文顧可學徐可成甘爲霖侍郎郭文英張電
朱隆僖等或穢跡昭彰人所共指或雜流冒濫法所不容俱不應得而得者也
伏望　敕下該部再加詳議將楊廷和王守仁等應復官廕者復其官廕仍給
祭葬贈諡呂柟准賜贈諡以成　恩禮石瑤如法改擬以符名實其濫叨　恩
典如邵元節陶仲文先經刑部議處外其顧可學等均爲冒濫名器可惜合當
追奪以昭　明法者也再照錄忠卹罪　聖朝厚下之典也觀過而知仁　明
主鑒物之公也臣等又訪得如文臣之中如曾銑楊守謙商大節翟鵬朱方張
漢王杲孫繼魯等究其罹禍之迹原其爲　國之忠生則未雪死而益明武臣
之中如周尚文者出謀宣力功在邊疆　卹典未給人心稱屈茲當　聖仁湛
濡之時正煩冤洗濯之會諸臣之　卹典似當應給以廣　殊恩者也再乞
敕下該部一并酌議　請自　上裁仍通行各該撫按遵照　詔書廣求博訪
凡大臣卹典果有應得而未得及不應得者各宜悉心甄別以宣　上德亦不
得曲意徇物濫及庸劣庶幾　恩之所敷潛晦不遺義之所抑回慝莫逃勸懲

之典行而風世之道備矣等因奉　聖旨禮部看議來說欽此

辨明功罰疏

南京戶科給事中岑用賓一本開讀事臣惟　國家之禮大臣其生也固重其爵祿以寵異之其歿也亦必優其　恤典以旌褒之所以示君臣一體之義終始存歿無間也然是　恩寵之澤予奪出自　朝廷之上忠良之臣固在所必加其匪人惡德亦不使得以倖及焉蓋加於忠良則爲公及於匪人則爲僭公而不僭則君子以勸小人以懲此固人君奉天而不私而實默寓勸懲之機於其間也臣伏讀　皇上登極之詔內一款有曰一近年病故大臣有應得　恤典而未得亦有不應得而得者科道官舉奏定奪欽此臣有以仰見　皇上之新政固將欲使　朝廷恩寵之大典昭大公於天下萬世也臣備員南垣敢不祗承德意哉臣謹諮之搢紳參之聞見查得已故原任刑部尚書林俊福建興化府莆田縣人舉成化戊戌科進士歷官四十餘年屢陳讜言忠誠凱切抗犯顏敢諫之節尚簡素清約之風迭仆迭起朝野推重在四川則撫勦藍鄢之劇

寇在江西則裁制寧藩之逆萌功尤不泯暮年遭際保終完名居家構疾具疏預辭身後　恤典竟爲不合者所忌乘機排阻至今公論惜之已故原任南京兵部尚書新建伯王守仁浙江紹興府餘姚縣人舉弘治己未科進士筮仕三十餘年敭歷中外所至有聲而討江西宸濠之叛平廣西思恩田州及斷藤八寨之賊功烈尤著且博極經史究心理學倡明良知之訓洞暢本源至今爲人士所宗不幸其歿也遽爲忌者疏論遂削去伯爵并　恤典贈諡迄今人以爲恨已故原任南京兵部尚書湛若水廣東廣州府增城縣人舉弘治乙丑科進士歷官三十餘年立朝正大重厚有休休有容之風治事經緯詳明有濟世匡時之略尤倡明正學以接引後進爲己任自始至終孜孜忘倦凡所造就多爲時名流致仕家居逾二十載壽考而終其子孫曾陳乞　恤典贈諡未蒙　先帝俞允至今衆論咸以爲歉已故原任南京工部尚書吳廷舉廣西橫州府千戶所人舉成化丁未科進士歷官四十餘年機略優長節操素勵犯逆瑾之怒而剛正不回諭桃源之寇而誠信久布且始終一介不取歿後殯殮無資廉潔

高風古今鮮儷訪其贈謚尚亦未與云已故原任戶部侍郎唐胄廣東瓊州府瓊山縣人舉弘治壬戌科進士歷官四十餘年始終正直不少變易迭任藩臬巡撫勞代最多在部建議陳言忠讜更切後以忤旨被杖削籍衆皆韙之昨吏部題 請雖以復職贈官而祭葬幷謚未議猶爲缺典以上五臣其任職先後雖稍不同而負忠良重望則無二致 明詔所謂應得 恤典而未得者此其最也又查得已故原任禮部尚書顧可學其先後居官臣無暇論已獨其晚年挾持邪淫誕術干求進用因而濫叨 恩賞穢濁清曹迄今輿論咸羞稱之其始而鍊合秋石繼而鍊製紅鉛妄行進 御至使方士人等踵跡效尤 皇上所謂王金陶倣等妄進藥物致損 聖躬臣愚以爲若誅求首惡則顧可學尤不容逭矣其存日既倖逃刑憲不與方士人等同就誅夷則其死也寧可復使之冒濫 朝廷恩賚於泉下也哉 明詔所謂有不應得而得者此誠其最也夫表揚善類則天下皆知爲善之利排斥姦諛則天下皆知肆惡之非乃治世所不容緩者伏乞 勅下該部查議如果臣言不謬卽將林俊王守仁湛若水

吳廷舉唐冑五臣查照舊例一體追補贈諡祭葬廕子等項顧可學前後所冒官職贈廕等項盡行削奪其王守仁伯爵應否承襲幷行集議題 請取自上裁如此庶乎予奪明而 恩威不忒賞罰當而勸懲以昭矣再照臣子寃抑久當獲伸 殊恩濫竊終宜釐正如已故原任吏部尚書李默生平博雅能文清修鯁介居官守職茂著風猷止緣入柄銓曹不阿權勢遂致姦人乘望風旨竟爾擠排含冤囹圄賫志而死今際遇昌時彼泉壤之下寧無昭雪之望乎已故原任江西副使汪一中在昔統兵征勦始而無料敵之明繼而無禦敵之策坐使狂寇沖突命殞兵殲較之守備不設誠爲一律倘若憫其死事姑不追論存其官職猶或可也乃隆忠贈廕崇之貌祀其爲冒濫不已甚乎當時與一中同事者僉事王應時也應時被虜贖回尋冒陞秩旋被參論落職觀應時不當冒陞則一中不應贈廕明矣再乞 敕下該部查議將李默一臣比照遺詔恤錄之典復其官職加之贈祭少雪寃魂將一中一臣遵照 明詔不當得之旨奪其贈廕祠祀俾毋終辱 明典則予奪益彰而淑慝益著未必不爲 聖朝

平明之治少裨也奉　聖旨該部知道

請從祀疏

欽差提督學校巡按直隸監察御史臣耿定向謹題爲應　明詔乞　褒殊勳以光　聖治事恭惟皇上御極之初　詔下中外搜剔幽滯　恤錄往忠鼓動寰宇凡有血氣者靡不競勸矣伏思原封新建伯南京兵部尙書王守仁者雖經科臣列舉題　請顧其功在　社稷道啓羣蒙是猶未可以概凡論也臣敢特爲　陛下言之臣伏聞　武宗初年舊邸宦官有馬永成劉瑾等時號八虎置造淫巧蠱惑　上心日進走馬飛鷹導爲娛樂不令親近儒臣講學修德眈廢萬幾時科道官諫不聽戶部尙書韓文泣血苦諫不聽左右輔臣時時密諫不聽以致海內洶洶思亂盜賊蜂起天下騷動江藩宸濠由此乘機竊發謀危　宗社時非守仁在贑倡義擒滅今日之域中殆有不忍言者矣此其功在國論章章較著人所共明也及宸濠既擒太監張忠及許泰等復又誘惑　武宗以親征爲名巡幸南都其實陰懷異志欲逞不軌時　宗社之危益如累卵

矣全賴守仁握兵上游隨機運變各惡潛自震慴　武宗因得還京厚終於以
啓先皇帝遠我　皇上今日萬世無疆之業此其功甚鉅而爲力尤難其迹則
甚隱矣至其倡明道術默贊化理未易言述卽舉所著拔本塞源一論開示人
心猶爲明切如使中外大小臣工實是體究則所以翊我　皇上太平無疆之
治者尤非淺小此其功則百千世可頌者也在昔　先皇帝入繼大統首議錫
爵進秩遣官存問卽欲　召入密勿以咨啓沃維時輔臣桂萼者妬其軋己陰
肆擠排故薦令督師兩廣竟使賫志以歿尋復構煽致削封爵智士忠臣至今
扼腕悼歎而不置矣伏惟　皇上俯垂軫念　敕下廷臣虛心集議　特賜復
爵贈諡從祀孔廟萬代瞻仰甚盛舉也臣竊又伏思爲此請在　國家詔功彝
典當如此耳乃若篤忠效知之臣其心惟願　國家永靈長之慶而不願有建
功之賞惟願　朝端協一德之交而不樂有倡道之名伏惟　皇上省覽及此
深惟往事之鑒益弘保大之圖而左右臣工共明一體之學頓消有我之私則
守仁之道卽已表章於今日而守仁之志卽已獲伸於九原矣卽今奕世阨窮

永言銷滅亦其所安此守仁之心亦微臣之心也臣無任祝望激切隕越之至爲此專差舍人丁憲賫捧謹題請　旨奉　聖旨禮部知道

題贈諡疏

吏部一本爲開讀等事節該本部驗封清吏司案呈奉本部送准禮部咨該科道等官會舉已故原任新建伯南京兵部尚書兼都察院左都御史王守仁等官各應得　恤典等因除祭葬照例給與外據贈官備咨前來本部俱經照例題奉　欽依外准吏都咨該翰林院接出揭帖某人等因開　送司案呈到部查得贈諡官員例應給與　誥命本部欲行翰林院撰文中書舍人關軸書寫臣等未敢擅便開坐謹題請　旨　計撰述官　員　誥命　軸○原任新建伯南京兵部尚書兼都察院左都御史王守仁今贈新建侯諡文成○原任少師兼太子太師吏部尚書華蓋殿大學士楊廷和今贈太保諡文忠○原任少傅兼太子太傅戸部尚書謹身殿大學士蔣冕今贈少師諡文定○原任太子太保吏部尚書兼武英殿大學士石瑤今贈少保○原任少保兼太子太保吏

部尚書喬宇今贈少傅諡莊簡○原任太子太保兵部尚書兼都察院左都御史王廷相今贈少保諡肅敏○原任太子太保兵部尚書聶豹今贈少保諡貞襄○原任太子太保兵部尚書彭澤今贈少保諡襄毅○原任太子少保戶部尚書王杲今贈少保○原任太子少保戶部尚書梁材今贈太子太保諡端肅○原任禮部尚書汪俊今贈太子少保諡文莊○原任刑部尚書喻茂堅今贈太子少保○原任刑部尚書劉訒今贈太子少保○原任刑部尚書林俊今贈太子少保諡貞肅○原任南京工部尚書吳廷舉今贈太子少保諡清惠○原任南京兵部尚書湛若水今贈太子少保○原任兵部左侍郎張漢今贈兵部尚書○原任南京工部左侍郎程文德今贈禮部尚書○原任南京工部左侍郎何孟春今贈禮部尚書諡文簡○原任南京禮部右侍郎呂柟今贈禮部尚書諡文簡○原任兵部右侍郎兼都察院左副都御史曾銑今贈兵部尚書諡襄愍○原任兵部右侍郎兼都察院右副都御史楊守謙今贈兵部尚書諡恪愍○原任兵部右侍郎兼都察院右僉都御史商大節今贈兵部尚書諡端愍

○原任南京刑部右侍郎江曉今贈工部尚書○原任都察院右副都御史孫
繼魯今贈兵部左侍郎諡清愍○原任詹事府少詹事兼翰林院侍讀學士黃
佐今贈禮部右侍郎○原任都察院右僉都御史朱方今贈都察院右副都御
史○原任南京國子監祭酒鄒守益今贈禮部右侍郎諡文莊○原任刑部左
侍郎劉玉今贈刑部尚書諡端毅○原任太子太保吏部尚書熊浹今贈少保
諡恭肅○原任太僕寺卿楊最今贈右副都御史諡忠節○原任左春坊左贊
善羅洪先今贈光祿寺少卿諡文恭○原任兵部員外郎楊繼盛今贈太常寺
少卿諡忠愍

題遣官造葬照會

工部爲開讀事書塡堂字一千八百二十號勘合照會浙江布政司仰比號相
同照依後開事件作速完報施行須至照會者計開一件開讀事屯田淸吏司
奉本部連送該本部題本司案呈奉本部送准禮部咨該禮科等科都給事中
等官辛自脩等題前事該本部看得大學士蔣冕性行朴忠學識雅正當　武

朝南巡之日而協謀靖亂共成康定之功遇　先皇繼統之初而秉正立朝克效贊襄之職乞身遠引似得進退之宜潔己令終無損平生之譽新建伯兵部尚書王守仁具文武之全才闡聖賢之絕學筮官郎署而抗疏以犯中璫甘受炎荒之謫建臺江右而提兵以平巨逆親收　社稷之功偉節奇勳久已見推於輿論討盟恤典豈宜遽奪於身終尚書汪俊秉剛介之性持廉慎之操筮仕詞林而再蹶復起生平之制行可知繼司邦禮而百折不回立朝之節槩具見潔己無慚於古道歸田見重於鄉評尚書喬宇才猷博達德量宏深預討伐叛濠之謀而留都賴之以不聳持法落逆彬之膽而姦萌藉此以潛消入掌銓衡公明懋著晚歸田里譽望彌隆左都督周尚文志本忠勤才尤清耿深謀秘略克成保障於雲中銳幹強才久震威名於閫外近年良將在所首稱身後恤典委難報罷以上諸臣論其職任才猷不無差等之別要其官常人品均爲賢碩之儔所當厚加恤典以優異者也尚書喻茂堅歷官中外積有年勞守己始終並無訾論尚書王杲持身清慎任事剛方謫死本無非罪大節委有可加以上

二臣所當照例給與祭葬者也相應題請合無將大學士蔣冕尙書喬宇左都
督周尙文各照例與祭九壇新建伯王守仁與祭七壇尙書汪俊與祭二壇尙
書喻茂堅與祭二壇尙書王杲與祭四壇移咨工部照依品級造墳安葬及行
各該布政使備辦祭物香燭紙就遣本司堂上官致祭等因題奉　聖旨蔣冕
喬宇周尙文王守仁汪俊各照例與祭葬還同呂柟俱與他謚石瑤准改謚其
餘都依擬行欽此欽遵咨部送司查得先該本部爲審時省禮以寛民力事議
得病故大臣照依今定後開價值轉行有司措辦給付喪家自行造葬不必差
官中間果有功德昭彰聞望素著公私無過或曾歷邊務建立奇功及　經帷
纂修效勞年久此等官員合照舊例差官造葬俱聽本部臨時斟酌奏請定奪
等因題奉　武宗皇帝聖旨是造墳開壙工料價銀則例准擬欽此已經通行
欽遵去後今該前因通查案呈到部看得大學士蔣冕尙書喬宇王守仁汪俊
喻茂堅王杲都督周尙文俱功德昭彰聞望素著及效勞　經帷纂脩并建立
邊功俱應差官造葬查得本部司屬官員各有差占及查見今行人司并中書

等衙門俱缺官不敷委用合候　命下之日容職等查順便省分行移事簡衙門查有應差官員或一人兼差二三省本部照例各給批文定限仍行兵部應付各官前去各該布政司比號相同著落當該官吏照依後開擬定價值派辦各該布政司仍委堂上官一員會同本部委官前去造墳處所依式造葬各畢日備將夫匠價銀數目各該布政司類造黃冊　奏繳青冊送部查考等因隆慶元年六月初八日少傅本部尚書雷　等具題本月初十日奉　聖旨是欽此欽遵擬合通行爲此合連送司仰類行各該布政司著落當該官吏照依本部題奉欽依內事例欽遵造葬施行等因連送到司各付前去類填施行計開浙江布政司派辦已故原任新建伯兼南京兵部尚書王守仁係　京二品文官造墳工料價銀二百五十兩夫匠一百五十名每名出銀一兩通共該銀四百兩正　右照會浙江等處承宣布政使司准此　隆慶元年六月十七日對同都吏王宣　開讀事右照會浙江布政司當堂開拆

祭葬劄付

浙江等處承宣布政使司爲開讀事禮房准戶部勘合科付承准　禮部以字
四千二百五十二號勘合照會前事准祠祭清吏司付奉本部連送該本部題
本司案呈奉本部送禮科都給事中等官辛自修等題欽奉　詔書內一款近
年病故大臣有應得恤典而未得亦有不應得而得者科道官舉奏定奪欽此
臣等會同科道官復加詢訪公同面議舉得尚書王守仁奇勳大節茂著於生
前令望高風愈隆於身後應得　恤典而未得者伏乞敕下該部再加查議如
果　恤典未給將王守仁應復官廕者先復其官廕仍給以祭葬贈謚等因奉
聖旨禮部看議來說欽此欽遵鈔出送司行准吏部文選清吏司回稱王守仁
原任新建伯兼南京兵部尚書及准考功清吏司手本回稱王守仁病故各回
報到司查得　大明會典并見行事例文官見任并致仕者二品病故祭二壇
又查得凡伯爵管事有軍功者祭七壇工部造墳安葬又查得先爲比例乞
恩贈謚事節奉孝宗皇帝　聖旨今後有乞恩贈的恁部裏還要斟酌可否來
說務合公論不許一槩徇情比例濫請該科記著欽此今該前因案呈到部看

得　恤典一節　朝是所以崇奬賢哲褒荅忠勞表章於既往激勸於將來其典至重其法至嚴者也若使有當得而不得有不應得而濫得者又何以示教戒於天下而公是非於後世耶茲者躬遇我　皇上嗣承大統典禮鼎新正人心爭自濯磨之始而　明詔所及特開釐正　恤典一款言官奉　詔諮詢陳列上請無非祗承　明命以公勸懲之意相應議擬爲照新建伯兵部尙書王守仁具文武之全才闡聖賢之絕學筮官郎署而抗疏以犯中璫甘受炎荒之謫建臺江右而提兵以平巨逆親收社稷之功偉節奇勳久已見推於輿論封盟恤典豈宜遽奪於身終所當厚加　恤典以示優異者也臣等參稽公論查照事例明白相應題　請合無將新建伯王守仁與祭七壇照依品級造葬仍乞　賜諡易名以表潛懿其爵廕移咨吏部查議外合候　命下行翰林院撰祭文幷擬諡號工部差官造墳安葬及行該布政司買辦祭物香燭紙就遣本布政司堂上官致祭　恩典出自　朝廷臣等不敢定擬伏乞　聖裁等因隆慶元年四月二十七日本部尙書兼翰林院學士高　等具題二十九日節奉

聖旨王守仁照例與祭葬還與他謚欽此欽遵擬合就行爲此合就連送仰
付該司類行浙江布政司轉屬支給官錢買辦祭物香燭紙就遣本布政司堂
上官致祭仍將用過官錢開報戶部知數毋得因而科擾不便連送到司合付
前去煩爲類塡施行等因到司案呈到部擬合就行浙江布政司照依勘合內
事理一體遵奉施行等因備承移付准此擬合就行爲此除外劄付本官照劄
備承照會內事理卽便轉行該縣支給官錢買辦祭物香燭紙完備擇日申請
本司分守該道親詣致祭施行畢日將用過官錢行過日期明開動支何項銀
數備造青黃文冊三本申報以憑轉繳施行毋得違錯不便須至劄付者　計
開　一祭文

諭祭文

維隆慶　年　月　日

皇帝遣本布政司堂上某官某　諭祭原任新建伯兼兵部尙書贈新建侯王
守仁文　曰惟卿學達天人才兼文武拜官郎署抗疏以斥權姦擁節江西仗

義而討凶逆芟夷大難茂著奇勳又能倡絕學於將湮振斯文於不墜豈獨先朝之名佐實爲當代之真儒顧公評未定於生前致恤典尚缺於身後朕茲嗣統特用頒恩爵陟侯封申錫酬功之命諡加美號庸彰節惠之公冥漠有知英靈斯烈

首七等文

曰惟卿學探洙泗之奥才爲管葛之儔直節著於立朝奇功收於定難德既茂矣勳莫尚焉方膺顯命以貤榮遽罹讒言而褫爵公評殊快恩寵特加首七莫追載頒諭祭服茲明渥用慰幽靈　終七百日文同但改首七爲終七又改終七爲百日

下葬等文

曰惟卿學問閎淵謀猷敏練接千載聖賢之正脈建萬年社稷之奇功久被浮言莫伸國是雖爵隨身廢而名與道存茲當窀穸之期用賁幽泉之寵歆茲彝典奬爾忠魂　朞年除服文同但改窀穸爲周朞又改爲禫除

一祭品
猪一品　羊一腔　饅頭五分　粉湯五分　果子五色每色五斤　按
酒五盤　鳳雞一隻　爍骨一塊　煠魚一尾　酥餅酥錠各四箇　湯
雞一分　湯魚一分　降真香一炷　燭一對重一斤　焚祝紙一百張
酒二瓶
右劄付紹興府准此　入遞不差人　隆慶二年二月十三日對同通吏朱椿
開讀事　十四日申時發行紹興府　劄付押　十六日到府
江西奏復封爵咨　任士憑
欽差巡撫江西等處地方兼理軍務兵部右侍郎兼都察院右僉都御史任
為開讀事據江西布政司呈奉職按驗准吏部咨前事內開會同巡按御史即
查新建伯王守仁當宸濠倡亂之時仗義勤王奮身率衆中間分兵遣將料敵
設謀斬獲功次擒縛渠魁等項是否的有實蹟可據地方蕩平之後羣情果否
誦功爵廕削除以來羣情果否稱枉即今應否准其子孫世襲逐一備查明白

作速會　奏施行等因備咨前來案行本司會同司道查議詳報并蒙巡按江西監察御史蘇　案驗奉都察院勘劄同前事依奉行據南昌府呈據南昌縣申稱故牒府縣儒學師生及喚通縣耆民坊里陳一鳴等幷質之鄉官原任侍郎等官曾鈞丁以忠劉伯躍胡植等逐一查結得宸濠陰謀不軌已將十年蓄養死士招集盜賊一旦舉事勢燄熾灼於時本爵方任南贛都御史往閩勘事正德十四年六月十五日行至豐城聞變卽旋吉安督率知府伍文定等調集軍民兵快約會該府鄉官王懋中等相與激發忠義移檄遠近暴揚逆濠罪惡於是豪傑響應人始思奮士民知有所恃而壯膽逆黨知有所畏而落魄夫本爵官非守土而討逆之　命又未下一旦舉大事定大謀此非忠憤激切克惇大義者不能也至七月初二日逆濠留兵萬餘守江西省城而自引兵向
闕本爵晝夜促兵十五日會臨江之樟樹十八日分布督遣知府伍文定等攻廣閏七門二十二日破賊盡擒逆惡二十四日逼黃家渡二十六日逆濠就擒不延時日江省底定此非謀略素定料敵若神者不能也夫逆濠一大變也以

六月十四日起事以七月二十六日蕩平兵不血刃民不易市卽本爵之勳烈
誠與　開國同稱迨　先帝登極大定公典論江西首功　封本爵爲新建伯
給劵世襲此固報功之盛典而江右咸稱快焉繼因平蠻病故　朝議南寧之
事霍韜黃綰諸臣奏疏甚明竟扼於衆忌而天下咸稱枉焉邇者爲　開讀事
科道等官疏欲復其世襲此公道之在人心不容泯也昔　開國文臣劉基以
武功封誠意伯停襲百餘年嘉靖初　特取其的裔世襲夫本爵學貫天人才
兼文武忠揭日月功維　社稷恩庇生民擬之劉誠意不相伯仲儻蒙覆奏
准其世襲扶植崇德報功之公道與起忠臣義士之世教等因并據本縣儒學
生員王緝等結報相同備申本府轉申到司據此隨該本司左布政使曹三暘
右布政使程瑤會同按察使張桂都司署都指揮僉事耿文光分守南昌道左
參政方弘靜分巡南昌道僉事嚴大紀會看得原封新建伯王守仁正德十四
年督撫南贛之時於六月初九日自贛起行往福建勘事時宸濠謀爲不軌欲
圖　社稷本月十四日擅殺都御史孫燧副使許逵幷執縛都布按三司官及

府縣等衙門大小官員俱因之盡收在城各衙門印信及搬搶各庫藏一空釋放在城各司府縣見監重囚舟楫蔽江而下聲言直取南京次日本爵在於豐城舟中聞變疾趨吉安集兵勤王行至中途尤恐兵力未集若宸濠速出難以遽支乃間諜揚言　朝廷先知寧府將叛行令兩廣湖襄都御史楊旦秦金准兵部咨調遣各處兵馬暗伏要害地方以伺寧府兵出襲殺復取優人數輩將公文各縫衣絮中各與數百金以全其家令其至伏兵處所飛報竊發日期將發間又捕捉僞太師李士實家屬至舟尾令其覘知本爵佯怒令牽之上岸處斬已而故縱之令其奔報宸濠邏獲優人果於衣絮中搜得公文宸濠遂疑懼不敢即發十八日至吉安督率本府知府伍文定臨江知府戴德孺贛州知府邢珣袁州知府徐璉等調集軍民召募義勇會計一應解留錢糧支給糧餉造作戰船　奏留公差回任御史謝源伍希儒分職任事約會致仕養病丁憂閑住及赴部調用等項一應鄉官相與激勸忠義曉諭禍福又恐宸濠知其調度覺其間諜發兵速出乃密使僞國師劉養正家屬及平日與宸濠往來鄉官陰

致歸附之意以緩其出直伺調度已定乃移檄遠近宣布　朝廷威惠暴露宸濠罪惡又度兵家決勝之機不宜急沖其鋒須先復省城搗其巢穴賊聞必回兵來援則出兵邀而擊之此全勝之策於是佯示以自守不出之計七月初二日宸濠留兵萬餘使守江西省城乃自引兵向安慶本爵探知其出遂星馳促各府兵期以本月十五日會於臨江之樟樹鎮身督知府伍文定等兵徑下戴德孺等兵各依期奔集十八日遂至豐城分布哨道約會齊攻省城廣潤等七門是日又探得宸濠伏兵於新舊墳廠以備省城之援乃密遣兵從間道襲破之以搖城中十九日發市汊二十日各兵俱至信地我師鼓噪並進梯絙而登一時七門齊入城遂破擒其居守　宜春王拱樤及偽太監萬銳等千餘人宸濠宮中眷屬縱火自焚遂封府庫搜出原收大小衙門印信九十六顆先上江西捷音疏仍分兵四路追躡宸濠攻圍安慶未下至是果解圍歸援省城卒如本爵所料於是議禦寇之策本爵斷以宜先出銳卒乘其惰歸邀擊以挫其鋒衆將不戰而自潰遂遣知府伍文定等分道並進擊其不意奮死殊戰賊大潰

因傍諭城中軍民雖嘗受賊官爵能逃歸者皆免死能斬賊徒歸降者皆給賞使內外居民及鄉導人四路傳布以解散其黨二十三日宸濠先鋒至樵舍風帆蔽江本爵親督伍文定等四面分布以張其勢二十四日賊逼黃家渡乃合兵交擊噪呼竝進賊大潰而奔擒斬二千餘級落水死者以萬數賊氣大沮退保八字腦二十五日伍文定等奮督各兵竝進礮及宸濠舟賊又大潰擒斬二千餘級溺水死者莫計其數乃夜督伍文定等爲火攻之具邢珣等分兵四伏期火發而合二十六日宸濠方召羣臣責其閒不致死力者將引出斬之爭論未決我兵已四面雲集火及宸濠副舟衆遂奔散宸濠與妃泣別宮人皆赴水死宸濠幷其母子郡王將軍儀賓及僞太師國師元帥參贊尙書都督都指揮千百戶等官數百人皆就擒矣擒斬賊黨凡三千餘級落水死者約三萬餘所棄衣甲器仗財物與浮尸積聚橫亙若洲餘賊數百艘四散逃潰二十七日復遣官分兵追勦殆盡計先後擒斬首從賊人賊級幷獲宮人賊屬奪回被脅被虜招撫畏服官民男婦等項共一萬一千五百九十六名顆口功成而事定矣

先是本爵起兵吉安時兩上疏乞　命將出師蒙　朝廷差安遠伯朱泰即許泰平虜伯朱彬即江彬左都督朱翬即劉翬太監張忠張永等爲總督軍務贊畫機密等官體勘宸濠叛逆事情前往江西至中途聞宸濠受擒報捷至京計欲奪功乃密請　駕親征江彬許泰等乃倡言本爵始同宸濠謀叛因見　天兵親討始擒宸濠以功脫罪欲併擒本爵以爲己功又諭本爵欲將宸濠放至城中待　駕至列陣重擒本爵不可遂各引兵至南京候　駕本爵乃力疏請止親征九月十一日親自諒帶官軍將宸濠并宮眷逆情重犯督解赴　闕扶病前進行止浙江杭州府又遇　奏差太監張永齎駕帖開稱宸濠等待親臨地方覆審明白具奏定奪本爵遂按行浙江按察司轉呈太監張永會同監軍御史公同該省都布按三司等官將見解逆首宸濠并宮眷等項逐一交付明白轉解於是江彬等日夕謀欲奪功欲反坐本爵并擒爲功賴張永極力辯護得免時本爵功高望重頗爲當路所忌正德十六年十二月內該部題爲捷音事議封公伯爵給與誥券子孫世世承襲　賜敕遣官獎勞　錫以銀幣犒

以羊酒封新建伯奉天翊衛推誠宣力守正文臣特進光祿大夫柱國兼南京兵部尚書參贊機務歲支祿米一千石三代幷妻一體追封本爵累疏辭免明年嘉靖改元本爵丁父憂四方來游其門講學益衆科道官迎當路意劾公僞學服闋例該起復六年不召江西輔臣有私憾本爵者密爲進讒以阻其進嘉靖六年廣西岑猛倡亂兵部論薦本爵總督四省軍務前去蕩平又成大功時本部力參其擅離職役及參其處置廣西思田八寨事恩威倒置又詆其擒宸濠時軍功冒濫乞　命多官會議明年江西輔臣復進密揭　命多官會議遂削世襲伯爵幷當行　恤典皆不沾被矣等因到職據此卷查先准吏部咨前事已經案行該司會同查議去後今據前因該職會同巡按江西監察御史蘇朝宗參看得原任新建伯王守仁當宸濠叛逆之日正督撫南贛之時宸濠之未發也若非勦平浰頭等巢則勇智絕倫之徒皆爲賊所用必大肆蔓延之禍及宸濠之既發也若非行間以緩其出則四方大兵之衆非朝夕可集必難爲撲滅之功督伍文定督戴德孺督邢珣等飽歌協力足見分兵遣將之能係省

城係黃家渡係樵舍決勝若神信有料敵設謀之智斬獲功次具載於紀功之冊而擒縛渠魁甚明於交割之文且奮身率衆之勞皆歷歷可據仗義勤王之舉尙昭昭在人先與後擒乃豪黨利己之誣本不足辯而其中原以北終不能攻陷金陵以據者要皆本爵至微之謀論之今日江西死節皆蒙贈恤生存皆獲撫安孰非本爵勤勞之舉地方蕩平之後誦功者載在口碑爵廕削除以來稱枉者孚於士論蓋較之開國元勳若非同事而擬其奠安社稷則與同功但世襲之典事體重大出自朝廷非臣下所敢輕議爲此除具題外今備前由理合移咨貴部煩請查照施行須至咨者　右咨吏部隆慶元年十月十一日行　說堂　十一月十三日到

浙江巡撫奏復封爵疏　王得春

巡按浙江監察御史王　題爲懇乞鑒忠義復襲爵以光聖政事臣惟人臣報國之忠致身之義雖得之天性然其所以鼓舞而激勵之者實賴君父在上有以握其機也臣會同提督軍門趙　竊見原任新建伯王守仁爲浙江餘

姚人方正德己卯寧庶人宸濠謀反時守仁以南贛巡撫提督軍務奉 旨前往福建勘處叛軍道經豐城聞變乃潛回吉安遂與知府伍文定等誓死討賊當是時也宸濠以數十年逆謀發之一旦遠邇駭震內而 武宗皇帝左右近習多昏酣宸濠賂遺甚有與之交通者外而孫燧許逵同時被害三司而下多就拘囚又遣其黨分收諸郡邑印信逆燄所薰視湖湘閩浙不復在目中帆檣東下日蔽江塞遂破南康九江如摧枯拉朽急攻安慶直瞰留都東南事勢亦孔棘矣守仁以書生民非素屬地非統轄兵非素練餉非素具徒以區區忠義號召豪傑倉卒調度誓死討賊其報宸濠謀反疏曰臣以區區之慮誠爲討賊之舉務使牽其舉動而使進不得前擣其巢穴而使退無所據夫觀守仁血誠之言其忠義根諸天性者固將昭日月而貫金石矣而其牽舉動擣巢穴之見智勇殊絕視宸濠真爲囊中物耳宸濠固兇狡竟莫能逃繼之南昌破而巢穴平矣宸濠返而渠魁執矣不兩月閒地方底寧 朝廷無徵兵遣將之煩地方臻反亂爲治之效此功在 社稷甚爲奇偉乃天祐 國家生此偉人而其誠

與才合蓋有追蹤乎百代之上者矣使是時而非遇守仁使守仁以南昌非故屬不以討賊爲己任卽使討賊張虛聲待奏報而不速爲撲滅之計臣等知東南安危未可必也卽使　朝廷之上聞變急圖遣將得人供餉得人調度得人未免延緩日時及其戡定又不知所傷人命幾何所費糧餉幾何所費爵賞幾何所損　國家元氣幾何此守仁之功所以爲大也柰何功雖成矣而姦黨忌嫉不惟爵賞不及抑其媒孽多方又賴天祐我　國家不使忠義抱屈終身幸遇　世宗皇帝入繼大統卽位未幾首錄守仁之功封新建伯世襲部下伍文定等陞賞有差當是之時海內之人又莫不以　世宗皇帝能賞忠義之勳亦莫不以守仁之功爲足以當封爵而不愧也是時守仁雖膺封爵徒淹家居未嘗一日柄用嘉靖六年閒始起奉　敕討兩廣叛目盧蘇王受等既平以衝冒炎瘴病篤具疏辭官不待報而歸至江西南康地方病故夫以守仁江西之功論之誠已竭夫報國之忠以兩廣之還跡之又未失夫致身之義俱無可以議焉者祗以當時大臣有忌其兩廣功成疏中未敘己者乃從中主議謂其不俟

命而行非大臣體遂有　旨削襲爵臣等嘗爲守仁寃之何則假使守仁詐病而歸與地方未平而急身謀誠爲可罪然地方已平矣即不病亦當聽其辭歸以彰　朝廷均勞大臣之義矧地方已平而又病病又篤卒死於道路而人猶執其跡以罪之寃亦甚矣茲幸我　皇上御極即位一詔將使天下無一物不得其所故凡平日內外大小臣工或一言有益於　國家一行有益於生民者無不恤錄若守仁者其伯爵之襲臣等固謂其爲　皇上新政第一事也況經言官疏請往復行勘海內臣工萬口一詞咸以守仁伯爵當襲臣等謬膺撫按浙江爲守仁桑梓地其得之公論稽之羣情揆之　國典察諸守仁討賊之心之功其伯爵誠宜使襲而不可泯者且方今南北多事北虜尤甚　皇上宵旰九重內外大小臣工非不兢兢圖謀思以陳見伐虜悃誠而犂廷掃穴之績尚未有能奏者臣等誠謂　皇上宜籍守仁報國之忠致身之義　皇上俯採公議復其襲爵將見內外大小臣工莫不以守仁忠義不白於正德之季我世宗皇帝能白之又稍抑於嘉靖六七年間我　皇上今日又獨能察而伸之

莫不相率激勵於守仁之忠義以報　皇上矣其爲聖政之光豈小哉伏乞
敕下吏部再加查議節次言官奏疏亟爲上　請守仁幸甚天下幸甚緣係懇
乞鑒忠義復襲爵以光　聖政事理爲此具題奉　聖旨吏部知道

題請會議復爵疏

吏部題爲開讀事驗封清吏司案呈奉本部送吏科鈔出巡撫江西等處地方
兼理軍務兵部右侍郎兼都察院右僉都御史任　題云云等因又該巡按江
西監察御史蘇　等題同前事俱奉　聖旨該部知道欽此欽遵按查先奉本
部送准禮部咨內開原任新建伯兼南京兵部尚書王守仁具文武之全才闡
聖賢之絕學筮官郎署而抗疏以犯中璫甘受炎荒之謫建臺江右而提兵以
平巨逆親收　社稷之功偉節奇勳久已見推於輿論封盟恤典豈宜遽奪於
身終爵廕仍咨吏部查議施行等因到部除新建伯王守仁照例追贈新建侯
已該本部具題奉有　諭旨外所據世襲一節當　武廟之末造江西宸濠突
然稱變事關　社稷本爵親調官兵一鼓擒之不動聲色措天下於太山之安

較之靖遠威寧之功更亦偉矣但因南寧之事停襲歲久一旦議復事體重大相應就彼再行查勘以昭公論已經備行移咨去後今該前因續該奉本部送吏科鈔出提督軍務巡撫浙江等處地方都察院地方都察院右僉都御史趙題云云等因又該巡按浙江監察御史王　題同前事俱奉　聖旨吏部知道欽此欽遵鈔送到司通查按呈到部查得王守仁以正德十四年討平逆藩宸濠之亂該本部題奉　世宗皇帝聖旨王守仁封新建伯奉天翊衛推誠宣力守正文臣特進光祿大夫柱國還兼南京兵部尚書照舊參贊機務歲支祿米一千石三代幷妻一體追封欽此嘉靖八年正月內爲推舉才望大臣以安地方事該本部會題節奉　欽依王守仁伯爵姑終其本身除通行欽遵外今該前因案呈到部看得爵人於朝賞延於世昔　聖王所不能廢卽如王守仁削平宸濠之變功在　社稷豈有僅封伯爵止終其身之理所據南北兩京科道官江浙兩省撫按官交章論薦於四十年之後實惟天下人心之公是但事體重大必須廣延衆論本部難以獨擬合候　命下容臣等會同五府九

卿科道等官從公詳議如果新建伯應該世襲具實奏　請恭候　宸斷緣係
開讀事理謹題請　旨奉　聖旨是
會議復爵疏　　　　吏部尚書楊博
少傅兼太子太傅吏部尚書楊博題爲
開讀事驗封清吏司案呈奉本部送吏科鈔出巡撫江西等處都察院右僉都
御史任　題爲
開讀事據江西布政司呈奉職案驗准吏部咨前事內開會同巡按御史郎查
新建伯王守仁云云臣等會同太師兼太子太師後軍都督府掌府事成國
公臣朱　等戶部等衙門尚書等官馬等議得戡亂討逆者固人臣效忠之
常崇功懋賞者實國家激勸之典已故新建伯王守仁本以豪傑命世之才
雅負文武濟時之略方逆濠稱兵南下也正值
武宗巡幸之時虐燄薰灼所至瓦解天下之事蓋已岌岌矣本爵聞變豐城不
以非其職守急還吉安倡義勤王用敵間張疑兵得跋胡疐尾之算攻南昌

擊樵舍中批亢擣虛之機未踰旬朔而元兇授首立消東南尾大之憂不動
聲色而姦宄蕩平坐貽宗社磐石之固較之開國佐命時雖不同擬之靖遠
咸寧其功尤偉仰蒙
先帝知眷圭符剖錫之賞已榮於生前不幸後被中傷山河礪帶之盟尚靳於
身後此誠四十年未備之缺典海內人心興滅繼絕所望於
皇上者誠不淺也先該南北科道官交章騰薦公論益明近該江浙撫按官勘
報相符功次甚確所據新建伯爵臣等稽之
令典質之輿情委應補給
誥券容其子孫承襲以彰與國咸休永世無窮之報但封爵重大係干
特恩臣等擅難定擬伏乞
聖裁奉
聖旨你每既說王守仁有擒逆之功著遵
先帝原封伯爵與世襲欽此欽遵已經查取應襲兒男去後今據浙江布政使

司咨呈據紹興府申據餘姚縣申內開勘據該圖里鄰呂本隆等結稱王正
億見年四十三歲原係南京兵部尚書都察院左都御史新建伯王守仁繼
妻張氏於嘉靖五年十二月十二日所生嫡長親男向因伊父先年節次勦
平南贛樂昌等處山賊
恩蔭一子世襲錦衣衛副千戶本官見任前職並非旁枝過繼亦無別項違礙
相應承襲伯爵等因給文起送到司擬合起送爲此除給批付本官親齎赴
部告投外今將前項緣由同原來結狀理合備咨呈施行等因到部送司
案呈到部看得浙江布政使司查勘過見在錦衣衛副千戶王正億委係新
建伯王守仁嫡長親男並無違礙相應承襲一節既經奉有前項
明旨合無將王正億准其承襲新建伯伯爵以後子孫世襲但
恩典出自朝廷未敢擅便等因隆慶二年十月二十五日少傅兼太子太傅吏
部尚書楊博等具題本月二十七日奉
聖旨是王正億准襲伯爵欽此

再議世襲大典

吏部等衙門少傅兼太子太傅尚書等官楊博等題爲懇乞

聖明再議世襲大典以服人心以重名器等因奉

聖旨該部知道欽此欽遵鈔出到部送司案查先爲

開讀事該科道等官都給事中辛自修等及南京戶科給事中岑用賓等各

奏薦原任新建伯王守仁應復爵廕等因該本部題奉

欽依備行江西撫按衙門查勘去後續該江西撫按官任士憑等查勘得原任

新建伯王守仁應復伯爵等因又該浙江撫按官趙孔昭等會薦前來隨該

本部題奉

欽依會同太師兼太子太師後軍都督府掌府事成國公朱希忠等戶部等衙

門尚書等官馬森等議得本爵一聞逆濠之變不以非其職守急還吉安倡

義勤王未踰旬朔而元兇授首立消東南尾大之憂不動聲色而姦宄蕩平

坐貽

宗社盤石之固較之　開國佐命時雖不同擬之靖遠咸寧其功尤偉委應補
給
誥券容其子孫承襲以彰與國咸休永世無窮之報等因奉
聖旨你每既說王守仁有擒逆之功遵著
先帝原封伯爵與世襲欽此欽遵案呈到部看得新建伯王守仁一事始而江
西撫按勘議繼而府部科道會議揆之公論似亦允協乃今南京十三道官
復有此奏係干賞延重典臣等難以獨擬合候
命下容本部仍照例會同在京應議各官覆議明白具奏定奪未敢擅便伏乞
聖裁等因五月十五日奏奉
聖旨是欽此欽遵查得誠意伯劉基食糧七百石乃　太祖欽定靖遠伯王驥
一千石新建伯王守仁一千石
係累朝欽定多寡不同今該前因臣等會同太師兼太子太師後軍都督府
掌府事成國公朱希忠等戶部尚書劉體乾等議得

國家封爵之典論功有六曰開國曰靖難曰禦胡曰平番曰征蠻曰擒反而守
臣死綏兵樞宣猷督府勦寇咸不與焉蓋六功者闕
社稷之重輕係四方之安危自非茅土之封不足報之至於死綏宣猷勦寇則
皆一身一時之事錫以錦衣之蔭則可概欲剖符則未可也竊照新建伯王
守仁乃正德十四年親捕反賊宸濠之功南昌南贛等府雖同邦域分土分
民各有專責提募兵而平鄰賊不可不謂之倡義南康九江等處首罹荼毒
且進且攻人心搖動以藩府而叛
朝廷不可不謂之勁敵出其不意故俘獻於旬月之間若稍懷遲疑則賊謀益
審將不知其所終攻其必救故績收乎萬全之略若少有疎虞則賊黨益繁
自難保其必濟膚功本自無前奇計可以範後靖遠咸寧姑置不論卽如寧
夏安化之變比之宸濠難易迥絕遊擊仇鉞于時得封咸寧伯人無閒言同
一藩服捕反何獨於新建伯而疑之乎所據南京各道御史欲要改蔭錦衣
衞于報功之典未盡激勸攸關難以輕擬□□□□□□□新建伯王正

億不必改議□□□□□□□□□□次會題

王文成公全書卷之三十八

西元二〇二一年六月一日重製一版

陽明全集 冊四（明王守仁撰）

平裝四冊基本定價參仟元正
（郵運匯費另加）

發行人：張敏君
發行處：中華書局
臺北市內湖區舊宗路二段一八一巷八號五樓（5FL., No. 8, Lane 181, JIOU-TZUNG Rd., Sec 2, NEI HU, TAIPEI, 11494, TAIWAN）
客服電話：886-8797-8396
公司傳真：886-8797-8909
匯款帳戶：華南商業銀行西湖分行
179100026931
印刷：維中科技有限公司
海瑞印刷品有限公司

No. N2026-4

國家圖書館出版品預行編目(CIP)資料

陽明全集/(明)王守仁撰. -- 重製一版. -- 臺北市 : 中華書局, 2021.06

面 ; 公分

ISBN 978-986-5512-55-2(全套 : 平裝)

1.(明)王守仁 2.學術思想 3.陽明學

126.4 110008824